LE CAPITAINE MAYNE REID.

LE
CHEF BLANC

ILLUSTRÉ

PAR JANET-LANGE.

TRADUCTION DE LA BÉDOLLIÈRE.

PRIX : **90** CENTIMES.

PARIS,

PUBLIÉ PAR GUSTAVE BARBA, LIBRAIRE-EDITEUR,

RUE DE SEINE, 31.

77.

LE CAPITAINE
MAYNE REID,
ILLUSTRÉ
PAR JANET-LANGE,
TRADUCTION DE LA BÉDOLLIÈRE.

LE CHEF BLANC.

CHAPITRE I.

Préambule. — La sierra Blanca.
— La Grande Prairie. — La
vallée de Saint-Ildefonse.

C'est dans la partie cen-
trale du continent améri-
cain, à plus de quatre cents
lieues des côtes de toute
mer, qu'est le théâtre de
notre action.

Gravissez avec moi cette
montagne, et regardons du
haut de son sommet couvert
de neige.

Nous avons atteint la
crête la plus élevée; que
voyons-nous?

Au nord, une chaîne de
montagnes qui n'occupent
pas moins de trente parallèles et se prolongent jusqu'à la mer Arctique; au
sud, de nouvelles monta-
gnes, tantôt isolées, tantôt
groupées les unes près des
autres.

A l'ouest, ce sont encore
des montagnes, dont les profils imposants se détachent
sur le ciel, et qui laissent
voir entre leurs bases de
larges plateaux.

Retournons-nous et jetons
les yeux du côté de l'est. On
n'aperçoit pas une monta-
gne! Aussi loin que la vue
peut s'étendre, et à plusieurs
centaines de milles au delà,
pas une éminence! Cette

L'Indien tué était incontestablement un Pawnie.

ligne sombre qui domine la
plaine n'est que la lisière
rocheuse, la *ceja*, d'une autre
plaine, d'une steppe un peu
plus élevée.

Où sommes-nous? sur
quel sommet sommes-nous
placés? Sur celui de la sierra
Blanca, ainsi nommée parce
qu'elle est couverte de neige
pendant les trois quarts de
l'année. Devant nous est la
limite occidentale de la
Grande Prairie.

Du côté de l'est, on ne
distingue absolument aucu-
nes traces de civilisation;
on pourrait faire un voyage
de plus d'un mois sans en
rencontrer. Au nord, au
sud, s'échelonnent des montagnes en friche; mais à
l'ouest, c'est tout différent.
A l'aide du télescope nous
voyons des champs cultivés
s'étendre le long des bords
d'une rivière qu'argente le
soleil. Ce sont les établissements du Nouveau-Mexi-
que, oasis arrosée par le rio
del Norte.

Ce n'est point de ce pays
que nous allons nous oc-
cuper.

Tournons encore nos re-
gards vers l'est, et nous aurons sous les yeux la contrée
où se passe notre histoire.
Au pied de la sierra Blanca
commence une plaine dont

les bornes se perdent aux extrémités de l'horizon oriental. La montagne n'a pas de contre-forts; de ses versants escarpés, hérissés de pins, on passe sans transition au sol uni de la plaine.

Celle-ci offre des aspects variés; çà et là l'herbe que les botanistes appellent le *chondrosium fœneum*, et qui est presque égale à l'avoine pour la nourriture des chevaux, forme de verdoyantes pelouses; mais, en général, la terre est stérile comme celle du Sahara. Tantôt les feux dévorants du soleil lui donnent des tons bruns; tantôt elle a la couleur jaune du sable. Parfois aussi le sel dont elle est imprégnée la rend aussi blanche que la neige qui craque sous nos pieds.

Les plantes chétives, qui, croissant dans ces lieux sauvages, ne jettent point sur eux un manteau de verdure; l'agave, l'aloès mexicain, a des feuilles bigarrées d'écarlate, et le vert sombre du cactus est encore obscurci par ses nombreuses épines. Les hampes ligneuses du yuccas, chargées de poussière, ressemblent à des baïonnettes à demi rongées par la rouille. Les acacias rabougris n'offrent d'ombrage qu'au hideux agame et au serpent à sonnettes. Par intervalles, un palmier nain, à la souche dépourvue de branches, étale son éventail de feuilles digitées, et donne au site un caractère africain. La vue se fatigue promptement d'un paysage où les arbres, les plantes, les herbes mêmes ont des formes anguleuses et des épines.

Avec quel sentiment de plaisir nous contemplons une riante vallée qui se cache à l'est du pied de la sierra Blanca! Quel contraste entre la plaine aride et cette vallée, dont l'épais tapis de verdure est émaillé de fleurs! Elles brillent dans le gazon comme des pierreries; et le peuplier argenté, le chêne vert, le quinquina sauvage, le saule, semblent vous inviter, en mêlant leurs feuillages, à errer sous leurs frais arceaux. Descendons!

Nous voici dans la plaine, mais le but de notre marche est encore loin de nous, au moins à mille pieds plus bas. En nous arrêtant sur une sorte de promontoire qui s'avance en saillie au-dessus de la vallée, nous en embrassons toute la superficie jusqu'à la distance de plusieurs lieues. Elle est unie comme le plateau qui la domine; et en la considérant, on pourrait s'imaginer que c'est une partie de ce dernier qui s'est enfoncée dans la croûte terrestre, de manière à se rapprocher d'un pouvoir fécondant, dont la région plus élevée ne subit pas l'influence.

La vallée a dix milles de largeur. Les escarpements qui la bordent n'y donnent accès que par quelques points. Tous deux d'une hauteur égale, ils se font pendant, et leurs flancs rugueux, dont l'aspect sauvage contraste avec celui des sites gracieux qu'ils surplombent, nous suggèrent l'idée d'un magnifique tableau encadré dans une sévère bordure de chêne.

Le ruisseau qui traverse la vallée ne coule pas en ligne droite; il multiplie ses détours comme pour retarder le moment où il quittera ces lieux enchantés. La molle lenteur de son cours, les méandres qu'il décrit, attestent le peu d'inégalité de son lit. Ses rives sont boisées, mais irrégulièrement; tantôt une frange de verdure les ombrage à peine; tantôt d'épais massifs les environnent; ailleurs on peut voir le gazon des berges descendre jusqu'au niveau des eaux.

Çà et là, de beaux arbres se groupent en bosquets de formes diverses, circulaires, oblongs, ovales ou ayant la courbe élégante des cornes d'abondance de nos jardins. Les cimes touffues des arbres isolés prouvent qu'ils se sont développés sans contrainte. Il semble qu'on ait devant soi un parc dessiné par la main des hommes, où l'on a ménagé les plantations de manière à l'orner sans en cacher les beautés.

Ce parc suppose l'existence d'un palais, d'un manoir seigneurial; mais nous en cherchons en vain. On ne voit pas même fumer la cheminée d'une chaumière. Aucun être humain ne se montre dans ce paradis sauvage. Des troupeaux de daims errent sur ses pelouses; l'élan majestueux se repose à l'ombre de ses feuillages épais; mais nulle trace de l'homme. Peut-être même ses pieds n'ont-ils jamais foulé....

Arrêtez!... près de nous se trouve un Mexicain; si nous l'interrogeons, il nous dira tout le contraire; écoutons-le.

— Cette vallée est celle de Saint-Ildefonse. Toute déserte qu'elle paraisse, elle fut jadis habitée par des hommes civilisés. Ces monticules irréguliers qui en occupent le centre, et que recouvrent les broussailles, sont les ruines d'une ville grande et florissante. Elle avait un presidio sur les bâtiments duquel flottait le pavillon espagnol. Une mission de jésuites y était installée dans un vaste édifice; et de riches mineurs, des haciendados qui faisaient valoir d'immenses domaines, étaient établis dans les environs. Une population active animait ces lieux maintenant solitaires; l'amour, la haine, l'ambition, l'avarice, la vengeance, toutes les passions y régnaient comme partout ailleurs. Les cœurs qu'elles agitaient sont depuis longtemps glacés, et les actions qu'elles ont provoquées n'ont pas trouvé place dans les annales des peuples, et si la mémoire en est conservée, c'est uniquement par des légendes qui tiennent moins de l'histoire que du roman.

Et pourtant ces légendes n'ont pas un siècle de date! Il y a un siècle, du sommet de la sierra Blanca, on aurait vu non-seulement la colonie de Saint-Ildefonse, mais encore des cités, des villes, des villages, là où il ne reste plus le moindre vestige de civilisation. Les

noms mêmes de ces localités sont oubliés, et leur histoire est ensevelie dans les décombres.

L'Indien a assouvi sa vengeance sur les assassins de Montezuma! Les Apaches, les Navajoes, les Lipans, les Utahs, les Comanches, et autres tribus indépendantes ont détruit de nombreux établissements. Des provinces entières, rendues à leur état primitif, sont redevenues des territoires de chasse pour les aborigènes triomphants. Sans l'énergie de la race anglo-américaine, sans la puissance toujours croissante qu'elle a acquise, l'Indien aurait continué sa guerre de représailles, et peut-être les descendants de Fernand Cortez auraient-ils disparu de la terre d'Anahuac.

Ecoutez la légende de Saint-Ildefonse.

CHAPITRE II.

Une fête à Saint-Ildefonse.

Il n'y a peut-être pas de pays où la religion compte plus de jours fériés qu'au Mexique. On a supposé que le nombre des fêtes pourrait contribuer à la conversion des indigènes, et le catalogue des saints a été considérablement augmenté dans cette terre de la fausse dévotion. Il n'est guère de semaine qui ne ramène une fête à grand spectacle, avec un pompeux étalage de bannières, un long cortége de prêtres vêtus comme des princes, devant lesquels se découvre la foule agenouillée dans la poussière. Tout finit par des pétards et des feux d'artifice. Comme on le voit, une cérémonie religieuse au Mexique ressemble beaucoup à la procession de Guy Fawkes à Londres, et exerce à peu près autant d'influence sur la moralité publique.

Naturellement les jésuites ont un but intéressé quand ils organisent ces solennités. Ce n'est pas gratuitement qu'ils débitent leurs bénédictions, leurs indulgences et leur eau bénite. Ils profitent de la componction du malheureux fidèle pour le dépouiller, tout en promettant de lui faciliter le chemin du ciel.

On pourrait croire qu'il y a dans les cérémonies de ces jours consacrés quelque chose de grave et d'imposant; mais ce ne sont en réalité que des jours de plaisir, il n'est pas rare de voir le dévot agenouillé s'efforcer d'étouffer le caquetage de son coq de combat, qu'il porte sous les plis de son sérapé, et cela se passe sous la voûte de l'édifice divin!

Ces jours-là, les génuflexions sont expédiées sommairement, et l'on procède le plus vite possible aux courses, aux jeux, aux combats de taureaux et de coqs et autres divertissements. Le prêtre quitte son surplis pour y prendre part, et que vous vouliez parier contre lui un dollar ou un doublon, il est prêt à tenir votre enjeu.

La Saint-Jean est une des *fiestas principales* du Mexique. Les villages, et surtout ceux du Nouveau-Mexique, sont complétement abandonnés. Toute la population se dirige vers une plaine voisine pour assister aux courses ou aux combats de taureaux. Pendant les intermèdes on joue, on fume et on courtise les dames. L'égalité républicaine triomphe; riches et pauvres, grands ou petits, se confondent dans la foule et participent ensemble aux amusements de la journée.

La Saint-Jean est venue, les habitants de Saint-Ildefonse sont assemblés dans une vaste prairie, en dehors de la ville. Les réjouissances vont bientôt commencer; en attendant, passons en revue les spectateurs.

Toutes les classes de la communauté sont représentées, ou plutôt la communauté est là tout entière. Les deux pères de la mission s'y font remarquer d'abord par leur taille avantageuse, leur longue robe de serge grossière, leur crucifix suspendu au bout d'un interminable chapelet, et leurs tonsures soigneusement entretenues. Ce serait en vain que l'Apache se flatterait de les scalper.

Puis vient le curé, coiffé d'un chapeau en forme de pelle, enveloppé d'un grand manteau noir, chaussé de bas de soie noire, et d'escarpins à boucles d'argent; tantôt il sourit gracieusement à la foule, tantôt lève sur elle des regards jésuitiques. Parfois il étale avec affectation les bagues dont sont ornées ses mains blanches, en conduisant à sa place quelque señora qui vient d'arriver. Les ecclésiastiques de Mexico jouissent de la réputation d'hommes à bonne fortune.

Nous voici en face d'un amphithéâtre composé de plusieurs gradins. Du premier coup d'œil il est facile de juger que ceux qui les occupent appartiennent aux *familias principales*, à l'aristocratie coloniale. C'est le riche *commerciente* don José Rincon, sa grosse épouse et ses quatre filles chargées d'embonpoint. L'alcade, qui porte fièrement son bâton symbolique, est également escorté de sa famille. Les Echevarrias, jeunes filles qui se croient jolies, sont confiées à la garde de leur frère, élégant qui dédaigne le costume national pour suivre les modes de Paris.

Nous reconnaissons encore avec leurs señoras et leurs señoritas de riches haciendados, au milieu desquels brille le señor Gomez del Monte, propriétaire d'innombrables troupeaux dans la vallée.

Tous les yeux se portent sur l'aimable Catalina de Cruces, fille de don Ambrosio, l'opulent mineur. Heureux celui qui obtiendra les bonnes grâces de Catalina, ou mieux encore celles de son père, car elle ne se mariera que par la volonté toute-puissante de don Ambrosio. On assure d'ailleurs que l'affaire est conclue, et que le prétendu est le capitaine Roblado, commandant en second de la garnison. Il est là, paré de ses épaisses moustaches, galonné d'or des pieds à la tête, et fronçant le sourcil toutes les fois que des audacieux se permettent de regarder trop longtemps la belle Catalina : malgré l'air d'importance qu'il se donne et la brillante passementerie dont il se couvre, on ne peut dire que Catalina ait fait preuve de bon goût en le choisissant. Mais l'a-t-elle choisi? peut-être non. Peut-être n'a-t-il été accepté que par don Ambrosio, qui, étant d'origine plébéienne, ambitionne l'alliance d'un hidalgo. Le commandant n'a d'autres ressources que sa solde, encore est-elle engagée d'avance pour plusieurs mois; mais c'est un vrai *gachupino*, c'est-à-dire un Espagnol de la vieille Espagne.

La prétention du vieil avare, qui le voudrait pour gendre, n'est pas rare chez les parvenus. Vizcarra, le commandant, est un colonel d'une quarantaine d'années, célibataire et grand admirateur du beau sexe. Tout en causant avec les padrés, le curé et l'alcade, il lance des œillades aux fillettes qui passent devant lui. Celles-ci regardent son uniforme, ses panaches, ses galons d'or, avec un étonnement qu'il prend pour de l'admiration, et dont, se croyant un don Juan, il les récompense par un doux sourire.

Le troisième officier du presidio est le *teniente*, le lieutenant, qu'on appelle Garcia. Il a meilleur genre que son supérieur; aussi est-il mieux accueilli, tant des riches señoritas que des simples poblanas. Je m'étonne que la belle Catalina ne se prononce pas en sa faveur. Mais qui peut dire qu'il ne soit pas le préféré? une dame mexicaine sait se taire et se garde bien d'afficher les secrets de son âme.

Il serait assez difficile de deviner à qui Catalina pense en ce moment. Elle a vingt ans; il n'est pas vraisemblable qu'à son âge elle ait encore le cœur libre; mais à qui l'a-t-elle donné? Est-ce à Roblado? je gagerais que non. Est-ce à Garcia? ce serait plus plausible. Au reste, il y a là de jeunes haciendados, des employés des mines, des négociants de la ville. Est-ce parmi eux qu'elle a fait un choix? *Quien sabe?* qui sait?

Mêlons-nous à la foule.

Les soldats de la garnison, traînant de longs sabres et faisant sonner leurs éperons, fraternisent avec les *gambucinos* qui cherchent l'or dans la vallée, avec les *rancheros* qui la cultivent. De même que leurs officiers, ils se pavanent, se rengorgent, prennent des airs de tranche-montagnes, et leurs manières nous donnent la mesure de l'ascendant qu'a pris dans le pays l'autorité militaire. Ce sont tous des lanciers, car l'infanterie serait hors d'état de tenir tête aux Indiens. Ils s'imaginent que le cliquetis de leurs bancals et de leurs éperons ajoute considérablement à leur importance. Ils ne cessent de lorgner les poblanas, dont les amants les observent avec la vigilance qu'inspire la jalousie.

Les poblanas sont les jolies ouvrières de l'endroit; mais, jolies ou laides, toutes les filles se sont revêtues aujourd'hui de leurs plus beaux atours, elles portent des *enaguas* ou jupes de coton bleu, pourpre ou écarlate, dont quelques-unes sont ornées avec goût d'une étroite garniture de dentelles. Elles ont des chemises brodées avec des jabots blancs comme la neige. Leur *rebozo*, écharpe d'un bleu d'ardoise, est arrangé avec grâce, de manière à cacher le cou, le sein, les bras et même le visage, moins par décence que par coquetterie. Avant la nuit, ce vêtement jaloux aura perdu une bonne partie de sa sévérité! Déjà les plus jolies figures consentent à se laisser voir; et l'on reconnaît à la douceur de leurs traits qu'elles viennent d'être débarrassées des sucs de l'*allegria*, qui les rendaient hideuses depuis quinze jours. Vous demanderez ce que c'est que l'*allegria*; c'est la plante connue sous les noms divers de phytolaque décandre, herbe à laques, morelle en grappes, raisin d'Amérique. Aux approches d'une grande fête ou d'un fandango, les belles du Nouveau-Mexique expriment le jus empourpré de ses baies, et s'en barbouillent impitoyablement le visage, sous prétexte que ce masque, qu'elles n'enlèvent qu'au dernier moment, leur rend la peau fraîche et lisse, et les préserve des taches de rousseur.

Les rancheros nous apparaissent dans leur magnifique costume. Ils ont des pantalons de velours, larges par le bas et ouverts sur les côtés; des bottes de cuir non teint; des vestes de velours richement brodées, ou de peau de mouton tannée; des chemises de fantaisie, et pour ceintures, d'éclatantes écharpes de soie rouge. Leur front est ombragé du sombrero à larges bords, dont un cordon d'or et d'argent pare le noir vernis, et où sont du haut duquel sont attachées des aiguillettes de même métal. Quelques-uns, au lieu de veste, jettent négligemment le sérapé sur leurs épaules. Chacun d'eux a son cheval; ses pieds sont garnis d'éperons dont on peut sans exagération évaluer le poids à quatre livres, et dont les molettes ont jusqu'à cinq pouces de diamètre!

Les gambucinos ou mineurs de second ordre, les jeunes gens de la ville, les petits marchands, ont un costume à peu près analogue; mais les fonctionnaires publics et les *commerciantes* s'affublent de vestes de gros drap et de pantalons dont la coupe se rapproche de celle des vêtements européens. Ils ont fait une espèce de compromis entre les modes de Paris et leur costume national.

Bon nombre de spectateurs ont un autre costume digne de notre attention. Ce sont les *pueblos*, qu'on nomme aussi *Indios mansos*, Indiens soumis, pour les distinguer des *Indios bravos*, qui n'ont jamais reconnu la domination des conquérants espagnols. Les pueblos sont les ouvriers des mines et les néophytes de la mission. Leur vêtement supérieur est le *tilma*, sorte de blouse sans manches. Faites au fond d'un sac un trou pour y passer la tête, ménagez deux fentes de chaque côté pour y passer les bras, et vous aurez le tilma. Il ne marque point la taille, et descend jusqu'aux hanches sans être soutenu autrement que par les épaules. Il est taillé dans un morceau de bure grossière, dans une étoffe de laine blanchâtre, où quelques fils de couleur simulent des dessins.

Le tilma, des culottes de peau de mouton corroyée, des *guaraches* ou sandales grossières, voilà, pour ainsi dire, l'uniforme des *Indios mansos* du Mexique. Ils ne se couvrent point la tête, et leurs jambes, depuis le genou jusqu'à la cheville, montrent sans voile les teintes cuivrées qui leur sont naturelles.

Ces aborigènes, tous *péons*, c'est-à-dire travailleurs de la mission et des mines, se promènent par groupes nombreux, tandis que leurs femmes et leurs filles font du commerce. La plupart sont assises à terre devant des nattes de palmes ou de joncs tressés, qu'on nomme *petates*, où sont empilés des *sandias* (melons d'eau), des *tuñas* et des *pitahayes*, fruits de deux espèces de cactus; des pignons rôtis, des prunes, des raisins et des abricots. Quelques-unes de ces marchandes débitent des *dulces* (des confitures), de l'*agua-miel* (eau de miel) ou de la limonade; d'autres vendent des *piloncillos*, petits pains de sucre brut, ou des racines d'agave bouillies; d'autres encore, accroupies près d'un brasier, préparent des galettes dites *tortillas*, qu'elles assaisonnent de poivre rouge, ou liquéfient le chocolat dans leurs *ollas* de terre pareilles à des urnes. Moyennant quelques *caclos*, qui sont les sous du Mexique, vous pourrez acheter à ces modestes regrattières un ragoût fortement pimenté; un plat d'*atole*, gruau de maïs sucré; un bol de *pinole*, sorte de potage où nagent des grains de maïs grillé. Les mineurs et les soldats assiègent les étalages de celles qui vendent des cigares de *punche*, tabac originaire qui croît sans culture, et de l'*aguardiente*, mauvaise eau-de-vie de maïs ou d'aloès.

Presque toutes les marchandes, pour se garantir du soleil, étendent au-dessus de leurs têtes de grandes nattes de feuilles de palmier.

Le rôle le plus important, pendant la fête de Saint-Jean, est dévolu à ceux qui se présentent pour disputer le prix des jeux. Ce sont de jeunes gens de toutes les classes, montés sur les meilleurs chevaux qu'ils aient pu se procurer. Ils passent et repassent devant les bancs des señoritas, en faisant caracoler leurs coursiers gaiement caparaçonnés. Parmi eux sont de jeunes haciendados, des négociants, des rancheros, des mineurs, des *ciboleros* ou chasseurs de bisons, des *vaqueros* habitués à garder à cheval des troupeaux qui comptent jusqu'à dix mille têtes de bétail. Au Mexique tout le monde sait monter à cheval, et les habitants des villes sont eux-mêmes de bons cavaliers.

Une centaine de jeunes gens se disposent à faire preuve de leurs talents en équitation. Que les jeux commencent!

CHAPITRE III.

Le coleo de toros.

Le programme porte d'abord un *coleo de toros*, ce qui signifie littéralement: action de prendre le taureau par la queue. C'est seulement dans les plus grandes villes du Mexique qu'on trouve une arène, *plaza de toros*; mais les moindres villages se donnent le plaisir du coleo, pour lequel il ne faut qu'une plaine ouverte et un taureau suffisamment sauvage. Cet exercice est moins émouvant que le combat de taureaux, et moins dangereux pour ceux qui s'y livrent. Il n'est pourtant pas rare qu'un cheval y soit éventré et qu'un cavalier reçoive une blessure quelquefois mortelle. Assez souvent aussi les chevaux trébuchent, roulent avec leur cavalier dans la poussière, et sont foulés aux pieds des concurrents qui se pressent derrière eux. Le coleo exige donc autant de courage que de force et d'adresse, et les jeunes gens des établissements du Nouveau-Mexique ambitionnent l'honneur d'y exceller.

Toutes les dispositions étant prises, un héraut vint annoncer à la population de Saint-Ildefonse que le coleo allait commencer. Ces dispositions consistent simplement à réunir la foule d'un côté, de sorte que le taureau ait devant lui un espace libre quand on le fait sortir du *corral* ou enclos où il est enfermé. S'il n'avait pas de plaine à parcourir sans obstacle, il pourrait se diriger vers la foule et y causer de graves accidents. Dans la prévision d'une pareille éventualité, les femmes de Saint-Ildefonse étaient montées dans les lourdes *carretas* à roues compactes qui, après avoir amené des spectateurs, avaient été remisées en plein vent. Quant aux señoras et aux señoritas, elles étaient en sûreté sur les gradins de l'amphithéâtre.

On rangea en ligne les compétiteurs, afin de désigner ceux qui prendraient part à la première course. C'étaient des rancheros dans leur costume pittoresque, d'agiles *arrieros* ou muletiers, des mineurs des montagnes, des habitants de la ville, des haciendados de la vallée, des vaqueros venus des fermes consacrées à l'élève du bétail, des ciboleros, qui ont les grandes prairies pour résidence ordinaire. Tous se flattaient d'être de première force en équitation ; mais plusieurs lanciers, qui leur disputaient le prix, semblaient certains de le remporter.

Au signal donné, on amena le taureau d'un corral voisin. Il eût été dangereux d'être à pied pour s'en rendre maître : aussi avait-il pour conducteurs des vaqueros bien montés, qui avaient eu la précaution de lui passer leurs lassos autour des cornes, et se tenaient prêts à le jeter à terre au moindre symptôme de rébellion.

Il avait l'air féroce avec sa couronne de longs poils et ses yeux étincelants d'un feu sombre. Il était facile de s'apercevoir qu'il suffirait de l'exciter légèrement pour le rendre formidable. Déjà il battait ses flancs de sa queue, balançait ses longues cornes droites, poussait des mugissements sourds et labourait la terre avec ses sabots.

C'était évidemment un des plus sauvages taureaux de la sauvage race espagnole.

Les spectateurs l'étudiaient avec intérêt, et faisaient maints commentaires sur ses qualités. Les uns le trouvaient trop gras, d'autres le regardaient comme remplissant à merveille les conditions désirables, et lui supposaient une vitesse d'allure qui, dans le coleo, est plus essentielle que le courage. La dissidence des opinions amenait des paris sur le temps qu'il faudrait pour l'atteindre, le prendre par la queue et le renverser.

Si l'on réfléchit que l'animal choisi est un des plus vigoureux, des plus agiles et des plus indomptables de son espèce, et qu'on ne tolère aucune arme, pas même le lasso, on conviendra qu'il n'est pas aisé d'en triompher. Il court presque aussi vite qu'un cheval au galop ; il s'agit de le rejoindre, de le saisir par la queue, de la passer sous une de ses jambes de derrière et de le renverser sur le dos. Comment en venir à bout sans réunir la force et l'adresse à la science la plus consommée de l'équitation ?

On fit faire halte au taureau à deux cents pas au delà de la ligne des concurrents. On lui tourna la tête du côté de la plaine, puis on retira avec précaution les lassos qui le tenaient en laisse ; deux ou trois flèches munies d'artifice lui furent lancées dans les hanches, et il partit aux acclamations des assistants.

Les cavaliers s'élancèrent à sa poursuite. Brisant leur ligne, ils s'éparpillèrent dans la plaine comme une bande de chasseurs de renard. Leurs rangs, d'abord serrés, s'éclaircirent et finirent par former une longue file, tantôt simple, tantôt double, qui s'étendait à chaque instant.

Le fouet, l'éperon, les cris étaient simultanément employés pour stimuler l'ardeur des coursiers.

Irrité par les pétards qui éclataient dans ses flancs, effrayé de leur détonation, le taureau courut en droite ligne avec toute la rapidité dont il était susceptible. L'avance qu'on lui avait accordée laissait une grande distance entre lui et ses persécuteurs les plus empressés. Ce ne fut qu'à un mille du point de départ qu'on vit un lancier, monté sur un gros cheval bai, s'emparer de la fameuse queue et lui imprimer de brusques secousses ; néanmoins il échoua dans sa tentative, et le taureau s'éloigna en déviant légèrement de sa route première.

Vint ensuite un jeune haciendado ; les mouvements rapides de la queue l'empêchèrent d'abord de la prendre ; il parvint toutefois à s'en saisir, mais ce ne fut que pour un instant. Le taureau se débarrassa par une soudaine embardée, pour nous servir d'un terme de marine.

Une condition du coleo, c'était que tout concurrent devait se retirer de la lice après un échec, de sorte que le lancier et l'haciendado se trouvaient hors de chasse. Ils revinrent tristement sur leurs pas ; mais, au lieu de se présenter à la foule, ils firent un détour, afin qu'elle ne pût lire sur leurs physionomies leur désappointement et leur humiliation.

Le taureau poursuivit sa course ; un lancier, deux vaqueros, deux autres cavaliers tentèrent l'aventure sans succès, ce qui provoqua les murmures de la multitude. Quelques chutes, heureusement peu dangereuses, excitèrent une hilarité générale. Un cheval qui eut l'imprudence de faire face au taureau eut le poitrail ouvert par un coup de corne.

Au bout de dix minutes, onze des compétiteurs avaient donné forcément leur démission. Le taureau s'était bravement comporté ; il avait conquis la faveur publique, et les applaudissements retentissaient de toutes parts.

— *Bravo, toro, bravissimo !*

Il ne restait plus qu'un cavalier. Les regards se concentrèrent sur lui et sur l'animal furieux. On pouvait aisément les observer, car, la course ayant plusieurs fois changé de direction, ils se trouvaient à l'endroit où le premier lancier avait si malheureusement débuté. Le taureau traversait diagonalement la plaine, et ses mouvements ne dérobaient point à la vue ceux de son ennemi. Celui-ci était incontestablement le plus beau cavalier qui eût figuré dans la joute, et sa monture l'emportait sur celles de tous ses prédécesseurs. Tant d'avantages devaient-ils lui assurer la victoire ?

Le cheval était un mustang, un de ces descendants de la race andalouse qui vivent à l'état sauvage dans les prairies. Sa robe était d'un noir de jais, sa longue queue s'amincissait en pointe, et il la portait comme un renard porte la sienne en courant ; même pendant qu'il galopait, il tenait le cou légèrement incliné ; sa fière allure, ses proportions irréprochables, arrachaient aux assistants des cris d'admiration.

Le cavalier n'avait guère plus de vingt ans. Ses cheveux blonds bouclés et son teint blanc le distinguaient de ses concurrents, qui tous, sans exception, étaient basanés. Il portait le costume complet de rancheros, avec l'étalage ordinaire d'ornements et de broderies. Au lieu du vulgaire sérapé, qui n'est en définitive qu'une couverture de laine à dessins bigarrés, il avait une manga, manteau plus riche et plus élégant. Pour avoir les bras libres, il l'avait rejetée en arrière, et les longs plis de cette toge de pourpre, soulevés par la brise, rehaussaient la bonne grâce qu'il avait en selle.

Jusqu'alors presque indifférent à la joute, et enveloppé dans sa manga, ce magnifique cavalier n'avait pas été remarqué. Son apparition subite attira l'attention, et de tous côtés on demanda son nom.

— C'est Carlos le cibolero, dit une voix assez retentissante pour que la question ne fût pas renouvelée.

Quelques-uns connaissaient Carlos le cibolero, mais il était étranger pour la plupart des habitants de Saint-Ildefonse. Ceux-ci demandèrent aux premiers :

— Pourquoi n'a-t-il pas déjà concouru ? qui l'en a empêché ?

— *Carrambo !* s'écria un des amis de Carlos, s'il s'est tenu à l'écart, c'est pour laisser aux autres le temps de s'exercer. Il avait deviné qu'ils étaient incapables de renverser ce taureau.

La conjecture était exacte.

Carlos pouvait sans peine atteindre le taureau. Son cheval avait les oreilles couchées, les narines rouges et dilatées ; mais c'était par suite de l'animation et de l'impatience qu'il éprouvait, car il ne s'était pas encore fatigué. Sa bride avait été jusqu'alors tenue serrée et son allure était le petit galop ; mais quand il fut à vingt pas derrière le taureau, il partit comme l'éclair et il ne lui fallut que quelques secondes pour le rejoindre. On vit Carlos étreindre la longue queue de l'animal, l'abaisser, la relever brusquement en se dressant lui-même sur la selle, et l'énorme ruminant tomba comme une masse. De bruyantes acclamations saluèrent le vainqueur, qui vint les recevoir en face de l'amphithéâtre, et se perdit ensuite dans la foule.

Plusieurs personnes s'imaginèrent que le cibolero avait, en saluant, fixé les yeux sur la belle Catalina de Cruces. Quelques-unes même prétendirent qu'elle avait souri d'un air de satisfaction marquée ; mais était-ce vraisemblable ? L'héritière du riche don Ambrosio pouvait-elle sourire à un humble cibolero ?

Il y eut une femme qui sourit à ne pas s'y méprendre. C'était une jeune fille à la peau blanche, aux cheveux blonds, à côté de laquelle le vainqueur vint se placer sur une charrette. L'une auprès de l'autre, leurs figures avaient une ressemblance saisissante. C'étaient les mêmes traits, les mêmes nuances, le même sang. La jeune fille était la sœur de Carlos, et le triomphe de son frère lui causait une joie naïve.

Au fond de la charrette se tenait une vieille femme à la physionomie étrange, dont les longs cheveux flottants avaient la blancheur du lin. Elle gardait le silence, mais l'admiration que lui inspiraient les exploits du cibolero était peinte dans ses yeux expressifs. On l'examinait avec curiosité et en même temps avec une sorte de terreur superstitieuse. Elle était suspecte à la multitude, et les assistants se disaient les uns aux autres :

— *Esta una bruja ! una hechicera !* C'est une sorcière ! une magicienne !

Chacun prononçait ces mots à voix basse, pour n'être pas entendu de Carlos ou de sa sœur. C'était leur mère.

CHAPITRE IV.

La pièce de monnaie. — La zequia.

Les jeux continuent. Le taureau renversé, calme désormais, erre tristement dans la plaine ; incapable de fournir une seconde course, il est pris au lasso et ramené dans l'enclos pour être mis à la disposition du vainqueur.

Un second taureau entre dans la carrière et part ayant à ses trousses une douzaine de nouveaux concurrents. Ceux-ci semblent mieux assortis que les précédents, car, sans rompre leur ligne, ils dépassent tous ensemble le taureau, qui, pivotant brusquement sur lui-même, s'éloigne d'eux pour se diriger en ligne droite vers l'amphithéâtre.

On comprend l'effroi des poblanas placées sur des charrettes, et même des señoras, qui se croyaient à l'abri sur leurs gradins. Quelques secondes encore, et la bête furieuse sera au milieu d'elles ! Les cavaliers, quoiqu'ils aient fait précipitamment volte-face, ne peuvent arriver à temps. Ceux qui ont figuré dans la première course ont tous mis pied à terre, et personne n'osera braver à pied l'attaque du formidable animal. Les hommes s'agitent en désordre, les femmes poussent des cris perçants , chacun s'attend à des accidents terribles et se compte déjà au nombre des victimes.

Les charrettes, disposées aux deux côtés de l'amphithéâtre, étendent leurs lignes dans la plaine et forment une espèce de demi-cercle. Le taureau entre dans cette enceinte, et va droit aux gradins, comme s'il était résolu à se frayer un passage dans cette direction. Les dames se lèvent en faisant des gestes de désespoir, et tel est le trouble de leurs esprits, qu'elles semblent prêtes à se précipiter au-devant des cornes qu'elles redoutent.

En ce moment un homme à pied sort de la foule, un lasso à la main; il le lance au taureau, et on voit le nœud coulant s'abattre sur les cornes de l'animal. Sans perdre un instant, l'homme s'approche d'un arbuste et attache précipitamment autour du tronc l'autre extrémité du lasso. Le taureau fait encore quelques pas; mais, retenu par la corde, il plie les jarrets; ses efforts contribuent à resserrer le lien qui l'attache , et il tombe aux pieds mêmes des spectateurs.

Aussitôt que la terreur universelle s'est un peu calmée, des applaudissements s'élèvent : — Bravo! vivat! vive Carlos le cibolero !

C'était encore l'auteur de ce second trait d'adresse et d'audace.

Toutefois le taureau n'était pas dompté; il conservait dans une certaine limite la liberté de ses mouvements, et se relevant avec des mugissements de rage , il s'élança de nouveau vers la foule, qui recula épouvantée. Par bonheur, le lasso n'était pas assez long pour lui permettre d'atteindre les spectateurs d'un côté ou d'autre, et il retomba sur ses jambes de derrière. Les cavaliers qui l'avaient poursuivi arrivèrent; on prodigua les lassos pour lui serrer la gorge, lui lier les jambes, lui garrotter tous les membres , et on finit par l'étendre violemment sur le sol.

Ayant été complétement vaincu, il n'avait plus le droit de courir; et comme on ne s'était procuré que deux taureaux pour la circonstance, le coleo était terminé.

Tandis qu'on faisait des préparatifs pour le second des grands exercices du jour, des intermèdes de diverses espèces amusèrent l'assemblée. Un d'eux consistait à prendre au lasso le pied d'un coureur, qui était naturellement renversé. On pouvait le poursuivre à pied ou à cheval; mais cet exercice passait pour si facile que les plus adroits le dédaignaient.

Dans un autre exercice., le cavalier courant au grand galop jetait son chapeau à terre, et le ramassait sans quitter la selle ni ralentir le pas. Aux yeux des maîtres en équitation, c'était encore un jeu puéril , bon tout au plus pour les débutants. Aussi les jeunes gens seuls prirent-ils la peine de laisser tomber leur sombrero, et de faire le plongeon pour le reprendre.

Mais il n'est pas aussi facile de ramasser de petits objets, par exemple une pièce de monnaie posée à plat sur le sol. Il y a là de quoi tenter l'ambition du meilleur écuyer.

Le commandant Vizcarra s'avança, réclama le silence, et mit sur le gazon un dollar espagnol en disant :

— Je donne cette pièce à celui qui la ramassera du premier coup, et je parie cinq onces d'or que ce sera le brigadier Gomez.

Personne ne répondit d'abord, cinq onces d'or étaient une somme considérable, équivalant à quatre cent trente-deux francs de notre monnaie, et il n'y avait qu'un *rico* qui pût se permettre de les risquer. Cependant un jeune ranchero se décida à parler.

— Colonel Vizcarra, dit-il, je suis loin de croire que le brigadier Gomez ne réussira pas ; mais je parie qu'il en est ici un autre qui ne réussira pas moins bien. Doublez votre enjeu, si vous le voulez.

— Comment nommez-vous votre homme ? dit Vizcarra.

— Carlos le cibolero.

— Il suffit, j'accepte votre pari. Il est bien entendu que tout le monde est admis à concourir ; je remplacerai le dollar toutes les fois qu'on l'enlèvera, pourvu que ce soit du premier coup.

Les compétiteurs ne manquèrent pas ; quelques-uns touchèrent la pièce et parvinrent même à la déplacer ; mais aucun d'eux ne l'enleva. Enfin un lancier monté sur un gros cheval bai parut dans la lice. C'était le brigadier Gomez, le même qui avait le premier tenté l'épreuve du coleo ; et le souvenir de sa défaite ajoutait sans doute à l'air naturellement sinistre de sa figure blafarde. C'était un homme de haute taille, mais ses formes n'avaient pas cette exacte symétrie qui dénote la vigueur unie à l'activité.

Gomez serra la sangle de son cheval, se débarrassa de son sabre et de son ceinturon, et lança son cheval du côté de la pièce qui étincelait dans l'herbe. Il se pencha, et réussit à l'enlever de terre, mais comme il ne l'avait pas saisie avec assez de force, elle lui échappa des doigts avant d'être arrivée à la hauteur de l'étrier.

Les rumeurs qui circulaient dans la foule impliquaient à la fois l'éloge et le blâme. La plupart des habitants de Saint-Ildefonse étaient disposés à traiter favorablement le brigadier Gomez, à cause de son puissant protecteur. Ils n'aimaient pas le colonel Vizcarra, mais ils le craignaient et croyaient devoir le ménager.

Le cibolero s'avança sur son mustang noir lustré. Tous les regards se concentrèrent sur lui. Sa belle figure aurait excité l'admiration si elle avait été moins blanche. Les spectateurs avaient contre lui une prévention secrète; ils savaient qu'il n'était pas de leur race. C'était un *Americano*, nom sous lequel les Mexicains, les Péruviens, les Chiliens distinguent tout citoyen des Etats-Unis, comme s'ils ne faisaient pas eux mêmes partie de la population américaine.

Les femmes n'ont pas de préjugés; et parmi tant de gracieuses *doncellas*, il y en eut plus d'une dont les yeux noirs s'arrêtèrent avec complaisance sur le blond Américain.

Les femmes ne lui étaient pas seules favorables. Dans la foule se trouvaient des Tagnos, descendants abâtardis de la tribu indienne qui occupait jadis le nord-est du Nouveau-Mexique. Convertis par la force, condamnés aux plus rudes travaux, la plupart courbaient le dos et baissaient tristement les yeux; mais quelques-uns rêvaient encore au vieux temps. Ils savaient que leurs pères avaient été libres; ils se réunissaient en secret dans les cavernes des montagnes ; ils entretenaient encore dans quelques retraites cachées le feu sacré du dieu Quetzalcoatl. Ils parlaient toujours de Montezuma et de liberté. Ces hommes, quoique plus cuivrés que tous ceux qui les entouraient, n'avaient aucun préjugé contre la peau blanche de Carlos. L'avenir éclairait de quelques rayons leur intelligence obscurcie; un pressentiment mystérieux, et pour ainsi dire instinctif, leur révélait que des régions de l'est, au delà des grandes prairies, viendrait un peuple qui les délivrerait un jour de la tyrannie espagnole.

Le cibolero ne daigna pas faire de préparatifs. Il n'ôta pas même sa manga, qu'il laissa flotter négligemment sur la croupe de son mustang.

Obéissant à la voix de Carlos, le mustang partit au galop; puis guidé par la pression des genoux, il commença à décrire des cercles autour du but, en augmentant graduellement de vitesse. Après avoir parcouru une assez vaste étendue, il courut vers la pièce de monnaie. En passant devant elle, le cavalier se pencha, la saisit entre ses doigts, la lança en l'air; puis arrêtant brusquement son cheval au-dessous, il la reçut dans sa main droite étendue.

Tout cela fut fait avec l'aisance et l'habileté d'un jongleur indien; ceux mêmes qui avaient des préjugés contre Carlos ne purent s'empêcher de l'applaudir, et de nombreux vivats ébranlèrent de nouveau les airs.

Le sergent fut humilié. Il était accoutumé depuis longtemps à être vainqueur dans ces joutes ; car jusqu'alors le cibolero n'y avait pas assisté ou n'y avait pris aucune part. Vizcarra n'était guère plus satisfait. Il était discrédité dans la personne de son favori. Il perdait dix onces d'or, somme assez ronde même pour le commandant d'un presidio des frontières. En outre il était bafoué par les belles dames pour avoir perdu un pari qu'il avait lui-même provoqué et qu'il se croyait sûr de gagner. A partir de ce moment, Vizcarra détesta Carlos le cibolero.

L'exercice suivant consistait à courir au galop jusqu'au bord d'une zequia profonde. Il faisait ressortir le courage du cavalier autant que la docilité du cheval.

La zequia était un canal d'irrigation assez large pour qu'un cheval ne pût le traverser, et assez profond pour qu'un bain y fût désagréable. Il fallait arriver jusqu'à la berge et s'arrêter court, de telle sorte que les quatre pieds du cheval fussent marqués sur le sol en deçà d'une ligne tracée. Il n'y avait guère qu'une douzaine de pieds entre cette ligne et le bord du bief. Bien entendu que la terre de la berge était solide ; autrement l'accomplissement d'un pareil exploit eût été impossible.

Plusieurs cavaliers réussirent à merveille. C'était un beau spectacle que celui d'un coursier brusquement interrompu dans son impétueux galop, la tête droite, les yeux enflammés, les narines fumantes. En revanche, plusieurs concurrents prêtèrent à rire à l'assemblée. Les uns, manquant d'audace, s'arrêtaient avant d'arriver à la ligne; les autres, hardis, mais inexpérimentés, la dépassaient et tombaient dans l'eau vaseuse. Leurs infortunes excitaient une hilarité qu'augmentait la piteuse physionomie des infortunés, qui gagnaient péniblement la rive après avoir barboté dans la fange du canal.

Il n'est pas étonnant qu'avec ce système d'exercices et d'émulation, les Mexicains soient les premiers cavaliers du monde. On remarqua que Carlos le cibolero se tenait à l'écart. Quelle pouvait en être la raison ? Ses amis alléguèrent qu'il regardait cette épreuve comme indigne de lui. Il avait déjà montré surabondamment ce qu'il savait faire, et jugeait inutile de briguer une victoire insignifiante. Telles étaient en effet les idées de Carlos; mais le commandant ne comptait pas le laisser en repos. De son côté, le capitaine Roblado avait vu où cru voir une étrange expression dans les yeux de Catalina à chaque nouveau triomphe du cibolero. Les deux militaires se proposaient de le perdre dans l'opinion publique, et s'approchant de lui, ils lui demandèrent pourquoi il s'était abstenu.

— Je n'ai pas cru que la chose valût la peine de se déranger, répondit le cibolero d'un ton modeste.

— Vous devez avoir de meilleures raisons, mon brave, s'écria Roblado ; il n'est pas si aisé d'arrêter un cheval sur le bord de ce canal. Peut-être avez-vous craint de vous noyer ?

Le capitaine prononça ces paroles à haute voix, en les accompagnant d'un rire sarcastique. Le colonel et lui espéraient que si Carlos se décidait à tenter l'épreuve, un faux pas de sa monture pouvait le précipiter dans la zequia. Dans ce cas, tous ses succès antérieurs seraient oubliés, et la foule n'aurait que des huées pour le malheureux ruisselant d'eau et souillé de la bourbe du fossé.

Le cibolero n'eut pas l'air de deviner leurs intentions. Au reste, quand il répondit à leur défi, on ne songea plus ni à la zequia ni à ses eaux fangeuses. Un intérêt plus puissant absorba l'attention générale.

CHAPITRE V.

La réponse de Carlos.

Carlos, qui n'était pas descendu de cheval, garda le silence pendant quelques instants. Il était piqué du ton des deux officiers, et principalement des paroles de Roblado. Il lui semblait ridicule, uniquement pour répondre à leurs bravades, de courir la chance après tous les autres; mais, d'un autre côté, refuser nettement, c'était s'exposer à d'amères railleries et à de perfides insinuations.

Il n'était pas sans défiance à l'égard de ses deux provocateurs. Il les connaissait dans leur rôle de fonctionnaires publics, et il eût été difficile qu'il en fût autrement, car c'étaient les seigneurs de l'endroit; mais il possédait aussi sur leur caractère privé des renseignements qui n'étaient point à leur avantage.

Il avait des raisons particulières pour ne pas aimer Roblado; et celui-ci, bien qu'ignorant encore certains détails, avait des raisons tout aussi bonnes pour lui rendre son antipathie. Roblado n'avait guère entendu parler du cibolero, qui vivait habituellement loin de la vallée. Peut-être ne l'avait-il jamais rencontré, et en tout cas, ils ne s'étaient jamais parlé. Carlos connaissait mieux le capitaine; et longtemps avant la Saint-Jean, par des motifs auxquels nous avons fait allusion ci-dessus, il l'avait pris en aversion.

Ce sentiment n'était pas diminué par la conduite que Roblado venait de tenir. Au contraire, l'impertinence et l'ironie avec lesquelles ce matamore s'était exprimé avaient irrité le cibolero.

— Capitaine, répliqua-t-il enfin, je n'ai pas voulu entreprendre ce qu'un enfant de dix ans, un *muchachito*, regarderait à peine comme un tour de force. Tourmenter la bouche de mon cheval pour courir au bord de cette inoffensive gouttière, c'eût été vraiment misérable. Pourtant...

— Eh bien? demanda avec empressement Roblado, qui pressentait vaguement les intentions de Carlos.

— Eh bien, si vous êtes disposé à risquer un dollar... n'étant qu'un pauvre chasseur de bisons, je ne puis hasarder davantage... j'entreprendrai ce qu'un *muchachito* regarderait peut-être comme un tour de force.

— Que comptez-vous faire, señor cibolero? demanda l'officier d'un ton railleur.

— J'arrêterai mon cheval au galop sur le bord de cette hauteur.

— A quelle distance?

— A la distance qu'il y a de la ligne ici tracée au bord de la zequia.

A cette proposition, les assistants demeurèrent muets d'étonnement. Elle annonçait tant d'irréflexion, tant de témérité, qu'il était difficile de la croire sérieuse. Les deux officiers eux-mêmes s'imaginèrent un moment que le cibolero se moquait d'eux.

La hauteur que Carlos avait désignée, et qu'on appelait la Niña Perdida, faisait partie des falaises qui bordaient la vallée. Elle leur servait pour ainsi dire de contre-fort; c'était une espèce de promontoire qu'on distinguait d'en bas, parce qu'il sortait de l'alignement; mais son sommet était de niveau avec le plateau supérieur, dont les gazons verdoyaient jusqu'à ses dernières limites. Du côté qui faisait face au champ de courses, son escarpement était à pic, sans terrasse, sans la moindre saillie; seulement il était rayé de fissures horizontales produites par des couches stratifiées de grès et de pierre calcaire. Il avait cinq ou six cents pieds d'élévation. Les gens impressionnables ne pouvaient le mesurer d'en bas sans frémir; et les plus courageux pâlissaient en regardant l'abîme du haut du plateau.

Tel était le précipice au bord duquel le cibolero voulait arrêter son coursier. On conçoit la stupeur avec laquelle sa proposition fut accueillie. Quand la première impression fut passée, cent voix tumultueuses s'écrièrent: — C'est impossible! — Il est fou! — Bah! il plaisante! *Esta burlando los militarios!* Il se moque des militaires!

Carlos jouait avec sa bride, et attendait une décision. Il n'attendit pas longtemps. Vizcarra et Roblado échangèrent rapidement quelques mots, et le capitaine s'écria:

— J'accepte le pari!

— Je risque encore une once d'or! ajouta le commandant.

— Señores, dit Carlos d'un air de regret, je suis désolé de ne pouvoir tenir votre enjeu. Ce dollar est tout ce que je possède au monde; et je ne trouverais probablement pas à en emprunter un autre.

En disant ces mots, Carlos promena en souriant ses regards sur la foule; mais la plupart des assistants n'étaient pas d'humeur à sourire. Ils envisageaient avec effroi le sort fatal qu'ils croyaient réservé au cibolero. Pourtant le jeune ranchero qui avait déjà pris son parti lui répondit: — En toute autre circonstance, Carlos, je mettrais vingt onces d'or à votre disposition; mais je ne saurais encourager ce projet insensé.

— Merci, don Juan, repartit le cibolero: je suis convaincu que je puis avoir recours à votre bourse, et quoique vous me la fermiez cette fois-ci, je ne vous en sais pas mauvais gré. Ne craignez rien; je gagnerai l'once d'or! Ah! ah! je n'ai pas dix ans d'équitation pour me laisser bafouer par un *gachupino!*

— Monsieur! s'écrièrent le commandant et le capitaine en fronçant le sourcil: et chacun d'eux porta la main à la garde de son épée.

— De grâce, messieurs, reprit Carlos, ne vous emportez pas! le mot m'a échappé, mais je n'ai pas eu l'intention de vous insulter, je vous l'assure.

— L'ami, dit d'un air farouche le colonel, ayez soin de tenir votre langue derrière vos dents. Si elle s'égarait encore, vous auriez à vous en repentir.

— Merci du conseil, señor commandant; j'en profiterai peut-être.

— *Carajo!* grommela Vizcarra; mais ce fut tout ce qu'il eut le temps de répliquer, car le cibolero n'était plus à même de l'entendre. Sa sœur Rosita, ayant appris son projet, était descendue de la charrette et accourait en donnant les marques du plus violent désespoir.

— O mon frère! s'écria-t-elle, est-ce vrai?... mais non; c'est impossible!

— De quoi s'agit-il, *hermanita*, ma petite sœur? demanda Carlos avec un sourire.

— Est-il vrai que...? Elle n'en put dire davantage, et indiqua des yeux la Niña.

— Sans doute, Rosita, et pourquoi pas? Allons, n'ayez pas peur; il n'y a rien à craindre, je vous le promets. J'ai déjà fait pareille chose.

— Cher Carlos, dit Rosita en embrassant les genoux de son frère, je sais que vous êtes le plus brave de tous les cavaliers; mais songez au danger. *Dios de mi alma!* songez...

— Allons, ma sœur, ne me faites pas honte devant tout le monde. Venez auprès de ma mère; elle vous tranquillisera.

Et le cibolero reconduisit sa sœur à la charrette.

Pauvre Rosita! vous aviez attiré pour la première fois de dangereux regards! Des yeux noirs vous contemplaient avec une expression qui ne présageait que des malheurs. Votre taille élégante, votre figure angélique, votre couleur même, avaient touché un homme dont l'amour était fatal.

C'était le colonel Vizcarra.

— *Mira!* regardez, Roblado! murmura-t-il à son complice. *Santissima Virgen!* Par sainte Guadalupe, quelle admirable fille! C'est Vénus en personne, aussi vrai qu'il est vrai que je suis chrétien et soldat! Au nom de tous les saints, de quels cieux est-elle tombée?

— *Por Dios!* répondit le capitaine, je ne l'avais jamais vue! Elle doit être la sœur de cet individu... Oui, ils se traitent de frère et sœur. Elle n'est pas mal en vérité.

— *Ay de mi!* la bonne aubaine! Je m'ennuyais de cette monotone existence des frontières. Voilà de quoi m'occuper et tuer le temps pendant un mois encore. Croyez-vous qu'elle me résiste si longtemps?

— C'est douteux, si elle cède aussi facilement que les autres. Quoi! vous êtes déjà fatigué d'Iñez?

— Que voulez-vous? elle m'aimait trop; c'était insupportable. J'aurais préféré qu'elle m'aimât trop peu.

— Cette blonde vous servira peut-être à souhait.

Pendant que Roblado parlait, Carlos et sa sœur s'étaient approchés de la charrette où se tenait leur vieille mère. Un grand nombre de spectateurs, auxquels se joignirent les deux officiers, se groupèrent autour d'eux par curiosité. Après avoir fait part à sa mère de ses intentions, Carlos ajouta:

— Rosita voulant m'en détourner, je viens vous consulter, et je n'agirai point sans votre consentement; mais songez que je suis presque engagé, et qu'il faut accomplir ma promesse. C'est un point d'honneur, ma mère.

Ces derniers mots furent prononcés à haute voix aux oreilles de la vieille, qui paraissait un peu sourde. Elle leva la tête, et promenant les yeux sur ceux qui l'entouraient:

— Qui veut donc vous dissuader? demanda-t-elle.

— C'est Rosita.

— Qu'elle retourne à son métier pour tisser des rebozos; telle est sa vocation. La vôtre, mon fils, est de faire de grandes actions; autrement, vous n'auriez pas dans les veines le sang de votre père. C'est lui qui se distingua! Oh! oh!

Les yeux égarés de la vieille et son ricanement étrange firent tressaillir les spectateurs. Elle rejeta en arrière ses longs cheveux blancs, et dit en agitant les bras:

— Va, Carlos le cibolero, montre à ces vils esclaves ce que peut faire un libre citoyen d'Amérique. A la Niña! à la Niña!

Après avoir donné cet ordre terrible, elle se renversa au fond de la charrette, où elle demeura muette et immobile.

Carlos ne l'interrogea pas davantage. Il avait hâte de mettre un terme à l'entretien; car les expressions qu'elle avait laissé échapper n'avaient pas été perdues. En les entendant, les officiers, l'alcade et les prêtres avaient échangé des regards d'intelligence.

Carlos fit placer sa sœur sur la charrette, l'embrassa une dernière fois et remonta à cheval. Il s'arrêta un moment devant les gradins, les señoras et les señoritas y étaient dans une vive agitation. Elles connaissaient le projet du cibolero, et la plupart tremblaient pour ses jours. Il y en avait une dont les angoisses n'étaient pas moins poignantes que celles de Rosita, mais elle n'osait pas les manifester. Elle était contrainte de souffrir en silence.

Carlos le savait, il tira de son sein un mouchoir blanc, et l'agita en signe d'adieu; puis il tourna bride, et s'achemina vers le plateau.

Les dames, et même les poblanas, se demandèrent à qui cet adieu était adressé. Elles firent diverses conjectures, et mirent en avant plusieurs noms. Une seule savait la vérité, et son cœur palpitait d'amour et de crainte.

CHAPITRE VI.

Les paris.

Tous ceux qui avaient des chevaux suivirent le cibolero dans un sentier tortueux, qui conduisait de la vallée au plateau. Une route correspondante était taillée dans la falaise opposée; et ces deux passages étaient les seuls par lesquels on pût traverser le vallon de Saint-Ildefonse.

Il y avait plusieurs milles du champ de course au bas de ce sentier, dont la longueur était d'un mille environ. Peu de spectateurs, à l'exception de ceux qui étaient montés, se décidèrent à suivre Carlos. La majorité resta dans la vallée, se contentant de se rapprocher du pied de falaise pour être à même de mieux observer.

On devine sans peine que les deux officiers avaient accompagné le cibolero.

On avait plus d'une heure à attendre, mais les distractions ne manquèrent pas. On dressa une table de *monte*, le jeu de cartes favori des Mexicains; les deux pères de la mission s'y installèrent, et leur exemple fut imité par une foule d'amateurs. On vit l'or et l'argent changer rapidement de mains, tandis que les señoras se livraient plus tranquillement entre elles à leur jeu favori du *chueca*.

Pendant une autre demi-heure, l'attention fut absorbée par la lutte brillante de deux coqs, dont l'un appartenait à l'alcade et l'autre au curé. Le représentant de l'Eglise remporta la victoire. Son coq gris enfonça ses longs éperons d'acier dans la tête du coq rouge de l'alcade, et l'étendit roide mort sur la place. Ce spectacle fut trouvé plein de charmes et d'intérêt par tout le monde, excepté pourtant par l'alcade.

Au moment où le combat de coqs finissait, Carlos et ses compagnons de voyage avaient atteint le plateau. On les voyait aller et venir le long du versant escarpé, et il était évident qu'ils réglaient les préliminaires de la périlleuse entreprise.

Le cibolero indiqua la place où il comptait l'accomplir. Le terrain était parfaitement uni, couvert d'un tapis de gazon court et épais. Aucune pierre, aucun caillou n'exposaient le cheval à trébucher. Comme nous l'avons dit, la Nifa s'avançait comme un promontoire en dehors de l'alignement des falaises, et c'était sur cette langue de terre que Carlos comptait s'arrêter.

Il la parcourut d'abord pour en examiner le sol attentivement, afin de s'assurer que le sabot d'un cheval ne pouvait s'y enfoncer. Il fut accompagné dans son exploration par Vizcarra, Roblado et quelques autres, mais ils eurent soin de se tenir à distance respectueuse de l'abîme. Quoique habitants d'une contrée bouleversée par de grands cataclysmes, ils n'osaient mesurer des yeux cette effrayante profondeur. Aussi calme que s'il avait été sur le bord de la zequia, Carlos s'avança jusqu'au point où s'ouvrait le gouffre, et fit tracer avec le plus admirable sang-froid la ligne de démarcation. Son cheval, évidemment habitué à voyager sur les cimes les plus ardues, ne donnait aucun symptôme d'émotion. Par intervalles, il étendait le cou, plongeait du regard dans la vallée, et saluait par un hennissement les chevaux qu'il apercevait au loin. Carlos le retint longtemps au bord de l'abîme, pour mieux le familiariser avec le danger.

La ligne fut tracée à deux longueurs de cheval des dernières touffes de gazon qui pendaient au-dessus du plan vertical. Vizcarra et Roblado voulaient encore la rapprocher; mais leur insistance provoqua des murmures d'indignation. Quel pouvait être leur dessein? la foule l'ignorait, mais il est certain qu'ils désiraient la mort du cibolero. Tous deux le détestaient, et depuis une heure la haine de Roblado avait pris des proportions démesurées. Placé près de l'amphithéâtre, il avait pu voir à qui revenait l'adieu du mouchoir blanc. Sa fureur égalait sa surprise, et c'était d'une voix étouffée qu'il adressait la parole à son rival.

Quelque horrible que paraisse une telle supposition, les deux officiers auraient été heureux de voir le cibolero tomber du haut du plateau. Elle n'a rien d'invraisemblable, si l'on tient compte des hommes, des temps et du lieu : des souhaits et des actes plus inhumains ne sont pas rares sous le ciel du Nouveau-Mexique.

Le jeune ranchero, qui avait accompagné son ami, travailla à lui faire obtenir des conditions équitables. Il avait assez de cœur et d'intelligence pour soutenir le bon droit, même contre des officiers à moustaches; et sa parole n'était pas sans influence; car, malgré son humble condition, il avait de la fortune, et jouissait du crédit qu'elle assure.

— Carlos, dit-il pendant qu'on achevait les préparatifs, vous vous opiniâtrez dans cette folie; puisqu'il m'est impossible de vous en détourner, je ne veux pas vous laisser dans l'embarras; il ne faut pas vous exposer pour une bagatelle; prenez ce que vous voudrez.

A ces mots, il présenta au cibolero une bourse qui, à en juger par sa rondeur, devait contenir une somme assez considérable.

On put lire sur la figure de Carlos combien il était touché de cette offre généreuse; cependant il regarda un moment la bourse sans répondre.

— Don Juan, dit-il enfin, je vous remercie de tout mon cœur, mais je ne saurais accepter votre bourse. Une once d'or me suffit pour parier contre le commandant.

— Prenez-en donc davantage, reprit le ranchero avec insistance.

— Non, encore une fois, don Juan! Cette once d'or et celle que je possède, voilà tout ce que je veux risquer. Deux onces! C'est l'enjeu le plus fort qu'ait jamais pu se permettre un pauvre chasseur de bisons!

— En ce cas, repartit don Juan, c'est à moi d'intervenir. Colonel Vizcarra, je suppose que vous ne seriez pas fâché de vous refaire de vos pertes. Carlos parie contre vous une once d'or; je vous en propose dix.

— Accepté, dit sèchement le commandant.

— Oseriez-vous doubler la somme?

— Si je l'oserais! s'écria le colonel, indigné d'être ainsi défié publiquement. Je la quadruplerai, si vous le voulez.

— Quadruplons, repartit don Juan : quarante onces d'or pour Carlos!

— Il suffit; déposons les enjeux.

On compta les pièces d'or; on les remit à l'un des assistants, et l'on nomma des juges.

Ces arrangements étant terminés, les compagnons du cibolero se retirèrent à l'écart, lui laissant la libre possession du promontoire.

CHAPITRE VII.

L'épreuve terrible.

Tous l'épiaient avec des yeux avides; on tenait note de ses moindres mouvements.

Il mit pied à terre, quitta sa manga, son couteau de chasse et son fouet, et les remit à don Juan qui s'éloignait. Il regarda si les courroies de ses éperons étaient solidement bouclées, renoua sa ceinture et enfonça solidement son sombrero sur sa tête. Il boutonna dans toute leur longueur ses *calzoneros* de velours, dont les boutons de cuir détachés auraient pu gêner ses manœuvres.

Son attention se porta ensuite sur son cheval, qui, calme et fier, semblait pressentir qu'il allait être appelé à rendre quelque service signalé.

Il examina si la bride était solide; si l'acier du mors n'avait ni paille ni fêlure. Il serra les boucles de la têtière et soumit les rênes à une inspection minutieuse. Elles se composaient de crins pris à la queue d'un cheval sauvage et tressés artistement. Le cuir peut casser, tandis que de pareilles cordes sont à l'épreuve.

Carlos passa ensuite à la selle; s'assura du bon état des porte-étriers, ainsi que des grandes plaques de bois qui lui tenaient lieu d'étriers, suivant l'usage mexicain. La sangle fut l'objet de sa sollicitude; il en détacha les boucles, et les resserra en s'aidant de ses genoux. Quand il l'eut arrangée à sa guise, on n'aurait pu passer le bout du doigt sous la forte bande de cuir.

Toutes ces précautions étaient indispensables. Qu'une boucle vînt à glisser, une courroie à se rompre, et il était lancé dans l'éternité.

Après s'être convaincu que le harnachement était en règle, Carlos saisit les rênes et sauta légèrement en selle.

Pour se prémunir contre le vertige, il fit marcher son cheval le long du précipice, d'abord au pas, puis au trot et au petit galop. Cette simple promenade avait quelque chose d'effrayant; elle offrait à ceux qui la regardaient d'en bas un spectacle à la fois magnifique et terrible.

Au bout de quelque temps, il commença à parcourir le plateau, en prenant l'allure qu'il entendait conserver jusqu'à la fin de l'épreuve; puis il arrêta brusquement son mustang. Il remit son cheval au galop, l'arrêta encore, et réitéra cette manœuvre une douzaine de fois, tournant la tête du cheval, tantôt du côté du plateau, tantôt vers le précipice. Ce galop n'était pas assurément l'allure la plus rapide de l'animal. Retenir à deux longueurs de son propre corps un cheval lancé à toute vitesse eût été complétement impossible, même en sacrifiant sa vie. Dans un aussi court espace, eût-il le cœur traversé par une balle, il continuerait à s'avancer. Les juges, consultés par Carlos, n'avaient exigé que le galop ordinaire.

Enfin, on le vit prendre une assiette plus ferme en selle, et diriger son mustang vers l'abîme. Son air résolu annonçait que le moment décisif était arrivé.

Tous les regards se fixèrent avec anxiété sur le hardi cavalier. Tous les cœurs furent oppressés; un silence de mort régna dans la plaine, et l'on n'entendit que le retentissement des sabots du mustang sur le terrain compacte du plateau.

L'attente fut de courte durée.

Une cinquantaine de pas séparaient encore Carlos du bord de l'abîme. Les rênes étaient toujours lâches ; il ne voulait pas les serrer avant d'avoir passé la ligne de démarcation.

En bas et en haut les spectateurs frémissaient.

— Encore un pas ! — Encore un ! — Grand Dieu ! il a franchi la ligne ! — Il est perdu.

Telles furent les exclamations qui retentirent dans le groupe où se tenaient les juges du camp ; mais l'instant d'après ils firent entendre de bruyants vivats, auxquels se mêlèrent des applaudissements qui montèrent de la vallée.

Au moment où le cheval semblait sur le point de faire un saut de six cents pieds, les rênes se tendirent ; les jambes de devant de l'animal se dressèrent et demeurèrent immobiles ; son train de derrière toucha le sol. Il était arrêté à trois pieds du précipice.

Carlos ôta son sombrero, il l'agita, et le remit sur sa tête.

Catalina de Cruses.

D'en bas, c'était un tableau saisissant. Le cheval et le cavalier se dessinaient en noir sur l'azur du sol, dans une attitude imposante et gracieuse. Les formes athlétiques de Carlos, les contours ovales du mustang, les harnais mêmes, étaient distinctement visibles ; et pendant cette courte période d'immobilité, les spectateurs auraient pu s'imaginer qu'une statue équestre de bronze se dressait sur la Niña Perdida, comme sur un gigantesque piédestal.

Les applaudissements redoublèrent ; puis du fond de la vallée on vit le cavalier tourner bride et disparaître sur le plateau.

La périlleuse prouesse était accomplie ; et de tendres cœurs, dont l'inquiétude avait précipité les pulsations, reprirent leurs battements réguliers.

CHAPITRE VIII.

Les plumes de héron.

Quand le cibolero reparut dans la plaine, il y fut accueilli par une nouvelle explosion d'applaudissements, et de nombreux mouchoirs furent agités en son honneur. Il n'en distingua qu'un seul ; peu lui importaient les autres. Ce petit morceau de batiste bordé de dentelle était sa bannière ; il vit une petite main émaillée de bijoux en faire flotter les plis pour fêter son triomphe, et il fut heureux. Il aurait affronté avec non moins d'intrépidité des dangers plus grands encore, dans l'unique espoir d'obtenir un tel hommage.

Il passa devant l'amphithéâtre, mit pied à terre auprès de la charrette et embrassa sa mère et sa sœur. Don Juan, sa caution, l'avait suivi ; et bien des gens remarquèrent que les yeux de la jolie blonde ne s'arrêtèrent pas fixement sur son frère ; ils avaient des regards affectueux pour un autre, et cet autre était le jeune ranchero. Loin de se montrer ingrat, il rendait avec usure les marques de tendresse qu'il recevait. L'observateur le moins clairvoyant aurait deviné leur amour mutuel.

Don Juan était un riche fermier, auquel on voulait bien accorder par courtoisie le titre de *don* ; mais il était dans l'échelle sociale au niveau du cibolero, dont il ne se distinguait que par sa fortune. Sans appartenir à la haute aristocratie du Mexique, ce à quoi tenait médiocrement, il avait la réputation d'un jeune homme intelligent et brave, et il aurait pu, s'il l'eût désiré, s'allier aux familles les plus fières de la pureté de leur sang (*sangre azul*). Il n'était guère vraisemblable qu'il s'unît jamais à elles, du moins par un mariage. En le voyant auprès de Rosita, on pouvait prophétiser à coup sûr qu'il ne chercherait pas femme dans les rangs de l'aristocratie.

Le petit groupe qui s'était réuni autour de la charrette respirait le bonheur. Don Juan, qui avait en poche cinquante onces d'or de bénéfice net, ne craignait pas de faire de la dépense. Il régala ses amis de confitures, d'orgeat, de vin des meilleurs crus d'El Paso, contrée dont les produits alcooliques seraient connus du monde entier, si elle était plus accessible au commerce.

Furieux de sa perte, le commandant Vizcarra se promenait en silence, la tête basse et le front assombri. Parfois il jetait sur le groupe des regards qui s'adoucissaient en tombant sur Rosita. Il avait trop la confiance de son pouvoir presque despotique pour chercher à dissimuler ses intentions. Il exprimait sans ménagement l'admiration qu'il éprouvait. Rosita, embarrassée, baissait timidement les yeux, et don Juan, qui s'apercevait de la passion naissante de Vizcarra, sentait la colère s'allumer en son âme. Il était en même temps inquiet de l'autorité sans bornes dont le commandant était armé ! Ô liberté ! que tu es précieuse ! Que d'espérances flétries, d'amours traversés, de cœurs froissés, dans un pays où tu n'es pas ; dans un pays où les myrmidons de la tyrannie peuvent briser l'existence d'un homme, et l'arracher violemment à ses plus chères affections !

Plusieurs divertissements figuraient encore sur le programme ; mais ils offrirent peu d'intérêt. Le brillant exploit du cibolero avait blasé les spectateurs ; d'ailleurs les personnages les plus marquants étaient mal disposés. La mélancolie de Vizcarra ne se dissipait point. Roblado, jaloux de Catalina, concentrait avec peine sa fureur. L'Alcade pleurait son coq rouge et son argent. Les deux jésuites, qui avaient perdu au *monte*, oubliaient les leçons de résignation chrétienne qu'ils avaient tant de fois données. Le curé seul était de bonne humeur, et prêt à tenir de nouveaux paris pour son coq victorieux.

Le dernier exercice était la course au coq, qui fit oublier la table de *monte* et autres récréations secondaires.

Courir le coq (*correr el gallo*) est un jeu particulier au Nouveau-Mexique. On suspend un coq par les pattes à une branche horizontale, assez bas pour qu'un homme à cheval puisse le saisir. Il faut une main agile et ferme pour le détacher, car, afin de rendre cette tâche plus difficile, on enduit de savon la tête et le cou de l'oiseau. Les concurrents passent sous l'arbre au grand galop, et celui qui parvient à enlever le coq est poursuivi par tous les autres. Tous s'efforcent de lui arracher sa proie, pendant qu'il parcourt un espace déterminé. Il n'est affranchi de leurs persécutions que lorsqu'il est revenu au but, c'est-à-dire à l'arbre d'où il est parti. Tantôt on réussit à lui prendre le coq ; tantôt, victime de la lutte, l'infortuné volatile est mis en pièces. Le vainqueur, pour être proclamé sans contestation, doit le rapporter intact. Une fois reconnu, il dépose son oiseau aux pieds de sa maîtresse, qui est d'ordinaire une jolie poblana. Le soir, en dansant le fandango, elle porte sous le bras le trophée emplumé, afin de prouver qu'elle est sensible à l'hommage qui lui a été rendu, et qu'elle s'honore d'avoir pour amant un habile cavalier.

C'est un jeu cruel, car il faut se rappeler que le pauvre coq que l'on mutile est vivant. Mais l'idée de cruauté est-elle jamais entrée dans l'esprit d'un habitant du Nouveau-Mexique ? Les femmes peut-être, contrairement à leurs seigneurs et maîtres, ont quelques sentiments de compassion et d'humanité ; mais ces sentiments sont atrophiés par l'habitude. La course au coq est dans les mœurs du pays, et quel pays n'a pas d'amusements barbares ? Il serait illogique, de la part des Anglais, de déplorer les souffrances de Chanteclair, tandis qu'ils courent gaiement à la poursuite du pauvre Renard.

Il y a deux manières de courir le coq. Nous venons de décrire la première ; la seconde en diffère en ce que l'oiseau, au lieu d'être pendu à un arbre, est enterré jusqu'aux épaules. Les jouteurs passent les uns après les autres, et s'efforcent de le retirer de son trou. Pour le reste, les conditions sont les mêmes.

Le premier coq fut accroché à une branche, et les compétiteurs entrèrent en lice. Plusieurs d'entre eux saisirent la tête de l'oiseau, mais elle glissa entre leurs doigts.

Le brigadier de lanciers était au nombre des concurrents, mais on ignore si son colonel paria de nouveau pour lui. Vizcarra avait assez joué pendant la fête. Ses économies étaient écornées, ses ressources compromises. Heureusement qu'il avait en perspective les petits profits qu'il tirait des droits sur les mines et autres contributions. Il lui était d'ailleurs toujours possible de se refaire aux dépens du gouvernement du vice-roi.

Le brigadier, qui, comme nous l'avons dit, avait le double avantage d'une grande taille et d'un grand cheval, avait eu la précaution de se munir d'une poignée de sable. Il empoigna le cou de l'oiseau, qu'il emporta triomphalement. Mais ses rivaux montaient des coureurs plus rapides que le sien, et avant d'avoir fourni la moitié de sa carrière, un vaquero lui enleva une aile de coq. Un second concurrent arracha l'autre aile; et en arrivant à l'arbre, le pauvre Gomez n'avait plus entre les mains que d'informes débris. Bien entendu qu'il n'obtint du public aucun encouragement.

Carlos le cibolero ne daigna pas *correr el gallo*. Il croyait s'être suffisamment signalé pour un jour; il s'était fait des amis et des ennemis, et n'avait aucune envie d'en grossir la liste. Cependant quelques-uns des assistants, qui désiraient sans doute avoir une nouvelle occasion

Le capitaine Roblado.

de l'admirer, se mirent à le provoquer. Il resta quelque temps insensible à leurs attaques; mais lorsque deux nouveaux coqs, dont l'un fut gagné par le vaquero, eurent été enlevés de l'arbre, Carlos changea subitement d'avis.

— Je veux concourir à la prochaine course, dit-il à don Juan; demain je pars pour les prairies, et comme je ne pourrai peut-être pas assister à la fête prochaine, je prétends tirer parti de celle-ci.

Une innovation fut introduite dans le jeu. On mit en terre, au lieu d'un coq, un héron blanc comme la neige, appartenant à la magnifique espèce de ces contrées. Son long cou effilé ne fut pas souillé de savon, mais il n'était pas moins difficile de le saisir. Enseveli sous une légère couche de terre, l'oiseau avait la faculté de remuer vivement la tête et d'éviter ainsi les mains qui le menaçaient.

Au signal donné, une file de cavaliers s'élancèrent; mais quand le cibolero s'approcha, le héron agitait toujours son cou flexible et son bec acéré. Carlos eut le bonheur de s'en saisir; la terre meuble céda, et l'on vit deux ailes argentées battre à coups redoublés le garrot du cheval.

Il fallait autant d'activité que d'adresse pour passer au milieu des cavaliers qui se pressaient de toutes parts pour couper la retraite à Carlos. Il fit de nombreux détours, évita les uns, dépassa les autres, et arriva au but avec sa proie intacte, aux vifs applaudissements des spectateurs.

A qui destinait-il ce trophée? Ce fut ce que tout le monde se demanda avec curiosité.

— Ce sera, disait l'un, pour quelque poblana de Saint-Ildefonse.

— Je parierais plutôt, disait un autre, pour la fille de quelque ranchero.

Le cibolero trompa toutes les conjectures. Au bout de quelques minutes, il lâcha le héron, qui s'éleva majestueusement dans les airs, et s'envola vers la partie inférieure de la vallée.

Carlos avait enlevé aux ailes de l'oiseau plusieurs de ces longues plumes effilées qui distinguent les hérons à aigrette. Il en fit un panache, et galopant jusqu'aux gradins, il s'inclina avec grâce pour le déposer aux pieds de Catalina de Cruces.

Un murmure de surprise courut dans la foule, et un blâme sévère fut infligé au délinquant. Quoi! un cibolero, un pauvre diable à peine connu, osait aspirer aux bonnes grâces de la fille d'un *rico*, d'un millionnaire! Ce n'était pas un hommage, c'était une insulte, un acte d'intolérable présomption!

Et ce ne furent pas seulement les señoras et les señoritas qui se permirent ces critiques, les poblanas et les rancheras n'étaient pas moins exaspérées contre le malheureux Carlos. Elles se trouvaient outragées, dédaignées par un individu de leur classe. C'était bien de Catalina de Cruces qu'il aurait dû s'occuper!

Catalina était heureuse, mais embarrassée. Elle sourit, rougit, remercia en disant de la voix la plus douce : *Gracias, caballero!* mais elle hésita à prendre le trophée. Elle était entre un père et un galant irrités, et tous deux lui lançaient de farouches regards!

Incapable de se contenir, Roblado s'empara du panache et le jeta à terre.

— Quelle insolence! s'écria-t-il.

Carlos se pencha du haut de sa selle, ramassa le panache, et le passa sous le cordon de son chapeau; puis, se tournant d'un air de bravade du côté de Roblado :

— Capitaine, lui dit-il, ne vous emportez pas; un amant jaloux ne fera jamais qu'un mauvais mari.

Souriant ensuite à Catalina, il ajouta d'un ton plus doux : — Gracias, señorita!

Il ôta son sombrero, l'agita gracieusement et s'éloigna sans prendre garde aux transports de rage du père et de l'amant.

— Carrajo! hurla celui-ci en tirant à demi son épée.

— Maudit soit cet infâme cibolero! murmura don Ambrosio.

Et l'énorme ruminant tomba comme une masse.

Mais ni l'un ni l'autre ne se souciaient d'une querelle. Malgré ses fanfaronnades, le capitaine était loin d'être brave. Remarquant le long coutelas, le *machete*, qui pendait au flanc du cavalier, il jugea à propos d'exhaler en simples menaces le ressentiment qu'il éprouvait.

Cet incident avait causé une vive émotion. Le cibolero s'était attiré l'indignation de l'aristocratie, la jalousie de la démocratie; si bien qu'après tous ses exploits, il se retirait de la lice chargé de malédictions. On avait pour lui beaucoup moins d'admiration que d'envie, et l'amour national des habitants de Saint-Ildefonse était blessé des paroles injurieuses que sa vieille mère avait proférées. Comment aurait-il compté des partisans parmi eux? C'était un *Americano*, un hérétique; et dans ce coin de terre éloigné d'Europe, le fanatisme était aussi puissant que dans la ville aux sept collines sous le règne de l'inquisition!

Peut-être fut-il heureux pour Carlos que les joûtes fussent terminées.

Bientôt chacun fut occupé de ses préparatifs de départ. On attela aux charrettes des mules, des bœufs ou des ânes. Les rancheros et les rancheras s'enfoncèrent dans les caisses profondes de ces grossiers véhicules. Le sifflement des fouets, le grincement des essieux, le bruit des roues massives, les cris des conducteurs, produisirent une cacophonie dont tout autre qu'un indigène eût été presque épouvanté.

Au bout d'une heure, la place était déserte, et le loup des prairies, le coyote, y cherchait dans les reliefs des festins de quoi assouvir sa voracité.

CHAPITRE IX.

Le fandango.

Les réjouissances publiques avaient cessé dans la plaine, mais elles devaient se continuer dans la ville, et divers spectacles allaient être offerts à la multitude avant sa disparition définitive.

Il fallait d'abord retourner à l'église, recevoir des aspersions d'eau bénite, baiser des patènes, donner des chapelets à bénir, acheter des indulgences et des reliques, afin de réparer les brèches que le *monte* avait faites dans les finances ecclésiastiques.

Le soir, se déroula dans les rues une procession où six hommes robustes promenèrent sur un pavois l'image de saint Jean.

Cette image était une vraie curiosité. Qu'on se figure une grande poupée de cire et de plâtre, revêtue d'une robe de soie fanée, qui avait été jaune en des temps meilleurs, et que chamarraient des guipures, des plumes, des oripeaux de diverses espèces. C'était une image catholique indianisée, car les divinités mexicaines tiennent peut-être autant à l'ancienne idolâtrie qu'au christianisme.

Le saint paraissait fatigué de sa marche, et les chevilles qui attachaient son cou à ses épaules s'étant disjointes en partie, il pencha la tête comme pour saluer les fidèles. Partout ailleurs que dans un pays soumis à la domination absolue du clergé, on aurait trouvé ce mouvement grotesque; mais les bonnes gens de Saint-Ildefonse n'en jugèrent pas ainsi. Les *padrés* le leur signalèrent comme une marque de condescendance de la part du saint, qui daignait leur exprimer en les saluant combien il était satisfait de leur pieuse conduite.

En définitive, c'était un miracle. Le curé et les pères de la mission l'affirmèrent; et quel audacieux se serait permis de les contredire, à ses risques et périls? A Saint-Ildefonse personne ne révoquait en doute les allégations du clergé. Le miracle fut accepté sans contestation, et produisit son effet; l'enthousiasme religieux s'accrut, et lorsque la statue eut été replacée dans sa niche, les menues monnaies du pays, *pesetas*, *reaux*, *cuartillos*, tombèrent en abondance dans le tronc cloué à ses pieds.

Les annales de l'Eglise offrent plusieurs exemples de saints qui remuent la tête, de madones qui remuent les yeux; ils ne sont pas plus rares au Mexique qu'en Europe; et même au Nouveau-Mexique, contrée presque inconnue, les missionnaires ont accompli des miracles avec non moins d'imaginative et de dextérité que leurs devanciers.

Vint ensuite un feu d'artifice magnifique, car les Nouveaux-Mexicains sont passés maîtres en pyrotechnie.

A mon avis, l'amour des feux d'artifice est l'indice bizarre, mais certain, de la décadence d'une nation. Qu'on me donne la statistique de la poudre brûlée de cette manière chez un peuple, et je vous donnerai la mesure de son état moral et physique. Si le chiffre est élevé, le niveau intellectuel de ce peuple doit baisser proportionnellement.

J'ai vu sur une vaste place une population immense admirer un de ces misérables spectacles, préparé dans le but de lui persuader qu'elle était heureuse. Riches et pauvres, nobles et vilains, ouvriers et bourgeois, suivaient d'un œil avide le vol des fusées et des bombes. Semblables à l'enfant qui donnerait une pierre précieuse pour quelques dragées, ils acceptaient de la fumée et du bruit en échange de leur liberté; ils regardaient avec un ravissement qui ressemblait à de l'enthousiasme. J'examinai avec douleur leurs tailles rabougries, d'un pied plus courtes que celles de leurs ancêtres; je lus dans leurs yeux leur démoralisation. Ils représentaient un peuple jadis grand, et se croyaient encore les premiers des hommes. Je demeurai convaincu que c'était de leur part une profonde illusion; la manière dont ils accueillaient le spectacle pyrotechnique me prouva que j'avais sous les yeux une nation qui avait dépassé son apogée, et descendait sur une pente rapide pour arriver à la ruine et au néant.

Le bal ou fandango suivit les feux d'artifice, et l'on y revit les mêmes personnages, avec quelques modifications dans le costume. Les señoras et les señoritas avaient fait toilette, et quelques jolies ouvrières avaient échangé leurs *enaguas* de laine teinte en bleu ou en rouge contre des jupons de mousseline.

Le bal était donné dans le grand salon de l'hôtel de ville (*casa del cabildo*), qui occupait un des côtés de la grande place. Les fêtes de ce genre n'admettent point d'exclusion, et en général il n'y en a guère dans les villes frontières du Mexique. Malgré les distinctions sociales et la tyrannie des autorités, le plaisir nivelle les rangs, et il règne au milieu des réjouissances publiques une égalité démocratique qui n'existe pas ailleurs; elle surprend les voyageurs anglais et même ceux des Etats-Unis.

Tous ceux qui voulurent payer furent admis dans la salle du bal; l'opulent propriétaire habillé de drap fin se laissa coudoyer par le ranchero en veste de cuir et en pantalon de velours; la fille du riche commerçant dansa en face de la villageoise, de la simple *aldeana* dont le métier était de pétrir des tortillas ou de tisser des rebozos.

Le commandant Roblado et le lieutenant parurent au bal en grand uniforme; l'alcade y vint appuyé sur sa canne à pomme d'or, le curé s'y montra coiffé de son large chapeau à côté des pères de la mission.

Toutes les familles principales de la localité étaient présentes à la fête; le riche commerçant don José Rincon y avait amené sa grosse femme et ses grosses filles à l'air endormi; on remarquait encore la famille de l'alcade, et les Echevarrias, dont le frère, le seul de tous les assistants qui fût vêtu à la mode de Paris, portait un frac et un chapeau à claque; auprès d'eux était le señor Gomez de Monté, riche haciendado, possesseur de nombreuses *ganos* ou fermes exclusivement destinées à l'élève du bétail; il y engraissait d'innombrables bœufs, ce qui ne l'empêchait pas d'être maigre lui-même, et d'avoir des femmes et des filles aussi maigres que lui.

La belle Catalina de Cruces attirait tous les regards; son père, placé auprès d'elle, la surveillait avec une sorte de défiance jalouse.

Après ces gens d'élite venaient des employés subalternes des mines, des commis marchands, de jeunes fermiers de la vallée, des gambucinos, des vaqueros, des chasseurs de bison et même des *lépéros*, parias appartenant à la classe la plus indigente de la ville.

L'orchestre se composait d'une harpe, d'une mandoline et d'un violon. Les danses étaient la valse, le bolero et la *coona*; il est juste de dire qu'on n'aurait pas mieux dansé dans les salons de Paris; l'ouvrier lui-même, le péon avec sa veste de cuir et ses calzoneros, avait dans ses mouvements la grâce d'un maître de l'art; les poblanas, en jupes courtes et en pantoufles tressées, glissaient sur le parquet aussi légèrement que des coryphées de ballet.

Roblado, suivant son usage, était prodigue d'attentions envers Catalina; il dansait presque toujours avec elle; mais ses épaulettes d'or, ses assiduités et ses discours produisirent malheureusement peu d'effet; la jeune fille en paraissait même exténuée, et ses regards, errant çà et là, semblaient chercher quelque chose ou quelqu'un.

Le commandant Vizcarra était également inquiet; il parcourait tous les groupes, et s'en éloignait désappointé, n'y trouvant pas la personne qu'il désirait voir.

Si c'était la belle blonde, il perdait son temps. Rosita et sa mère étaient parties après le feu d'artifice. Don Juan et Carlos les avaient escortées jusqu'à leur demeure, assez éloignée de Saint-Ildefonse, mais avec l'intention de revenir pour le fandango.

Il était tard, la danse était animée, quand tous deux entrèrent dans la salle. Carlos était reconnaissable de loin aux blanches plumes de héron qui flottaient sur son noir sombrero. Dès lors les yeux de Catalina eurent un but; néanmoins, toujours retenue par la crainte d'irriter son père ou son prétendu, elle ne regarda le cibolero qu'à la dérobée; celui-ci affectait l'indifférence, quoique son cœur fût en feu; que n'aurait-il pas donné pour danser avec elle? mais il appréciait sainement sa position, il savait qu'il aurait provoqué une scène, s'il s'était permis d'inviter l'héritière de don Ambrosio.

Parfois il s'imagina qu'elle cessait de le regarder, qu'elle écoutait même avec attention les galanteries de Roblado, de l'élégant Echevarria ou d'autres; la conduite de Catalina était dictée par la prudence; elle voulait cacher à tous le secret de son amour; mais Carlos ne la comprit pas, et prit de l'humeur.

— Bah! se dit-il après un moment de réflexion, chassons ces folles idées; et il alla inviter une charmante *aldeana*, nommée Inez Gonzalès, qui accepta avec empressement.

Catalina fut piquée à son tour.

Ce jeu dura quelque temps. Enfin Carlos se lassa de sa compagne, la quitta, et vint s'asseoir sur la *banqueta*, banc de briques couvert de nattes qui régnait le long des murs de la salle. Suivant avec anxiété les mouvements de Catalina, il lut dans les yeux de la jeune fille l'amour qu'il lui avait inspiré, amour qu'elle lui avouait déjà, car ils avaient échangé de mutuels serments.

Pourquoi auraient-ils douté l'un de l'autre?

La confiance revint dans leurs cœurs.

Le bal était de plus en plus animé; des libations réitérées avaient endormi la vigilance de don Ambrosio. Les deux amants, moins gênés, se regardèrent plus fréquemment et avec plus d'assurance.

Une valse rapprocha les danseurs de la place où Carlos était assis. A chaque tour, Catalina, qui valsait avec Echevarria, échangea des signes d'intelligence avec son amant. En pareille circonstance, que de pensées une Espagnole sait concentrer dans un seul coup d'œil! Celles que lisait Carlos dans les yeux de Catalina le transportèrent d'ivresse.

Elle avait la main sur l'épaule de son danseur, et tenait entre les doigts une petite branche dont les feuilles étaient d'un vert sombre; elle la laissa tomber adroitement sur les genoux du cibolero en murmurant bien bas le mot : *tuya* (à toi!).

Carlos l'entendit et ramassa la branche, dont le nom lui rappelait la douce parole que sa maîtresse venait de prononcer. C'était un rameau de tuya, ou genévrier de Virginie. Carlos porta ce précieux gage à ses lèvres, et le mit à la boutonnière de sa veste brodée.

Jusqu'à la fin de la soirée, les deux amants purent se témoigner par le muet langage des yeux leur tendresse et leur confiance mutuelles.

La nuit s'avançait. Don Ambrosio, à moitié endormi, emmena sa fille, qu'accompagna galamment Roblado. Les riches et les fonctionnaires donnèrent bientôt après le signal d'une retraite générale; mais quelques adorateurs infatigables de Terpsichore ne quittèrent le salon qu'au moment où les premières lueurs de l'aube pénétraient à travers les grilles de la casa del cabildo, dont les fenêtres, comme la plupart de celles du Mexique, étaient dépourvues de vitres.

CHAPITRE X.

Le Llano Estacado.

Le Llano Estacado est une des formations les plus singulières de la grande prairie américaine; c'est un plateau qui s'étend du nord au sud, et s'élève à près de huit cents pieds au-dessus des contrées voisines; il a quatre cents milles de long, et deux ou trois cents dans sa plus grande largeur; sa superficie est à peu près égale à celle de l'Irlande.

Le Llano Estacado a la forme d'un gigot. L'aspect de cette steppe immense n'est point monotone comme celui du reste des prairies.

Au nord, le sol, d'ordinaire aride et sans végétation, se hérisse parfois d'arbustes étiolés appartenant à l'espèce des acacias épineux. Çà et là s'ouvrent des ravins d'une effrayante profondeur, flanqués de murailles de rochers escarpés; d'autres roches informes parsèment le fond de ces fissures colossales; des mares s'y montrent à de rares intervalles; des cèdres rabougris croissent au milieu des blocs de pierres, ou, prenant racine entre les crevasses, se suspendent aux flancs des précipices.

Ces abîmes s'appellent cañons. On ne peut les traverser ou même y entrer que par des passes qui sont souvent à vingt milles les unes des autres.

Au-dessus le sol est parfaitement uni, et s'élève comme une route macadamisée. Il est parfois couvert d'herbages, et de temps en temps le voyageur aperçoit des mares entourées de joncs, où croupit une eau plus ou moins saumâtre, tantôt salée, tantôt sulfureuse. Après les grandes pluies, ces dépôts aqueux se multiplient; mais la pluie est un accident rare dans ces régions désolées, et de longues sécheresses tarissent la plupart de ces étangs.

À l'extrémité méridionale du Llano Estacado se présente un singulier phénomène. au nord et au sud, sur une superficie de vingt milles de large et de cinquante milles de long, se développe une chaîne de collines sablonneuses. Ce sont des éminences coniques ou hémisphériques, qui s'élèvent jusqu'à la hauteur d'une centaine de pieds et sont entièrement composées de sable blanc. Aucun arbre, aucune plante ne brise les contours arrondis de ces dunes; aucune végétation ne tranche sur leur couleur uniforme. Mais, par une anomalie inexplicable pour les géologues, on trouve au centre de ces monticules des étangs qui ne sont pas alimentés par les pluies, avec des roseaux, des joncs, des nymphéas; et pourtant c'est le dernier lieu du monde où l'on devrait s'attendre à voir de l'eau.

Ces formations arénacées sont communes sur les côtes du golfe du Mexique, ainsi que sur les côtes d'Europe, où l'on conçoit aisément leur existence; mais au cœur même du continent elle est complétement inexplicable.

Cette zone sablonneuse n'est praticable qu'en deux endroits; encore les chevaux y enfoncent-ils à chaque pas, et il serait dangereux de la traverser sans l'eau qu'elle fournit en toute saison.

Où est situé le Llano Estacado ?

Déroulez une carte de l'Amérique du Nord. Vous y verrez partir des montagnes Rocheuses une rivière que les Espagnols nomment là Cañada, à cause des nombreux cañons qu'elle baigne. Elle va du nord au sud, tourne à l'est et va tomber dans l'Arkansas. En déviant de sa marche première, elle longe l'extrémité septentrionale du Llano Estacado, dont les faces escarpées tantôt s'approchent de ses rives, tantôt se montrent à quelque distance comme une chaîne de montagnes, et bien des voyageurs y ont été trompés.

Près de la source de la Cañada est celle d'une autre grande rivière, le Pecos, qui tire son nom d'une tribu jadis puissante. Les Indiens Pecos, dont les derniers débris sont maintenant dispersés, prétendaient descendre de Montezuma. Ils conservaient le culte du soleil et entretenaient avec son feu sacré. La rivière qui rappelle leur souvenir est indiquée par les cartes comme ayant son cours du nord au sud; mais c'est une erreur, car avant de prendre cette direction, elle va de l'ouest à l'est pendant un espace de plusieurs milles.

Le Pecos baigne la base occidentale du Llano Estacado; et ce sont les aspérités de cette plaine élevée qui le forcent à tourner au sud, au lieu de couler à l'est, comme tous les autres cours d'eau qui descendent des montagnes Rocheuses. Il a son embouchure dans le Rio-Grande.

À l'est, les bornes du Llano Estacado ne sont pas aussi nettement déterminées; pour les préciser, il faut tracer une ligne qui, partant du Pecos, traverse le cours supérieur de la Wichita, de la rivière Rouge de Louisiane, du Brazos et du Colorado. Ces rivières et leurs nombreux affluents prennent leur source sur le versant oriental (*oriental ceja*) du Llano Estacado, et s'y creusent des lits accidentés et de la forme la plus pittoresque.

Au sud, le Llano Estacado se termine en pointe, et s'allonge dans les vallées arrosées par les innombrables ruisseaux qui se versent dans le Rio-Grande.

Cette contrée bizarre n'a point d'habitants fixes. L'Indien même n'y séjourne que quelques heures, le temps de se reposer de son voyage. Quoique endurci aux fatigues, habitué à supporter la faim et la soif, il est certaines parties du Llano Estacado qu'il n'oserait traverser. Dans cette steppe de quatre cents milles de long, il n'y a que deux routes qu'on puisse suivre sans s'exposer à y rester. Les bêtes de somme y trouvent de l'herbe en abondance ; mais l'eau y manque, et même sur les deux lignes reconnues praticables, on parcourt en certaines saisons soixante ou quatre-vingts milles sans pouvoir se procurer une goutte d'eau.

Autrefois une de ces routes, qui partait de Santa-Fé pour aboutir à San-Antonio de Bexor au Texas, s'appelait la route Espagnole. Pour empêcher les voyageurs de s'égarer, on avait planté des poteaux de distance en distance. De là vint au Llano Estacado le nom qu'il reçut des chasseurs, et qui signifie la plaine jalonnée.

Depuis longtemps les ciboleros et les *comancheros*, marchands qui trafiquent avec les Comanches et autres tribus, fréquentent seuls le Llano Estacado. Ils viennent par bandes des établissements du Nouveau-Mexique, et vont chercher dans les plaines de l'Est des bisons et des Indiens. La chasse et le commerce sont pour eux d'un médiocre rapport, mais les hommes qui ont adopté ce genre de vie trouvent à y satisfaire leur humeur fantasque et leur esprit d'aventures.

L'attirail du cibolero, qui est aussi d'ordinaire un coureur des bois, est de la plus grande simplicité. Il est monté sur un cheval passable, beau par exception. Il est rarement armé d'un fusil; il se contente d'un arc, de flèches, d'un couteau de chasse, d'une longue lance et d'un lasso.

Voilà pour la chasse.

Pour le commerce, il a une pacotille dont la valeur totale ne s'élève pas à vingt dollars : des sacs de maïs et de pain grossier, dont les Indiens de la prairie sont friands; des babioles destinées à la parure des sauvages ; des sérapés, des étoffes de laine tissues par les Mexicaines et peintes de couleurs voyantes, tels sont les principaux articles de son fonds. Il y mêle peu de quincaillerie ; elle est trop chère sur le marché mexicain, où elle parvient, après un long transport, grevée de droits exorbitants d'importation. Il n'a point à s'occuper des armes à feu; celles qu'achètent les Indiens de la prairie leur arrivent par l'est; mais ils ont aussi bon nombre de fusils et d'escopettes de fabrique espagnole, trophées des incursions qu'ils font dans les villes méridionales du Mexique.

En compensation de ses déboursés et de ses fatigues, le cibolero rapporte de la viande sèche et des peaux de bison, produits de sa chasse ou acquis par échange. Les Indiens de la prairie lui vendent aussi des chevaux, des mules et des ânes, dont ils possèdent de nombreux troupeaux. Quelques-uns de ces animaux ont été volés aux Mexicains, et portent encore les marques que leurs légitimes propriétaires leur avaient imprimées au fer rouge. Chose étrange pour qui ne connaît pas les mœurs du Mexique ! les habitants d'une province encouragent les rapines des tribus en leur achetant ce qu'elles ont enlevé dans une autre. Les Mexicains de la Sonora acquièrent sans scrupule des bestiaux dérobés à ceux de Chihuahua, et les gens de Chihuahua ont un comptoir où ils reçoivent le butin pris dans la Sonora. Ce commerce est considéré comme parfaitement licite, ou du moins il s'exerce sans opposition.

Le cibolero ne se rend pas aux plaines avec une nombreuse escorte. Il en est pourtant qui voyagent en bandes, avec leurs femmes et leurs enfants, comme des tribus d'Indiens; mais en général l'expédition se compose d'un ou deux chefs, accompagnés de leurs domestiques. Ils sont moins inquiétés par les sauvages que les voyageurs ordinaires. Les Comanches et autres tribus connaissent le but de ces aventuriers, et les encouragent à leur rendre visite. Toutefois on aurait tort de s'y fier; les perfides Indiens trompent et maltraitent parfois ceux auxquels ils ont témoigné d'abord les plus bienveillantes intentions.

Des charrettes attelées de bœufs ou de mules, un *atajo*, troupe plus ou moins nombreuse de mules de somme, voilà les moyens de transport du cibolero. La *carreta* est un échantillon de la locomotion primitive. Les roues pleines, taillées dans le tronc d'un peuplier, sont réunies par un essieu de bois massif. Elles sont plutôt ovales ou carrées que circulaires. De l'essieu part un plateau de bois en forme de langue; sur la partie la plus large est posée une caisse carrée et profonde, sur la plus étroite est fixée une traverse à laquelle deux ou quatre couples de bœufs sont attachées par les cornes avec des lanières. Ces animaux n'ont ni joug ni harnais; l'impulsion donnée par leurs têtes est l'unique force motrice qui mette le véhicule en mouvement; il roule avec un bruit dont il est impossible de se faire une idée exacte. Les cris plaintifs d'une famille entière, y compris des enfants de toute taille, ne produisent pas de sons aussi discordants; il faut aller au sud du Mexique pour trouver leurs analogues dans les hurlements affreux d'une troupe de singes.

CHAPITRE XI.

La marche du cibolero.

Une semaine après la Saint-Jean, une petite troupe de ciboleros traversait le Pecos, au gué du Bois-Rond (*bosque redondo*). Ils étaient cinq : un blanc, un métis et trois Indiens de race pure. Ils conduisaient un *atajo* de cinq mules, et trois charrettes attelées chacune de quatre bœufs. A l'humble attitude des Indiens, à leur costume, à leurs sandales ou *guaraches* attachées avec des lanières de cuir, on reconnaissait des *Indios mansos*. C'étaient en effet des *péons* aux gages de Carlos le cibolero, l'homme blanc, le chef de la bande.

Le sang mêlé, qui s'appelait Antonio, avait les fonctions d'*arriero* (muletier). Les trois Indiens conduisaient les bœufs avec de longs aiguillons. Monté sur son beau cheval blanc et enveloppé d'un gros sérapé, Carlos marchait en avant pour servir de guide. Il avait quitté sa riche manga, de peur de la compromettre au milieu des hasards de son expédition, ou d'éveiller la cupidité des Indiens, qui l'auraient scalpé sans scrupule pour conquérir un aussi brillant manteau. Par les mêmes motifs, il avait remplacé par des vêtements plus grossiers sa veste brodée, son écharpe écarlate et ses calzoneros de velours.

C'était pour Carlos une importante entreprise; il avait la pacotille la plus considérable qu'il eût jusqu'alors portée aux prairies.

Les trois charrettes étaient chargées de pain, de maïs, de haricots rouges et de poivre rouge.

Les ballots placés sur le dos des cinq mules contenaient des couvertures de laine, des verroteries, des bijoux faux, et quelques couteaux espagnols.

Le bonheur que Carlos avait eu le jour de la fête l'avait mis à même de se procurer tant de marchandises. A l'once d'or qu'il possédait primitivement, aux deux qu'il avait gagnées, don Juan, le jeune ranchero, en avait ajouté cinq autres, en mettant la plus gracieuse insistance à les lui faire accepter à titre de prêt.

La petite troupe, après avoir traversé le gué de Pecos, s'achemina vers le point culminant du Llano Estacado. Elle gravit une côte peu rapide, et atteignit la *mesa*, le plateau, où commençait une plaine dont les limites se confondaient avec l'horizon, sans arbres, sans buissons même, pour jalonner la route et servir d'indice au voyageur incertain.

Mais le cibolero n'avait pas besoin de guide. Personne ne connaissait mieux que lui le Llano Estacado. S'inclinant vers le sud-est, il prit la route d'un des principaux bras de la rivière Rouge de la Louisiane, sur les bords duquel on lui avait assuré que les bisons se montraient en grand nombre depuis quelques années. C'était une région qu'il n'avait pas encore explorée: le cours supérieur du Brazos et du Colorado, les deux principales rivières du Texas, avait été le but de ses précédentes expéditions. Mais les plaines qu'elles arrosent étaient alors occupées par la puissante tribu des Comanches et par leurs alliés, les Kiawas, les Lipans et les Tonkewas. Ces Indiens chassaient sans opposition les bisons, qui, toujours inquiétés, ne se laissaient pas approcher, et dont les rangs étaient d'ailleurs éclaircis.

Sur les bords de la rivière Rouge, la chasse offrait au contraire de grandes ressources. Les Wacoes, les Pawnies, les Osages, y chassaient en concurrence avec des bandes de Cherokees, de Kickapoos, et autres nations de l'est. Des luttes sanglantes s'élevaient parfois entre ces Indiens : au lieu de poursuivre le gibier, ils n'étaient occupés que de s'éviter les uns les autres, et laissaient écouler la bonne saison. Pendant qu'ils perdaient le temps en vaines contestations, les bisons vivaient en paix. C'est un fait bien connu que, comme les autres animaux sauvages, ils sont plus nombreux et plus faciles à approcher sur les territoires neutres ou dans les pays dont la possession est disputée.

Instruit de ces particularités, Carlos le cibolero avait résolu de visiter les bords de la rivière Rouge, qui prend sa source sur le versant oriental du Llano Estacado, et non pas dans les montagnes Rocheuses, comme les cartes l'indiquent à tort.

De même que Carlos, le muletier Antonio et deux des péons étaient d'habiles chasseurs. Ils avaient pour armes l'arc et la lance, que les ciboleros préfèrent aux armes à feu. Comme ils chassent à cheval, ils leur serait souvent difficile de recharger leur fusil ou même un pistolet d'arçon, et n'ajustant jamais qu'à la distance de quelques pieds, ils trouvent dans les flèches une précision suffisante.

Toutefois, dans une des charrettes, on remarquait une longue carabine américaine à canon bruni. Carlos savait s'en servir, et en réservait l'usage pour sa défense personnelle; mais comment une arme pareille se trouvait-elle entre les mains d'un cibolero mexicain?

Qu'on se souvienne que Carlos était originaire des Etats-Unis. Cet arme était une relique de famille; il la tenait de son père.

Nous ne suivrons pas Carlos et sa caravane dans leur pénible voyage à travers le désert. Ils faisaient parfois des journées de marche, de *jornadas* de vingt lieues sans trouver une seule goutte d'eau; mais grâce à son expérience, Carlos ne perdait ni mules, ni bœufs. Après les avoir fait boire largement au dernier abreuvoir, il partait dans la soirée, et voyageait presque jusqu'à la pointe du jour. On s'arrêtait deux heures, pendant lesquelles les bêtes broutaient l'herbe encore humide de rosée. On se remettait en route jusqu'à midi; un repos de trois ou quatre heures permettait d'attendre la fraîcheur du soir. La *jornada* s'achevait par une nouvelle marche, qui se prolongeait jusqu'au milieu de la nuit, et au bout de laquelle on trouvait un cours d'eau. Telle est la méthode qu'emploient les voyageurs qui traversent les steppes de Sonora, de Chihuahua et du Mexique septentrional.

Au bout de plusieurs jours, le cibolero et ses compagnons descendirent du grand plateau, et suivant le versant oriental de la *mesa*, ils arrivèrent à un cours d'eau tributaire de la rivière Rouge. Là, le paysage changeait d'aspect, et prenait celui des prairies roulantes. C'était une succession de monticules à la cime arrondie, aux pentes douces, que séparaient de verdoyantes vallées, arrosées par des ruisseaux limpides. Çà et là, sur les berges, se groupaient des bouquets d'arbres tels que le chêne vert, le pecan (*caria olivæformis*), qui produit des noix comestibles; le chêne au kermès, dont les glands ovales sont enfoncés à moitié dans une cupule hérissée d'écailles acérées; le peuplier au duvet argenté; le micocoulier (*celtis occidentalis*), aux feuilles dentées en scie, aux fruits sucrés et savoureux. Sur le penchant des coteaux se dressaient isolément de grands arbres plantés à égale distance les uns des autres, comme par la main d'un jardinier. A leurs cimes touffues, à leurs feuilles légèrement pinnées, aux longs fruits bruns qui pendaient des branches, il était facile de reconnaître le *mezquite*, l'acacia à grandes gousses. Dans les bas-fonds croissaient des mûriers; çà et là la byttnerie à feuilles ovales étalait ses jolies fleurs violettes. Les collines et les vallées étaient couvertes d'un riche tapis d'herbe aux bisons (*sesleria dactyloïdes*), dont les tiges courtes leur donnaient l'aspect d'une prairie nouvellement fauchée et qui pousse avec une vigueur nouvelle. C'était une riante contrée, et l'on concevait sans peine qu'elle fût fréquentée de préférence par les bœufs sauvages des prairies.

Bientôt le cibolero y reconnut des signes de leur présence. Il remarqua les traces profondes de leurs pas, et les trous circulaires qu'ils creusent en se vautrant pour se débarrasser des chiques et des mouches qui les importunent. Le lendemain, il se trouva au milieu d'immenses troupeaux qui paissaient tranquillement. Ils étaient si peu farouches qu'ils daignèrent à peine se déranger à son approche.

Il avait atteint le but de son voyage : il était dans son domaine, au milieu de ses bestiaux; il n'avait plus qu'à les tuer et à en préparer les peaux et les chairs.

Quant à ses relations commerciales, pour les entamer avec les Indiens, il attendait une occasion, et il était certain qu'elle se présenterait.

Comme tous les hommes de la prairie, rudes trappeurs, chasseurs blancs ou indiens, Carlos aimait le pittoresque, aussi établit-il son camp dans un site enchanteur. Un *arroyo* d'eau pure y ruisselait entre deux rives couvertes de gazon, sous les arceaux de verdure que formaient les pecans et les micocouliers.

Il fit arrêter ses charrettes et planta sa hutte à l'ombre d'un petit bois de mûriers.

CHAPITRE XII.

Les Wacoes.

Carlos se mit en chasse, et obtint dès son début d'éclatants succès. En deux jours il ne tua pas moins de vingt bisons. Antonio et les péons les poursuivaient et les perçaient de leurs flèches; deux des péons écorchaient les victimes, qu'ils dépeçaient pour les transporter au camp. Le troisième était chargé de couper la chair en tranches minces et de la faire sécher au soleil. La viande ainsi préparée, et conservée sans sel, se nomme *tasajo;* c'est presque la seule nourriture animale que consomment les habitants de la campagne.

La chasse promettait d'être fructueuse. Carlos était sûr d'avoir autant de *tasajo* qu'il en pourrait emporter, et une grande quantité de peaux, dont il trouverait à se défaire aisément dans les villes du Nouveau-Mexique.

Toutefois, le troisième jour, les chasseurs remarquèrent un changement dans les allures des bisons. Ils étaient devenus tout à coup craintifs et sauvages. Enfin, ils passaient en troupes à toute vitesse comme s'ils eussent été épouvantés et poursuivis.

Quelle était la cause de leur agitation ?

Carlos conjectura qu'une tribu indienne était venue chasser dans les environs.

Cette hypothèse était exacte. Après avoir gravi une crête qui dominait un vallon, Carlos y vit le long d'un ruisseau les huttes d'un camp indien, au nombre d'environ cinquante. Elles étaient coniques, et se composaient d'un faisceau de perches réunies à leur extrémité, et couvertes de peaux de bisons. Dès que les yeux exercés du cibolero les aperçurent, il s'écria :

— Ce sont des huttes de Wacoes.

— Comment le savez-vous? demanda Antonio.

Le métis avait moins d'expérience que son maître, dont la vie, depuis sa première enfance, s'était écoulée dans les prairies.

— Comment? repartit Carlos : par l'examen des huttes.

— J'aurais cru que c'était un camp de Comanches, reprit Antonio : j'ai vu des cabanes de ce genre chez les Mangeurs de Bisons, qui, comme vous ne l'ignorez pas, sont une branche de cette tribu.

— Vous vous trompez, Antonio. Dans les huttes des Comanches, les perches se joignent à leur extrémité supérieure, et sont entièrement couvertes de peaux. Dans celles-ci, au contraire, les perches, en se rapprochant, laissent un espace libre qui permet à la fumée de s'échapper. Le cône n'est pas complet, il est tronqué.

— Vous avez raison, dit le métis après un moment de réflexion.

— Les Wacoes ne sont pas hostiles, poursuivit le cibolero. Je crois que nous n'avons rien à craindre d'eux. Ils consentiront sans doute à trafiquer avec nous, mais il s'agit d'abord de les trouver. Où sont-ils?

Carlos était en droit de poser cette question, car on ne voyait autour des huttes ni homme, ni femme, ni enfant. Pourtant ce ne pouvait être un camp désert. Les Indiens n'auraient pas abandonné leurs tentes sans enlever préalablement les précieuses dépouilles dont elles étaient couvertes. Les propriétaires devaient être près de là, sur les coteaux voisins, à la poursuite des bisons.

Carlos avait deviné juste.

Pendant qu'il regardait le camp, de bruyantes acclamations retentirent, et plusieurs centaines de cavaliers parurent sur une éminence. Ils marchaient au pas, mais leurs coursiers pantelants et blancs d'écume venaient évidemment de fournir une longue et fatigante carrière. Une autre bande plus nombreuse formait l'arrière-garde. Elle se composait de chevaux et de mulets, qui portaient d'énormes masses brunes, des quartiers de bisons empaquetés dans leurs peaux velues. Elle était conduite par les femmes et les jeunes gens, derrière lesquels venaient les chiens et les petits enfants.

Comme Carlos et Antonio ne se trouvaient point sur le passage des Indiens, ceux-ci ne les aperçurent pas d'abord; mais dès qu'ils furent dans le camp, ils eurent promptement découvert, avec leur vigilance accoutumée, les deux têtes qui se montraient derrière la crête du coteau.

Un cri d'alarme fut poussé. Les guerriers qui avaient mis pied à terre sautèrent en selle et se disposèrent à combattre. Les uns couraient en sens divers pour organiser la résistance, tandis que d'autres allaient prévenir le train des bagages, qui n'était pas encore rendu au camp. Ils appréhendaient évidemment une surprise des Pawnies, leurs ennemis mortels.

Pour les tirer d'inquiétude, Carlos donna de l'éperon à son cheval, se fit voir au sommet du monticule.

— Amigo! cria-t-il de toute la force de sa voix, et il accompagna ce mot rassurant d'une pantomime appropriée.

La confiance revint aux Indiens. Un éclaireur se détacha, s'approcha des deux étrangers, et parvint à s'entendre avec eux, moitié par signes, moitié en échangeant quelques mots d'espagnol. L'Indien galopa du côté des siens, et revint bientôt après prier le cibolero et le métis de se rendre au camp.

L'invitation fut acceptée; les femmes firent rôtir des morceaux de viande fraîche, et les conviés prirent place au repas à côté de leurs hôtes, avec lesquels ils étaient en parfaite intelligence. Comme Carlos l'avait supposé, ils appartenaient à la tribu des Wacoes, la plus noble et la plus intelligente de toutes les tribus des prairies.

Le chef, qui paraissait jouir de l'autorité la plus absolue, témoigna la plus cordiale sympathie au cibolero. Il promit d'aller voir le lendemain ses marchandises et de permettre à la tribu de les acheter en donnant des mules en échange. C'était combler les vœux de Carlos, qui était en extase quand il entra dans son camp.

Le matin, fidèles au rendez-vous, les Indiens arrivèrent; et la petite vallée où le cibolero avait planté sa tente fut encombrée d'hommes, de femmes et d'enfants. On ouvrit les ballots; on exhiba les marchandises, et toute la journée se passa en transactions commerciales. Les clients de Carlos y apportèrent la plus stricte loyauté, et au moment où ils se retirèrent, il ne lui restait absolument rien de sa pacotille. En revanche, il avait une magnifique *mulada*, une troupe de trente mules, qui étaient attachées à des piquets au fond de la petite vallée. Il ne les avait payées que huit onces d'or; c'était assurément un marché avantageux.

Carlos entrevit dès lors un avenir de prospérité. Chaque mule emportait une lourde charge de tasajos et de peaux de bisons. Il vendait un bon prix les mules et leur fardeau. Son heureuse expédition était la base de sa fortune; et quand il aurait une position assurée, n'était-il pas en droit d'afficher hautement ses prétentions à la main de la belle Catalina?

— Une fois que je serai riche, se disait-il, don Ambrosio luimême ne pourra me refuser son assentiment.

Et toute la nuit Carlos le cibolero goûta un doux sommeil, qu'embellirent les songes les plus riants.

CHAPITRE XIII.

Le pot au lait renversé.

Le lendemain il continua sa chasse avec un redoublement d'ardeur, il avait maintenant tous les moyens de transport désirables, il n'avait plus à craindre d'être obligé d'abandonner ses peaux et son tarajo. Les trente-cinq mules et ses trois charrettes pouvaient en porter pour une valeur de cent dollars.

Indépendamment de la mulada, il avait obtenu des Indiens quelques peaux corroyées, pour lesquelles il avait donné tout ce qui pouvait tenter des sauvages : les boutons de sa veste et de celles de ses gens, les ganses d'or ou d'argent et les ferrets de leurs sombreros, enfin tout ce qui reluisait.

Les Wacoes dédaignèrent les armes, car ils en possédaient de semblables et pouvaient en fabriquer au besoin. Ils auraient volontiers acheté la longue carabine, mais c'était un souvenir que Carlos n'eût pas cédé pour vingt mules.

Pendant deux jours le cibolero chassa, mais d'heure en heure les bisons devenaient moins abordables. Il s'aperçut que les troupeaux qui passaient en courant venaient du nord, tandis que les Wacoes chassaient au sud. Ce n'était donc pas leur tribu qui faisait fuir ces animaux. D'où venait leur inquiétude?

Carlos s'endormit en cherchant l'explication de ce mystère; Antonio veilla jusqu'à minuit, heure à laquelle un des péons devait le relever.

Antonio s'était fatigué à la poursuite d'un bison; toutefois il faisait de son mieux pour vaincre sa somnolence, quand il entendit un ébrouement du côté de la mulada.

Le bruit le réveilla; il appuya une oreille contre terre et écouta attentivement. Ce n'était pas seulement une mule qui s'ébrouait, il y en avait plusieurs d'effrayées, qui soufflaient avec violence.

— Qui peut les inquiéter? se dit Antonio; un coyote, un ours gris peut-être? Il faut que je réveille mon maître.

Le sang-mêlé se glissa doucement auprès de Carlos et le secoua par le bras.

Immédiatement le cibolero fut sur pied et saisit sa carabine, à laquelle il avait constamment recours dans les moments critiques, par exemple, en cas d'une attaque des Indiens.

Après avoir échangé quelques paroles avec Antonio, il réveilla les péons, qui coururent aux armes. Les charrettes étaient disposées de manière à former une enceinte triangulaire; leurs caisses élevées mettaient la petite troupe à l'abri des flèches et l'empêchait d'être vue. Les ténèbres étaient épaisses, surtout dans le camp, ombragé par le feuillage touffu des mûriers. Les chasseurs avaient devant eux la prairie, que leurs yeux auraient pu embrasser sans les bouquets d'arbres dont elle était parsemée. Ils écoutèrent en silence, et il leur sembla entrevoir du côté de la mulada un homme ou un animal, qui se traînait lentement à terre. Pour le mieux observer, Carlos sortit de l'enceinte avec Antonio, et tous deux s'approchèrent de l'objet qui causait leur inquiétude.

— Il y a quelque chose, murmura le cibolero.

En ce moment les mules s'ébrouèrent de nouveau, et plusieurs frappèrent le sol de leurs sabots.

— On croirait que c'est un ours, dit Carlos. Il va effrayer les mules; il vaut mieux le prévenir.

Aussitôt il leva sa carabine, visa dans l'ombre et tira.

On aurait cru que la détonation avait évoqué tous les démons de l'enfer. Cent voix firent entendre un cri simultané; les pieds de cent chevaux résonnèrent sur la prairie; les mules furent saisies d'une de ces terreurs irrésistibles que les Mexicains appellent estampada. Elles brisèrent leurs liens et se dispersèrent dans la vallée en poussant des hennissements plaintifs. Derrière elles s'agitèrent de noires figures; c'étaient des cavaliers qui les chassaient en avant comme un troupeau. Les uns et les autres avaient disparu avant que Carlos fût remis de sa surprise. De toute la mulada il ne restait pas un seul animal.

— Cette estampada me ruine, dit Carlos d'une voix étouffée; maudite soit la duplicité des Indiens!

Carlos avait la conviction que les maraudeurs étaient les Wacoes, ceux mêmes qui lui avaient vendu les mules. Il savait que les vols de cette espèce étaient assez fréquents. On en cite en effet de nombreux exemples; il arrive que les marchands ainsi dépouillés achètent une seconde fois les mêmes animaux aux Indiens, qui les leur ont enlevés.

— Maudite soit la duplicité des Indiens! répéta Carlos avec indignation. Je ne m'étonne plus qu'ils aient montré tant de libéralité dans leurs transactions, c'était afin d'endormir mes soupçons et de me dévaliser sans risque, car les lâches coquins n'osaient m'assaillir à force ouverte. *Carajo!* je suis perdu!

Les accents du cibolero exprimaient à la fois la douleur et la colère. Certes, il se trouvait dans une pénible situation. Ses espérances, qui avaient pris un si brusque essor, étaient anéanties tout à coup. Son entreprise avortait; tout ce qu'il possédait lui était enlevé; il avait vainement enduré les dangers et les fatigues d'un long voyage. Il allait rentrer chez lui les mains vides, plus pauvre qu'il n'en était parti, puisque ses cinq bêtes de somme avaient suivi leurs nouvelles compagnes. Il ne lui restait que les bœufs et son fidèle mustang, qui étaient attachés aux charrettes. Ils suffisaient à peine pour porter les provisions nécessaires à ses gens et à lui. Il lui était impossible d'emporter le moindre paquet de peaux, la moindre *fulta* ou balle de viande séchée !

Ces réflexions vinrent à l'esprit du cibolero pendant qu'il regardait la direction qu'avaient prise les maraudeurs. Il n'essaya pas de les suivre. Grâce à l'excellence de son cheval, il les aurait facilement atteints, mais il eût infailliblement péri victime de sa témérité.

—Maudite soit la duplicité des Indiens! répéta-t-il pour la troisième fois; puis il retourna au corral et donna l'ordre de rapprocher les bœufs et de les lier solidement aux charrettes. Il pouvait prendre fantaisie à quelque détachement des sauvages de renouveler leur attaque. De peur de surprise, le cibolero et ses compagnons jugèrent à propos de ne point dormir, et ils furent sur le qui-vive pendant le reste de la nuit.

CHAPITRE XIV.

Le cadavre.

Ce fut une triste nuit pour Carlos. Dépouillé, au milieu d'Indiens qui pouvaient revenir sur leurs pas pour le tuer, il était à plusieurs centaines de milles de sa demeure, et même de tout établissement des blancs. Il avait à traverser un vaste désert; mais était-il utile qu'il le traversât? Fallait-il qu'il rentrât dans ses foyers pour y vivre misérable et y être l'objet de la risée publique?

Il n'avait à espérer ni dédommagement ni satisfaction. Sa position était trop modeste pour que le gouvernement épousât sa cause, et quand même une expédition eût été organisée pour le venger, les steppes du Llano Estacado auraient opposé aux Espagnols une barrière infranchissable. Et puis Vizcarra et Roblado étaient-ils gens à prendre sérieusement sa défense? Non, il ne devait compter sur personne; il fallait qu'il souffrît son malheur sans espoir de compensation. Carlos se promit de se rendre dès la pointe du jour au camp des Wacoes et de leur reprocher hardiment leur perfidie; mais était-il sûr de les retrouver? Vraisemblablement, après avoir mis leur plan de rapine à exécution, ils étaient allés s'installer plus loin.

Au milieu de ces pénibles méditations, l'idée de la vengeance lui vint à plusieurs reprises. Les Wacoes étaient en guerre avec différentes tribus; ils avaient surtout dans les Pawnies des ennemis puissants et irréconciliables.

— Ma destinée est amère, se dit Carlos, mais la vengeance est douce ! Si j'allais trouver les Pawnies? si, leur faisant part de mes intentions, je leur offrais mon arc, ma lance et ma bonne carabine? Je n'ai jamais eu de relations avec eux; mais je suis robuste, entreprenant et animé par le désespoir. Ils ne refuseront pas le secours de mon bras. Quant à mes gens, je sais qu'ils me suivront partout. Ce sont de doux et timides Tagnos, mais ils se battent avec fureur lorsqu'ils sont armés par la vengeance. Oui, j'irai trouver les Pawnies.

Ces derniers mots furent prononcés presque à haute voix, et avec un ton énergique. Le cibolero était homme à prendre promptement une résolution, et à en poursuivre l'accomplissement avec une inébranlable fermeté. L'indignation causée par tant de perfidie; la crainte d'être mal accueilli à son retour; le désir de punir les traîtres; l'espoir de recouvrer au moins une partie de son bien : tout concourait à lui faire adopter sa détermination présente. Il était sur le point de la communiquer à ses compagnons, lorsqu'il fut interpellé par Antonio, qui rêvait de son côté depuis quelque temps.

— Maître, dit le sang-mêlé, avez-vous remarqué une particularité étrange ?

— A quel moment ?

— Pendant l'estampada.

— Quelle particularité ?

— Il m'a semblé que la moitié de ces coquins étaient à pied.

— En effet je me le rappelle.

— Eh bien, maître, j'ai vu plus d'une fois les *caballadas* (des troupes de chevaux) dispersées par les Comanches : ils sont toujours à cheval.

— Qu'est-ce que cela signifie ? Ce sont des Wacoes et non pas des Comanches.

— C'est vrai, maître; mais j'ai entendu dire que les Wacoes, comme les Comanches, n'allaient jamais à pied dans leurs expéditions.

— Le fait est exact, reprit le cibolero d'un air rêveur : votre observation prête à réfléchir.

— N'y a-t-il point encore quelque chose qui vous a frappé ?

— Non; j'étais tellement troublé, accablé par ma perte, que je n'avais plus la tête à moi. De quoi voulez-vous parler ?

— Au milieu des clameurs qui se sont élevées, n'avez-vous pas distingué un sifflement aigu ?

— Vous l'avez entendu ?

— Plusieurs fois, de manière à ne pas m'y méprendre.

— Où avais-je les oreilles ? Vous êtes bien sûr de ce que vous avancez, Antonio ?

— Parfaitement sûr, maître.

Carlos garda un moment le silence pour mettre de l'ordre dans les pensées qui l'assiégeaient, et reprit dans une espèce de soliloque :

— C'est possible... ce doit être... oui, par le ciel ! ce doit être...

— Quoi, maître ?

— Le sifflement des Pawnies.

— C'est précisément ce que j'ai pensé, maître. Les Comanches, les Kiawas, les Wacoes, ne sifflent pas. Puisque ce signal est particulier aux Pawnies, pourquoi ne croirions-nous pas que ce sont nos voleurs ? Ce qui tend à le confirmer, c'est qu'ils étaient presque tous à pied.

Une révolution soudaine s'était opérée dans l'esprit du cibolero. La conjecture d'Antonio avait pris le caractère de la vraisemblance. Le sifflement était en effet un signal usité chez les Pawnies; et bien qu'ils fussent d'excellents cavaliers, il entrait dans leur tactique de ne pas emmener de chevaux. Les Indiens du Sud sont toujours montés, mais les Pawnies partent à pied pour leurs expéditions, comptant bien revenir avec un nombre de chevaux suffisant; et leur espoir est rarement déçu.

— Après tout, pensa Carlos, j'avais tort d'accuser les Wacoes; nos voleurs sont les Pawnies.

Pourtant un nouveau soupçon lui passa par l'esprit. Les Wacoes ne pouvaient-ils avoir, pour mieux le tromper, emprunté le signal ordinaire de leurs ennemis? Ne pouvaient-ils être venus à pied à leur camp, qui était à peu de distance, et dont ils avaient pris directement la route après l'estampada? S'il leur rendait visite le lendemain, ils lui diraient sans doute que ceux-ci rôdaient dans les environs et lui avaient pris ses mules; mais qu'est-ce que prouverait cette déclaration ? Simplement que les mules avaient été emmenées au milieu des collines, afin qu'il ne les vît pas.

Carlos résuma ses dernières réflexions en ces termes :

— Croyez-moi, Antonio, nos voleurs sont bien les Wacoes.

— Maître, j'espère que non.

— Je l'espère aussi, mon camarade. Ma liaison avec nos amis est de fraîche date, mais je me sens pour eux de la sympathie, et serais fâché de les trouver coupables.

Plus Carlos méditait, plus son irrésolution augmentait. Après avoir tour à tour amnistié et accusé les Wacoes, il se rappela derechef les circonstances qui confirmaient les présomptions d'Antonio. Il était bien positif que depuis deux jours les bandes de bisons, troublées dans la possession de leurs pâturages, couraient du nord au midi. Les Indiens devant lesquels ils fuyaient n'étaient donc pas les Wacoes, qui chassaient précisément du côté opposé. Quoi de plus vraisemblable que la présence d'une horde de Pawnies dans le nord?

Carlos se reprocha une seconde fois d'avoir été trop prompt à soupçonner ses amis. En proie à une pénible incertitude, il comptait heureusement la dissiper aux premières lueurs du jour. Il se promit de partir dès le matin pour le camp des Wacoes, d'y éclaircir ses doutes ou, en tout cas, de demander franchement des explications.

Le crépuscule argentait la prairie quand les yeux perçants d'Antonio, en examinant le terrain, s'arrêtèrent sur une masse informe placée près des piquets auxquels avaient été attachées les mules. Etait-ce un bison, un loup, un animal quelconque ? On ne pouvait guère le déterminer.

Antonio avertit son maître; et tous deux se mirent en observation. La clarté encore grisâtre du matin les empêchait de distinguer l'objet, mais, dans la prévision d'une seconde attaque des Indiens, ils n'osaient s'aventurer en dehors de leurs retranchements.

Enfin la curiosité l'emporta.

— Remarquez-vous, dit Antonio, que c'est à peu près la place où nous avions vu remuer quelque chose dans les ténèbres lorsque vous avez fait feu ?

— J'aurai peut-être atteint un de nos ennemis, dit Carlos, allons voir !

Ils sautèrent par-dessus les charrettes, s'avancèrent d'un pas ferme, et ce fut sans trop de surprise qu'ils reconnurent le cadavre d'un Indien. Il était étendu sur l'herbe, la face du côté du sol. Il avait au côté une blessure d'où s'étaient échappés des flots de sang, qu'avait faite la balle de Carlos.

On retourna le corps pour l'examiner. Le sauvage était en grand costume de guerre : c'est-à-dire qu'il était nu jusqu'à la ceinture, qu'il avait la poitrine et la figure peintes de manière à se rendre aussi effrayant que possible. Ce fut surtout sa coiffure qui frappa le cibolero.

La tête était rasée sur les tempes et derrière les oreilles. Sur le sommet du crâne les cheveux étaient coupés court, mais du centre partait une longue mèche tressée, entremêlée de plumes, qui pendait comme une queue sur le dos.

Les tempes, les joues et le sein étaient barbouillés de vermillon. L'éclat de ces peintures contrastait avec la couleur livide de la peau.

des lèvres blêmes, des yeux vitreux. C'était comme une mascarade de la mort.

Après quelques instants consacrés à une minutieuse inspection, Carlos se tourna d'un air d'intelligence vers son compagnon. Il lui montra la tête rasée, puis les moccassins de l'Indien ; et d'un ton qui exprimait le plaisir que lui causait sa découverte, il prononça ce seul mot :

— Pawnie !

CHAPITRE XV.

La bataille.

L'Indien tué était incontestablement un Pawnie. La coupe de ses cheveux, la forme de ses moccassins, les dessins de sa peinture de guerre permettaient de l'affirmer.

Le cibolero avait sujet de se féliciter.

Premièrement, il était rassuré sur le compte de ses amis.

En second lieu, il avait puni un des voleurs.

Enfin il espérait recouvrer, avec l'aide des Wacoes, quelques-unes des mules qu'on lui avait enlevées.

Comme nous l'avons déjà dit, les Wacoes et les Pawnies étaient ennemis jurés. Il était certain que les premiers, dès qu'ils auraient appris l'apparition des seconds, s'empresseraient de les poursuivre. Carlos pouvait offrir les secours de sa petite bande, contribuer à la défaite des Pawnies, et reconquérir sa mulada.

Son premier mouvement fut donc de courir au camp des Wacoes, de leur annoncer que les Pawnies marchaient dans le sentier de la guerre, et d'entrer comme auxiliaire en campagne.

Tout à coup Antonio et lui se rappelèrent que les Pawnies avaient pris la direction du camp waco ! Il n'était pas à deux milles de distance, facile à trouver, même pendant la nuit. Les Pawnies n'avaient-ils pas pu le découvrir, et surprendre les Wacoes ?

C'était probable, plus que probable. L'estampada avait eu lieu avant minuit ; ils avaient donc eu le temps d'assiéger le village waco à l'heure où se font habituellement de pareilles attaques, entre minuit et le lever du soleil.

— Il est trop tard pour les avertir ! s'écria Carlos : mes amis sont déjà perdus ! Mais, quoi qu'il soit advenu, j'irai chercher de leurs nouvelles !

Et laissant les péons sous les ordres d'Antonio, avec des instructions pour la défense de son camp, il partit armé de son arc et de sa carabine.

La lumière était grisâtre encore ; mais il connaissait assez bien la route pour ne pas craindre de s'égarer. Il s'avança avec circonspection, en ayant soin d'étudier tous les bouquets d'arbres avant de s'en approcher, et de ne pas franchir les crêtes des collines sans avoir observé le versant qu'il avait en face de lui.

Ces précautions n'étaient pas inutiles, car les Pawnies ne devaient pas être loin. Carlos ne craignait pas d'en rencontrer un groupe isolé ; avec ses armes, avec un cheval dans lequel il avait toute confiance, il serait aisément venu à bout de deux ou trois sauvages. Mais il pouvait tomber dans une embuscade, être entouré, accablé par le nombre, avant d'être arrivé aux huttes des Wacoes.

Le daim bramait dans les taillis ; la marmotte des prairies jappait dans les herbes ; le tétras à fraise faisait entendre sur les monticules sablonneux sa voix pareille au son du tambour ; le dindon sauvage gloussait sur les branches du chêne. Ces bruits divers étaient recueillis par Carlos, qui avait les oreilles au guet comme les yeux ; en toute autre circonstance, il n'y aurait pas fait attention ; mais il savait qu'on pouvait les imiter et cherchait à déjouer la contrefaçon.

Il vit sur le gazon les traces de la marche nocturne des Pawnies. Elles prouvaient que leur bande était nombreuse. Quelques-uns étaient encore à pied ; au gué d'un ruisseau, on remarquait sur le sable l'empreinte de leurs moccassins ; mais grâce à la capture faite, la plupart des fantassins sauvages avaient passé dans la cavalerie.

Carlos redoubla de prudence ; il était à moitié chemin du village waco, et les traces des Pawnies continuaient à en suivre la direction. Il était impossible que des guerriers aussi expérimentés l'eussent dépassé sans le découvrir. Peut-être avaient-ils déjà commencé l'attaque ; peut-être...

Les réflexions du cibolero furent interrompues par des bruits lointains. Les chants de triomphe, les cris de rage, les hurlements, les plaintes, les sifflements, se confondaient en une clameur immense. C'était la voix terrible de la bataille.

Le cibolero, éperonnant son cheval, gravit une côte, du haut de laquelle ses yeux plongèrent dans la vallée. La lutte acharnée se déroulait devant lui. Six cents cavaliers tourbillonnaient dans la plaine. Les uns décochaient leurs flèches, les autres s'attaquaient à coups de lance ou se prenaient corps à corps, le tomahawk à la main. Ici des groupes chargeaient au galop ; là ils tournaient bride après un échec : ceux-ci, démontés, combattaient à pied ; ceux-là cherchaient un refuge dans des îlots de verdure, d'où ils sortaient à l'occasion pour envoyer une flèche ou frapper par derrière un ennemi.

Le clairon, le tambour n'animaient point les guerriers ; le canon ne tonnait point ; les fusées ne sillonnaient pas les airs ; les balles ne sifflaient point à travers les volutes sulfureuses de la fumée ; mais personne ne pouvait prendre le combat pour un vain simulacre, pour un tournoi des prairies. La guerre étalait toutes ses horreurs ; les haches, les lances étaient rouges de sang ; çà et là, le soleil levant brillait sur les crânes rouges des sauvages scalpés. Les commandements des chefs, les cris de victoire et de vengeance se mêlaient aux hennissements des chevaux, dont la plupart déjà erraient sans maître dans la plaine.

Carlos comprit au premier coup d'œil que s'était une bataille décisive entre les Wacoes et les Pawnies. Au bout de quelques instants, il put distinguer les uns des autres, les guerriers des deux tribus. Il reconnut sans peine les Pawnies à leur grand costume de guerre et à leurs longues queues tressées ; les Wacoes, qui avaient été surpris, portaient presque tous des chemises de chasse et des guêtres. Quelques-uns, nus comme leurs adversaires, s'en distinguaient toutefois par leurs chevelures flottantes.

Le cibolero eut d'abord l'idée d'aller se ranger du côté de ses amis. Le bruit du combat lui échauffait le sang, et la vue des bandits qui l'avaient ruiné lui inspirait le désir de se venger. Plusieurs d'entre eux exposaient dans la mêlée les mules qui lui avaient été ravies, et dont il voulait reprendre au moins quelques-unes. Il allait s'élancer, lorsque la bataille changea de face.

Les Pawnies pliaient. Un petit nombre d'intrépides guerriers résistaient encore, mais le plus grand nombre fuyait en divers sens.

Carlos mit son cheval à couvert sous des arbres, et se tint prêt à recevoir trois Pawnies qui, séparés de leurs compagnons, accouraient au galop de son côté. Mais au moment où ils approchaient, deux cavaliers wacoes firent entendre derrière eux leur cri de guerre. Les fugitifs se retournèrent, et voyant qu'ils n'avaient affaire qu'à deux hommes, ils acceptèrent le combat. Au premier choc un des Wacoes tomba ; l'autre, que Carlos reconnut pour le chef de la tribu, restait seul contre trois.

Carlos épaula sa carabine ; la détonation cingla l'air comme un coup de fouet ; un des Pawnies fut renversé ; les deux autres, trop activement occupés pour chercher à savoir d'où la balle était partie, continuèrent à charger le chef waco. Celui-ci, poussant son coursier, se rua sur l'un des assaillants, auquel il fendit le crâne d'un coup de tomahawk ; mais lancé à toute vitesse, il ne put faire assez promptement volte-face, et le dernier Pawnie, se précipitant à sa poursuite, lui enfonça dans le dos une longue lance. Percé de part en part, le noble chef poussa son cri de mort, et tomba lourdement sur le sol.

Mais son ennemi fut frappé en même temps. La flèche du cibolero arriva trop tard pour sauver, mais non pour venger le Waco. Elle atteignit le Pawnie au moment même où celui-ci portait le coup fatal, et il tomba près du corps de sa victime, en étreignant encore la lance qui l'avait traversée.

Sans s'arrêter à contempler l'horrible groupe qui gisait sur la pelouse, Carlos courut prendre part à la lutte. Elle continuait encore sur un autre point de la plaine, mais elle ne dura pas longtemps. Les Pawnies avaient perdu leurs meilleurs guerriers ; une terreur panique s'empara de ceux dont les efforts désespérés retardaient leur défaite complète, et tous furent bientôt en déroute. Carlos les poursuivit ; sa carabine fut fatale à plus d'un ennemi ; mais, craignant qu'un détachement des fuyards ne se portât sur son propre camp, il quitta les vainqueurs pour s'y rendre. Il y trouva Antonio et les péons retranchés dans leur corral. Des fugitifs isolés avaient passé auprès d'eux, mais ils étaient trop préoccupés de leur salut pour avoir envie d'inquiéter la petite troupe.

Dès que le cibolero eut appris ces bonnes nouvelles, il retourna sur le champ de bataille.

CHAPITRE XVI.

L'élection.

En arrivant à la place où le chef avait été tué, Carlos entendit un chœur chanter l'hymne funèbre. Quand il se fut approché, il vit un cercle de guerriers démontés rangés autour du cadavre. A mesure que les autres revenaient de la poursuite, ils se groupaient au même endroit, et chacun entonnait l'hymne de deuil.

Le cibolero mit pied à terre et s'avança vers le cercle. Quelques-uns des guerriers le regardèrent avec surprise ; mais d'autres, qui connaissaient la part qu'il avait prise au combat, lui serrèrent la main avec effusion. Un vieillard, le prenant par le bras, lui montra les traits livides du chef. Personne ne se doutait que Carlos avait été témoin du combat dans lequel le chef avait succombé. De grands arbres cachaient ce lieu écarté, et le théâtre de l'action était à une assez grande distance. Le vieux guerrier pouvait donc croire qu'il apprenait à Carlos la perte douloureuse qu'avait faite la tribu.

Mystère inexplicable pour les Indiens ! les trois Pawnies, le chef et l'autre Waco n'avaient pas été scalpés !

Ils ne pouvaient pas s'être tués les uns les autres, le Waco et un des Pawnies étaient tombés séparément ; les trois autres se trouvaient ensemble, et le Pawnie tenait encore la lance qui traversait le corps du chef. Celui-ci avait le tomahawk à la main, et c'était évidemment lui qui avait fendu le crâne du second Pawnie.

Jusque-là on pouvait former des conjectures assez vraisemblables ; mais qui donc avait tué le meurtrier du chef ? Voilà ce que les Indiens se demandaient sans pouvoir trouver le mot de l'énigme. Il fallait que quelqu'un eût survécu à cette lutte sanglante qui avait coûté la vie à cinq guerriers. Si c'était un Pawnie, pourquoi n'avait-il pas scalpé le chef waco ? pourquoi n'avait-il pas emporté cette chevelure comme un trophée qui lui eût assuré une gloire immortelle ? Si c'était un Waco, où était-il ?

Ces questions furent posées sans qu'il fût possible de les résoudre. Toutefois l'enquête fut suspendue, et l'on reprit le chœur funèbre, en attendant les guerriers qui étaient en retard. Enfin, tous se trouvant réunis, un d'eux se plaça au milieu du cercle et fit signe qu'il désirait parler. Il commença en ces termes, au milieu du plus profond silence :

Carlos ôta son sombrero, il l'agita et le remit sur sa tête.

— Wacoes, nos cœurs sont tristes quand ils auraient sujet de se réjouir. Un grand malheur empoisonne notre victoire. Nous avons perdu notre père, notre frère, notre grand chef, celui que nous aimions tous. Hélas ! c'est à l'heure même du triomphe, au moment où son bras redoutable avait terrassé son ennemi, qu'il est tombé pour ne plus se relever. Les cœurs de ses guerriers sont tristes ; les regrets de son peuple seront éternels.

Wacoes, votre chef n'a pas péri sans vengeance. Voyez à ses pieds son meurtrier percé d'une flèche et baigné dans son sang ; qui de vous l'a tué ?

L'orateur s'arrêta pour attendre une réponse ; mais ce fut en vain.

— Wacoes, reprit-il, votre chef bien-aimé est mort, et nos cœurs sont tristes ; mais nous sommes heureux de savoir qu'il n'est pas mort sans vengeance. Le Pawnie qui l'a frappé porte encore toute sa chevelure. Quel brave réclame ce trophée ? qu'il vienne le prendre !

L'orateur s'interrompit de nouveau ; mais personne ne répondit à son appel. Le cibolero garda le silence, ne comprenant rien à ce discours, qui était prononcé dans le dialecte waco. Tout ce qu'il pouvait faire, c'était de deviner vaguement qu'il s'agissait du chef mort et de ses ennemis.

— Frères, ajouta l'orateur, les braves sont modestes et discrets. Il n'y a qu'un brave qui ait pu venger notre chef bien-aimé. Qu'il ne craigne pas de parler, et qu'il compte sur la reconnaissance des Wacoes !

Aucune voix ne s'éleva dans l'assemblée. L'orateur reprit, en accentuant ses paroles : — J'ai dit que l'on pouvait compter sur la reconnaissance des Wacoes ! Maintenant j'ai une proposition à faire ; écoutez-la !

Tous firent un signe d'assentiment.

— Notre usage est de choisir notre chef parmi les braves de la tribu. Je propose de l'élire à l'instant même, sur la place arrosée du sang de son prédécesseur ; je propose de désigner pour notre chef le guerrier qui a fait ceci !

Et il montra le Pawnie gisant sur le sol.

— Je donne ma voix au vengeur de notre chef ! s'écria un de guerriers.

— La mienne aussi ! dit un autre.

— La mienne aussi, répétèrent tous les guerriers.

— Qu'il soit donc solennellement déclaré que celui auquel appartient le droit de scalper ce Pawnie sera le chef de la nation waco.

— Nous le jurons ! s'écrièrent tous les guerriers, et chacun mit main sur son cœur.

— Il suffit, ajouta l'orateur ; quel est le chef des guerriers wacoes qu'il se montre !

Le silence fut plus profond que jamais. Chacun promena ses regards autour du cercle et se tint prêt à saluer le nouvel élu. Tous les cœurs battaient, à l'exception de celui de Carlos. Ignorant l'honneur qu'on lui préparait, et n'ayant aucune idée de la question qui venait d'être posée, il observait avec curiosité les mouvements de ses alliés.

Heureusement un de ses voisins, qui parlait espagnol, lui expliqua ce qui se passait ; et il allait donner enfin les explications désirables, quand un Waco s'écria :

— Pourquoi rester plus longtemps dans l'incertitude ? Si la modestie lie la langue du guerrier, que son arme parle à sa place, Retirons sa flèche du corps du Pawnie ; elle doit être marquée, et nous dira peut-être le nom de celui qui l'a lancée.

— Oui, reprit l'orateur, oui, interrogeons la flèche !

Il se pencha pour la saisir et l'exposa aux regards des assistants. Dès que ceux-ci l'eurent aperçue, ils poussèrent un cri d'étonnement. La pointe n'était pas de pierre, comme celle des traits indiens : elle était de fer !

Carlos épaula sa carabine ; la détonation cingla l'air comme un coup de fouet.

Tous les yeux se tournèrent aussitôt vers Carlos. C'était de son arme que le trait mortel avait dû partir ; c'était encore lui qui avait tué le troisième Pawnie, car on venait de découvrir la blessure faite par la balle. Le visage pâle avait vengé le chef des Wacoes.

CHAPITRE XVII.

Le retour.

Pendant ce temps, Carlos, qui avait pris des renseignements, s'avança, et, avec l'aide de son interprète, expliqua comment le chef avait été frappé et la part que lui-même avait eue dans l'action.

Un long murmure d'approbation accueillit son récit. Les jeunes gens, avec l'enthousiasme de leur âge, lui serrèrent les mains en lui prodiguant les témoignages de gratitude ; presque tous savaient dé-

qu'ils lui devaient leur salut. La détonation de sa carabine, tirée au milieu de la nuit, les avait mis sur leurs gardes. Les Pawnies n'avaient pu réaliser leur plan, qui, s'il n'eût pas été déjoué par cet incident, aurait causé la perte de la tribu waco. Au lieu de surprendre, ils avaient été surpris eux-mêmes, et c'était le secret de leur désastre.

En outre, le cibolero avait combattu dans les rangs des Wacoes; il avait tué plusieurs de leurs ennemis. Maintenant qu'il était reconnu pour le vengeur de leur chef, leur reconnaissance dépassait toutes les bornes. C'était du délire, du fanatisme, et ces sentiments se manifestèrent par de bruyantes acclamations. Dès que le calme fut un peu rétabli, celui qui semblait être l'orateur ordinaire de la tribu, et qu'elle écoutait avec déférence, redemanda la parole. Cette fois ce fut à Carlos seul qu'il s'adressa.

— Guerrier blanc, j'ai conféré avec les braves de notre nation; ils sentent tout ce qu'ils vous doivent, et jamais ils ne se croiront quittes envers vous. On vous a expliqué le but de nos délibérations. Nous avons juré que le vengeur de notre chef le remplacerait; nous ne supposions pas alors que ce brave guerrier était notre frère blanc; mais à présent nous le savons. Faut-il pour cela manquer à nos engagements? Non; nous n'en avons pas même la pensée. Nous avons fait un serment solennel, nous le renouvelons.

— Nous le renouvelons! répétèrent les guerriers, et, comme la première fois, chacun d'eux mit la main sur son cœur.

— Guerrier blanc, ajouta l'orateur, notre promesse est sacrée. L'honneur que nous vous offrons est le plus grand que nous puissions vous conférer. Il n'a jamais été accordé qu'à un vrai guerrier de la tribu waco : car le fils incapable d'un chef estimé n'a jamais été admis à gouverner nos braves. Nous n'hésitons pas à vous offrir ce rang suprême; nous serions heureux si vous vouliez l'accepter. Etranger, nous serons fiers d'un chef blanc, si ce chef est un guerrier tel que vous. Nous vous connaissons mieux que vous ne le pensez. Nous avons entendu parler de vous par nos alliés les Comanches; nous savons en-tendu parler de Carlos le cibolero! Nous savons que vous êtes un grand guerrier; nous savons aussi que dans votre pays, au milieu de votre peuple, vous n'êtes rien. Excusez notre franchise, mais ne disons-nous pas la vérité? Nous méprisons vos compatriotes, qui ne sont que des tyrans ou des esclaves. Nos frères les Comanches nous ont donné des détails sur votre peuple et sur vous. Nous savons qui vous êtes, nous le savions quand vous êtes venu parmi nous, et nous avons été contents de vous voir. Nous avons trafiqué avec vous comme avec un ami.

Maintenant nous vous saluons comme un frère, et nous vous disons : « Si vous n'avez pas de liens qui vous attachent à votre ingrate nation, nous pouvons vous en donner une qui ne sera pas ingrate. Vivez avec nous; soyez notre chef! »

— Soyez notre chef! répétèrent les guerriers; et répercutés comme par un écho, ces mots firent le tour du cercle en passant de bouche en bouche; puis l'assemblée se tut pour attendre une réponse.

Carlos était tellement surpris, qu'il ne savait à quel parti s'arrêter. Il lui semblait surtout étonnant que les sauvages eussent connaissance de ce qui le concernait. A la vérité, il avait commercé souvent avec les Comanches; il n'avait jamais eu à se plaindre de cette tribu, dont quelques membres, en temps de paix, visitaient la colonie de Saint-Ildefonse; mais d'où venait qu'ils lui portaient assez d'intérêt pour s'enquérir de lui, et comment s'étaient-ils aperçus qu'il était parmi les siens une espèce de paria?

Il n'eut pas le temps de réfléchir longuement à la singularité de ces faits, car les guerriers attendaient sa réponse avec impatience. Au premier abord, leur proposition lui parut digne d'être acceptée. Dans ses foyers, il n'était guère au-dessus d'un esclave; parmi les Wacos, il serait le maître absolu. C'était une tribu vaillante, sensible, remplie d'humanité; il en avait la preuve. Il pouvait vivre heureux parmi ces sauvages, avec sa mère et sa sœur; mais que deviendrait Catalina?

Cette pensée le décida.

— Généreux guerriers, dit-il, je vous remercie de toute mon âme de l'honneur que vous voulez me conférer. Des paroles seraient impuissantes pour vous exprimer toute ma gratitude; j'abrégerai donc, mais je serai franc. Il est certain que je ne suis pas honoré dans mon pays; que je suis un de ses plus pauvres habitants; mais il est un lien qui m'y rattache, un lien du cœur qui exige impérieusement mon retour. Wacos, j'ai parlé.

— C'est assez, répliqua l'orateur. Il ne nous appartient pas, brave étranger, de rechercher les motifs de vos actions. Si vous n'êtes pas notre chef, vous resterez notre ami. Nous avons encore un faible moyen de vous prouver notre reconnaissance; nos ennemis vous ont enlevé votre bien, mais il a été recouvré, et vous sera rendu. De plus, nous vous conjurons de passer quelques jours avec nous, et de vouloir bien accepter notre rustique hospitalité. Y consentez-vous?

Tous les Indiens joignirent leurs instances à celles de l'orateur, et Carlos se rendit de bonne grâce à l'invitation.

Environ une semaine après, cinquante mules chargées de peaux de bisons et de tasajo traversaient le Llano Estacado en se dirigeant au nord-ouest. L'arriero, monté sur la mule conductrice, la *mulera*, était un métis d'Espagnol et d'Indienne. Derrière l'atajo venaient trois charrettes traînées par des bœufs, et conduites par des péons cuivrés. Le grincement des roues effrayait les coyotés qui rôdaient dans les broussailles.

Un cavalier monté sur un beau cheval noir marchait en tête du convoi, et se retournait de temps en temps sur sa selle, pour contempler ses richesses d'un air de satisfaction.

Ce cavalier était Carlos.

Les Wacos avaient été généreux. Les mules et leur charge étaient le don de la tribu au vengeur du malheureux chef; mais ce n'était pas tout. Le cibolero portait dans la poche de sa veste une bourse remplie d'une précieuse denrée que lui avaient donnée les Wacos, en lui promettant de lui en fournir un jour davantage. Que contenait cette bourse? Etaient-ce des pièces de monnaie, des bijoux? Non, elle ne renfermait que de la poussière; mais cette poussière était jaune et brillante.

C'était de la poudre d'or !

Un cavalier monté sur un beau cheval noir marchait en tête du convoi.

CHAPITRE XVIII.

Les menus propos du presidio.

Deux jours après la Saint-Jean, il y eut au presidio un dîner, dont les convives étaient quelques amis du commandant, célibataires et beaux esprits. On remarquait parmi eux le brillant Echevarria, le curé et les pères de la mission, que le privilége de leur robe faisait admettre à tous les banquets.

On avait passé par les nombreux services d'un repas mexicain; on avait dégusté des *guisados* ou ragoûts, des *pucheros*, amalgame de viande et de légumes; enfin différents mets, très-amplement pimentés.

L'heure était venue où l'on enlève la table, et où le vin coule à flots. Le madère, le bordeaux, le pedro de Ximenès, le xérès, le vin des Canaries, parurent sur la table, dans des bouteilles de formes variées; et pour ceux qui aimaient les breuvages un peu plus forts, on apporta de l'eau-de-vie de Catalogne et du marasquin de Zara. Le commandant avait une bonne cave. Indépendamment de ses fonctions de gouverneur militaire, il remplissait celle de collecteur des *derechos de consume*, ou droits de douane, ce qui lui valait, entre autres petits cadeaux, des paniers de champagne et de bordeaux.

Les convives firent honneur au vin. Le curé s'humanisa ; les pères oublièrent leurs rosaires et leurs cilices, et le plus âgé, le padrè Joaquim, ne craignit pas de rappeler certaines aventures scandaleuses qui lui étaient arrivées avant d'entrer dans les ordres. Echevarria raconta des anecdotes de Paris, dont il avait courtisé les grisettes avec quelque succès. Les officiers espagnols, en hôtes bien appris, laissaient aux autres le dé de la conversation. Cependant Vizcarra ne put s'empêcher de glisser plusieurs allusions aux ravages qu'il avait exercés sur le cœur des belles de Séville. Il avait habité longtemps la cité des oranges, et la grâce andalouse (*la gracia andalusiana*), qui est proverbiale en Espagne, était toujours l'objet de son admiration.

Roblado adorait les Havanaises, et s'extasiait sur la beauté solide qui caractérise les quarteronnes. Le lieutenant, qui avait été en garnison dans la riche province mexicaine de Guadalaxara, en célébrait les jeunes filles, qui passent pour avoir, après les Chinoises, les plus petits pieds du monde.

Ainsi l'entretien roulait grossier et désordonné sur ce sujet délicat, la femme. La présence des ecclésiastiques n'imposait aucun frein. Au contraire, les padrès et le curé se vantaient de leurs bonnes fortunes avec autant d'impudence que leurs compagnons, qu'ils égalaient en dépravation. Quelques verres de vin avaient fait disparaître le peu de réserve qu'ils observaient ordinairement. Ils ne croyaient pas avoir de ménagements à garder envers leurs auditeurs, et ceux-ci leur rendaient la pareille. C'était uniquement pour les simples poblanos, et pour les péons plus- simples encore, que ces prêtres indignes affectaient la dévotion. A table, ils prenaient parfois un ton de piété, mais en manière de plaisanterie, pour donner plus de piquant à la relation historiée. Au milieu de la conversation, qui était devenue générale et décousue, il se fit tout à coup un grand silence. Pour le produire, il avait suffi de prononcer le nom de Carlos le cibolero. A ce nom seul, les pères et le curé firent la grimace, Roblado fronça le sourcil, et diverses émotions se peignirent sur la physionomie de Vizcarra.

Le brillant Echevarria, dont l'étourderie avait causé cette transformation subite, ajouta : — Sur mon honneur de cabalero! ce Carlos est l'être le plus impudent que j'aie jamais vu, même à Paris, cette ville républicaine. Est-il possible qu'un misérable marchand de cuir, un tueur de bisons, ose aspirer... Morbleu !

Echevarria, par délicatesse, jurait toujours en français.

— C'est d'une insolence intolérable ! s'écrièrent plusieurs voix.

— Pourtant, dit un jeune homme assez maladroitement, la señora semble n'être pas de votre avis.

Il y eut une protestation générale, dont le signal fut donné par Roblado.

— Don Ramon Diaz, dit-il au jeune imprudent, votre attention a été en défaut en cette circonstance. Je me trouvais placé à côté de la dame, et je puis vous assurer qu'elle était saisie d'indignation.

— C'était un mensonge que Roblado faisait sciemment. — Quant à son père...

— Ah ! reprit don Ramon en riant, je ne révoque pas en doute la colère de son père, elle était assez naturelle.

— Quel est l'individu en question? demanda quelqu'un.

— Un excellent cavalier, repartit don Ramon, et le commandant lui-même doit en convenir.

Vizcarra ne parut pas goûter cette apostrophe et le sourire narquoi qui l'accompagnait.

— Vous avez perdu une assez forte somme ? dit le curé.

— Pas avec lui, mais avec un ranchero qui semble être son ami. Ce qu'il y a de fâcheux, c'est qu'en pariant contre des gens de cette espèce, on n'a aucune chance d'obtenir une revanche. On ne peut les rencontrer, puisque leur vie est complétement étrangère à la nôtre.

— Mais enfin, quel est cet homme? redemanda un convive.

— Lui? c'est un cibolero, voilà tout.

— Fort bien; mais ne sait-on rien de son histoire? Il est blond, ce qui est assez rare pour un indigène. Est-il créole ? Vient-il de Biscaye?

— Ni l'un ni l'autre; on prétend qu'il est Américain.

— Américain !

— Pas précisément; son père l'était. Mais don Joaquim a là-dessus des renseignements exacts.

Le prêtre ainsi interpellé raconta ce qu'il savait. Le père de Carlos était trappeur; c'était un de ces Américains du Nord qui, conduits par le hasard, venaient s'établir dans les colonies du Nouveau-Mexique. On n'en citait qu'un très-petit nombre, et ils étaient ordinairement seuls; par exception, le père de Carlos était accompagné de sa femme, la même qui avait produit une si vive impression le jour de la Saint-Jean. Ils se fixèrent dans la vallée, où les pères de la mission firent

de louables efforts pour les convertir, mais inutilement. Le vieux trappeur mourut hérétique, et l'on croyait généralement que la veuve entretenait commerce avec le diable. C'était un scandale pour l'Eglise et il avait été plusieurs fois question d'expulser les güeros.

Le mot *güero* désigne une personne blanche, avec des cheveux blonds ou rouges. Les güeros sont presque tous des étrangers, et sont excessivement rares parmi les gens du pays.

— Oui, ajouta le padrè, notre intention était de faire justice de cette famille d'hérétiques; mais je ne sais par quels moyens elle s'était concilié l'appui de l'ancien commandant, votre prédécesseur Vizcarra. Quoi qu'il en soit, de pareils mécréants sont dangereux; ils apportent des germes de révolution et de désordre social. Chez lui, Carlos a pour société des hommes qu'on ne saurait surveiller de trop près. On l'a vu avec des tagnos suspects, il en a même à son service.

— Ah ! ah! il faut en effet prendre garde à lui, s'écrièrent plusieurs convives.

La sœur du cibolero fut mise ensuite sur le tapis, et selon qu'on fit plus ou moins d'éloges de sa beauté, la figure de Vizcarra fut plus ou moins animée. Ce misérable prenait à la conversation un intérêt que ses convives ne supposaient pas. Ses plans étaient déjà combinés et ses agents en campagne pour les accomplir.

Par une transition naturelle, on passa de la sœur de Carlos aux belles de Saint-Ildefonse, puis aux femmes en général. Le vin déliait toutes les langues, et, en revenant à son point de départ, la conversation fut plus dévergondée que jamais.

Mais la nuit s'avançait, et les conviés prirent congé de leurs hôtes. Plusieurs étaient dans un tel état d'ivresse, qu'il fallut les reconduire chez eux. Un soldat accompagna le curé et les padrès. Chacun d'eux était *boracho*, expression mexicaine qui indique le dernier degré de l'ébriété.

Ce n'était pas la première fois que cela leur arrivait.

CHAPITRE XIX.

Le rapport.

Resté seul avec son ami Roblado, le commandant continua à causer, le verre à la main, le cigare à la bouche.

— Et vous croyez vraiment, capitaine, que la belle Catalina encourage ce güero ? Je le crois aussi, car autrement il n'aurait pas montré tant d'audace.

— Hier au soir il a eu avec elle un entretien secret; j'en suis sûr. Comme j'approchais de la maison, j'ai vu un homme debout devant la fenêtre, appuyé contre les barreaux, et qui semblait causer avec une personne placée à l'intérieur. C'est quelque ami de don Ambrosio, me suis-je dit. Je me suis avancé ; mais l'homme, qui était enveloppé dans sa manga, s'est éloigné et a sauté sur un cheval. Jugez de ma surprise quand j'ai reconnu dans ce cheval le noir mustang que montait aux joutes le cibolero !

— Qu'avez-vous fait alors ?

— L'homme a disparu trop rapidement pour qu'il me fût possible de l'atteindre. Je suis entré, j'ai interrogé les domestiques; ils m'ont dit que leur maître était à la *mineria*, que la señorita s'était retirée et qu'elle ne pouvait recevoir personne.

— Vous avez dû éprouver un vif mécontentement.

— J'étais furieux, je savais à peine ce que je disais. On a peine à le croire; mais, aussi vrai que je suis militaire, ce misérable est d'intelligence avec Catalina !

— C'est inimaginable. Que comptez-vous faire, Roblado ?

— J'ai pris des précautions contre elle; j'ai prévenu don Ambrosio, qui m'a promis de mieux la surveiller à l'avenir. Vous connaissez mon secret, colonel. J'ai besoin d'épouser la riche héritière; sa mine est mon lest; mais n'est-il pas bizarre que j'aie pour rival un individu de cette espèce ? Ah ! ah ! ah !

Et Roblado essaya tant bien que mal de ricaner.

— Savez-vous, reprit-il, frappé tout à coup d'une nouvelle idée que le père Joaquim n'aime pas les güeros? Vous l'avez entendu ce soir; il n'a pas dissimulé son antipathie. Si l'Eglise consent à s'en mêler, nous nous débarrasserons de ce Carlos sans peine et sans scandale. Rien de plus facile aux padrès que de l'expulser de Saint-Ildefonse s'ils ont la preuve qu'il est hérétique, n'est-il pas vrai?

— Sans doute, répondit froidement Vizcarra ; mais s'il est expulsé, mon cher Roblado, on arrachera la rose avec l'épine. Vous me comprenez?

— A merveille.

— Voilà ce que je ne désire pas, du moins pour le moment. Plus tard je serai peut-être le premier à demander qu'on extirpe la rose, l'épine et le rosier.

— A propos, colonel, où en êtes-vous avec Rosita ? lui avez-vous rendu visite ?

— Pas encore, *querido camarado* (cher camarade). Elle demeure assez loin, et d'ailleurs j'attends, pour lui présenter mes hommages, que son frère ne soit plus ici. Sa présence me gêne.

— Il s'en va donc ?

— Il partira prochainement pour les plaines, où il passera peut-être plusieurs mois à dépecer des bisons et à duper des Indiens.

— Ma foi ! il s'éloigne à propos !

— Vous voyez donc, cher camarade, qu'il est inutile d'employer la violence. De la patience ; nous avons le temps de réussir. Avant que mon chasseur de bisons revienne de son expédition, nos petites affaires seront arrangées. Vous serez propriétaire de mines magnifiques, et moi...

On frappa doucement à la porte, et une voix demanda si le commandant était visible.

Vizcarra reconnut celle du brigadier Gomez.

— Entrez ! cria-t-il aussitôt.

Le sous-officier à la physionomie brutale parut dans la chambre. On voyait à sa toilette qu'il venait de descendre de cheval après une longue course.

— Eh bien, brigadier, lui dit Vizcarra, parlez ! vous pouvez vous expliquer sans crainte devant le capitaine Roblado.

— Colonel, la maison des güeros est au bas de la vallée, à dix milles d'ici. C'est la plus éloignée de Saint-Ildefonse. La famille ne se compose que de trois personnes, la mère, la sœur et le frère, que vous avez vus à la fête. Les domestiques sont trois ou quatre tagnos. Le cibolero possède des mules, des bœufs, des charrettes qu'il emploie dans ses expéditions. Il va très-prochainement partir pour une tournée qui promet d'être longue, car il a l'intention de traverser le Llano Estacado.

— Le Llano Estacado ?

— Oui, voilà ce qu'on m'a affirmé.

— Avez-vous encore recueilli d'autres renseignements ?

— Aucun, colonel ; seulement, je crois que la jeune fille a un amant : c'est le jeune homme qui a parié contre vous à la fête.

— Diable ! s'écria Vizcarra, dont le front s'assombrit, je l'avais déjà soupçonné. Où demeure-t-il ?

— A peu de distance des güeros. Il fait valoir un rancho, et l'on assure qu'il est dans l'aisance, du moins pour un ranchero.

— Brigadier, servez-vous un verre d'eau-de-vie de Catalogne.

Le soudard étendit la main, saisit la bouteille, remplit un verre jusqu'au bord et le vida d'un trait, après avoir respectueusement salué les officiers. Voyant qu'on n'avait plus besoin de ses services, il porta la main à son shako et se retira.

— Ainsi, camarade, nous savons tous deux à quoi nous en tenir, et vous voyez que les circonstances vous favorisent.

— Et vous aussi, répondit Roblado.

— Pas trop, malheureusement.

— Pourquoi donc ?

— Ce ranchero m'inquiète ; il a de l'argent et un esprit turbulent qui peuvent contre-carrer mes projets. Un homme de mon rang ne peut être exposé à se battre avec lui ; mais il est plus à craindre que le cibolero, parce qu'il est du pays et qu'il a les sympathies de la population ; mais, bah ! à quoi bon me préoccuper des obstacles ? N'ai-je pas toujours réussi dans mes entreprises ? Bonsoir, camarade.

— *Buenas noches !* répondit Roblado, et tous deux quittèrent ensemble la table.

CHAPITRE XX.

Le rancho des güeros.

Les ranchos et les haciendas de la vallée s'étendaient le long de la rivière, à dix milles au-dessous de Saint-Ildefonse. Près de la ville, ces habitations étaient groupées en grand nombre, mais elles devenaient plus rares et moins importantes à mesure qu'on descendait le courant. La crainte des Indios bravos empêchait les cultivateurs aisés de s'établir loin du presidio, et ils laissaient les pauvres s'aventurer sur l'extrême frontière. Comme la tranquillité de la colonie n'avait pas été troublée depuis plusieurs années, de petits fermiers ou herbagers s'étaient écartés du chef-lieu.

A un demi-mille au delà des ranchos les plus éloignés, s'élevait une maison isolée. Jamais les patrouilles de la garnison n'en prenaient le chemin ; évidemment le propriétaire ne comptait pas sur leur protection, et s'en rapportait à la clémence des Apaches, dont les incursions troublaient le plus ordinairement la colonie. Ce bâtiment n'était point fortifié. Sa situation retirée contribuait peut-être à sa sécurité ; au lieu d'être sur le bord de la rivière, il s'adossait aux flancs de la falaise. Comme tous les ranchos de la vallée et de presque toutes les parties du Mexique, il était construit de grands quartiers de terre moulés et séchés au soleil. Les plus beaux édifices de ce genre avaient des façades blanchies à la chaux ; quelques-uns poussaient la prétention jusqu'à mettre à leurs fenêtres des espèces de vitres faites avec des lames de talc.

Le rancho dont nous nous occupons était de la plus grande simplicité. Ses murailles brunes se distinguaient à peine du rocher contre lequel elles s'appuyaient. La lumière n'y pénétrait que par la porte, qu'on avait soin de laisser ouverte, et par des trous que traversaient quelques barreaux de bois grossièrement taillés. De la

route, la façade était à peine visible. Il eût été impossible à un voyageur blanc de la remarquer, et les yeux pénétrants d'un Indien ne l'auraient peut-être pas découverte. Elle était d'ailleurs cachée par une haie dont l'aspect bizarre était fait pour étonner l'étranger. Les arbustes qui la formaient étaient des cactus cylindriques plantés côte à côte comme les piquets d'une palissade, si près les uns des autres qu'ils ne laissaient entre eux que de faibles interstices encore rétrécis par les épines ; ils s'élevaient en colonnes régulières de six pouces de diamètre et de six à dix pieds de haut. Dans la belle saison, leurs cimes se chargeaient de fleurs d'un rouge éclatant, qui faisaient ensuite place à des fruits savoureux.

C'était seulement après avoir franchi cette haie qu'on pouvait découvrir le rancho, et, malgré sa construction grossière, la manière dont était cultivé le jardin qui l'environnait attestait les soins d'un maître intelligent.

Derrière la haie de cactus était un autre enclos fermé par un mur d'adobé. C'était le corral où l'on gardait le bestiaux, et auquel était annexé un hangar qui tenait lieu d'écurie ; l'enceinte renfermait ordinairement une demi-douzaine de mules et un nombre double de bœufs ; l'écurie servait à un cheval de pure race andalouse. En ce moment, le corral et l'écurie étaient vides, les animaux et leur maître étaient partis pour les prairies.

Telle était la demeure de Carlos le cibolero, de sa vieille mère et de sa sœur. Il l'habitait depuis son enfance, et pourtant il n'avait rien de commun avec le reste de la population. Ni les Espagnols ni les Indiens ne pouvaient le revendiquer comme un des leurs. Autant ils différaient les uns des autres, autant il se distinguait des deux races. Le père Joaquim était bien informé ; la famille de Carlos était américaine ; il y avait longtemps que son père et sa mère s'étaient fixés dans la vallée, mais on ignorait d'où ils venaient ; on savait seulement qu'ils avaient traversé les grandes plaines situées à l'est, qu'ils étaient hérétiques ; qu'il avait été impossible de les ramener dans le giron de l'Eglise ; que, sans l'intervention du commandant, ils auraient été chassés et punis.

Ils avaient toujours inspiré au bas peuple de Saint-Ildefonse une terreur superstitieuse. Concentré sur la mère de Carlos, ce sentiment avait pris une nouvelle forme ; elle était regardée comme une *hechicera*, une sorcière, et ceux qui la rencontraient avaient grand soin de se signer dévotement pour se préserver de maléfices. Du reste on la voyait peu ; elle semblait éviter les habitants de la vallée, et si elle avait paru à la fête de Saint-Jean, c'était parce que Carlos avait voulu donner un peu de distraction à la mère et à la sœur qu'il aimait tant.

Leur origine américaine était en grande partie la cause de leur isolement. La race hispano-américaine ne sympathisait nullement avec les Anglo-Américains. La jalousie qu'ils lui inspiraient avait été nourrie, fomentée, entretenue par le gouvernement et le clergé. Les événements qui se sont accomplis plus tard se préparaient déjà sur les frontières du Mexique : la Floride et la Louisiane étaient considérées comme des degrés dans l'échelle ascendante de la puissance américaine ; son extension était prévue par les hommes intelligents ; mais, sans se préoccuper de l'avenir, le vulgaire portait une haine profonde aux citoyens des Etats-Unis. La famille du cibolero souffrait du préjugé national, et vivait presque entièrement auprès des habitants de la vallée ; elle n'avait guère de relations qu'avec les aborigènes, les pauvres tagnos, qui ne partageaient point l'antipathie générale.

Si nous entrons dans le rancho de Carlos, nous y trouverons la blonde Rosita, assise sur une natte et occupée à tisser des rebozos ; le métier dont elle se sert ne se compose que de quelques pièces de bois grossièrement taillées ; cependant, ces longs fils bleuâtres étendus en lignes parallèles, et vibrant sous ses doigts agiles, se transformeront bientôt en une magnifique écharpe, pour couvrir la tête de quelque coquette de Saint-Ildefonse. Les rebozos de Rosita sont renommés dans toute la vallée. De même que Carlos surpasse tous les jeunes gens dans les exercices du corps, de même sa sœur l'emporte sur toutes ses rivales dans l'utile industrie qui la fait vivre.

Il n'y a que deux chambres dans le rancho, et c'est une de plus que dans les autres habitations de cette espèce. La famille du cibolero n'a pas encore adopté les mœurs indiennes, et conserve la délicatesse de sentiments qui caractérise les Anglo-Saxons.

La cuisine est la pièce la plus vaste et la plus gaie, parce qu'elle est éclairée par la porte. On y remarque un brasero, ou foyer en forme d'autel, une demi-douzaine de pots de terre qui ressemblent à des urnes, des calebasses, une pierre sur laquelle on broie le maïs pour faire des tortillas, des peaux de bisons et des petates pour s'asseoir, un sac de maïs, des paquets d'herbes sèches, des guirlandes de piment rouge et vert ; on n'y voit pas d'images de saints ; c'est peut-être la seule maison de toute la vallée qui ne soit point décorée de gravures représentant Notre-Dame d'Atocha, saint Guadalupe ou les Sept-Douleurs ; on voit bien que la famille du cibolero est hérétique.

Une vieille femme, assise près du feu, fume du punché dans une pipe. Sa figure est étrange, et son histoire doit l'être aussi ; mais personne n'en a jamais reçu communication. Ses traits sont maigres et anguleux ; sa chevelure blanche est encore abondante ; ses yeux brillent d'un feu sauvage. Au premier abord, même sans appartenir à la classe ignorante, on serait tenté de la prendre pour un être surnaturel. Il n'est pas étonnant qu'elle passe pour sorcière.

CHAPITRE XXI.

Les coches.

Rosita, agenouillée sur le sol, passait légèrement sa navette dans la trame de coton, en chantant d'une voix douce et fraîche de vieilles chansons. C'étaient tantôt de vieux refrains des forêts d'Amérique, que sa mère lui avait appris, tantôt d'anciennes romances espagnoles. Elle avait une prédilection pour le *Troubadour*, dont la mélodie aurait eu des charmes pour les connaisseurs les plus difficiles, quand elle la chantait en s'accompagnant sur la mandoline.

En ce moment, elle ne chantait que pour égayer son travail et tromper l'ennui; mais sa voix argentine pouvait se passer d'accompagnement.

La vieille mère quitta sa pipe pour travailler. Si le métier était d'une simplicité primitive, la machine à filer était encore moins compliquée; c'était tout bonnement l'antique fuseau; mais elle le faisait pirouetter entre ses doigts avec une rare agilité; et les fils qu'elle filait, destinés à tisser les rebozos, étaient aussi fins que ceux qu'on pourrait obtenir au moyen d'une de nos machines modernes.

— Pauvre Carlos! s'écria Rosita : un, deux, trois, quatre, cinq, six... j'ai fait six coches... Voilà aujourd'hui six jours qu'il est parti. Il doit avoir traversé le Llano, ma mère; j'espère qu'il aura bonne chance et sera bien accueilli par les Indiens.

En disant ces mots, Rosita regardait un morceau de bois de cèdre suspendu au mur. C'était à la fois son horloge et son calendrier. Elle devait y tailler chaque jour une marque jusqu'au retour du ciholero, et tenir ainsi une note exacte du temps qui s'écoulerait pendant l'absence de ce frère chéri.

— Ne crains rien, Niña, dit la mère; mon brave garçon a le caractère de son père, et sait s'en servir. Ne crains rien pour Carlos!

— Mais, ma mère, il suit une nouvelle route. S'il allait rencontrer une tribu ennemie?

— Ne tremble pas pour lui, Niña. Carlos a près d'ici des ennemis plus dangereux que les Indiens. Ils nous détestent, les lâches esclaves! ces fils d'Espagnols, ces créoles, ces *gachupinos*, ces *criollos* ont de la haine pour notre sang saxon!

— Ah! ma mère, ne dites pas cela. Tous n'ont pas à notre égard les mêmes dispositions. Nous avons bien quelques amis?

Rosita pensait à don Juan.

— Il y en a peu, et ils sont isolés; mais que m'importe, quand mon brave fils est à la maison; son amitié me suffit; il est bon, brave; il a le bras fort; qui peut se vanter d'égaler mon Carlos? et puis il aime sa vieille mère, sa mère que ces misérables, ces *pelados* trouvent si bizarre. En dépit de tous, il est dévoué à sa vieille mère. Ah! ah! a-t-elle besoin d'autres amis? ah! ah!

Et ses paroles se perdirent dans son rire de triomphe, qui prouvait toute la joie qu'elle éprouvait à posséder un pareil fils.

— Quelle *carga*, quelle pacotille il a emportée, ma mère! il n'en avait jamais eu de pareille. Où peut-il avoir trouvé de l'argent pour l'acheter?

Rosita ne le savait pas exactement; mais elle devinait quel avait été le bailleur de fonds.

— *Ay de my!* ajouta-t-elle; s'il vend avantageusement ses marchandises, il reviendra riche; il ramènera des troupeaux de mules. Avec quelle impatience j'attends son retour! Une... deux... trois... six... oui, il n'y a que six coches sur la taille. Oh! je voudrais qu'elle fût remplie des deux côtés.

Elle examina pendant quelques minutes la baguette de cèdre, en essayant d'y compter sept crans au lieu de six; mais elle y renonça et se remit à son métier.

La vieille femme leva le couvercle d'une marmite posée sur le brasero, et d'où s'échappaient des parfums appétissants. Cette *olla* contenait un émincé de *tasajo*, assaisonné avec des ciboules et du piment; elle en prit dans une cuiller de bois, et dit, après l'avoir examinée :

— Niña, le *guisado* est cuit; dinons!

— Bien, ma mère; en ce cas, je vais faire les tortillas.

Les tortillas ne se préparent jamais à l'avance; quand vient l'heure du repas, on fait subir un commencement de cuisson à la quantité de maïs voulue; on l'écrase avec un rouleau de pierre sur la surface inclinée d'une pierre plate, soutenue par quatre pieds, et qu'on nomme *metate*; la bouillie ainsi obtenue est versée dans un vase, et cuite sur une plaque de métal appelée *comal*.

Rosita mit le comal sur les charbons; elle étendit du maïs sur la metate, et à l'aide du rouleau, qu'elle maniait habilement, elle eut bientôt réduit les grains en une pâte blanche comme la neige; elle en fit une boule à laquelle, en la pressant entre ses mains, elle donna la forme et l'épaisseur d'un pain à cacheter. Il ne restait plus qu'à jeter cette espèce de crêpe sur le comal ardent, à la retourner au bout d'un instant et à la servir.

Ces opérations, qui, pour être bien faites exigeaient une certaine adresse, furent accomplies par Rosita avec une dextérité peu ordinaire, car c'était une *tortillera* consommée.

Pendant qu'elle empilait sur une assiette une quantité suffisante de tortillas, sa mère avait servi le guisado. Toutes deux se mirent à manger, sans couteau, cuiller ni fourchette. Les tortillas, encore chaudes, et susceptibles de prendre toutes les formes, remplaçaient ces trois sortes d'objets, que l'on considère dans un rancho mexicain comme des inventions superflues de la civilisation.

Au moment où elles achevaient leur modeste repas, des sons inusités frappèrent leurs oreilles.

— Qu'est-ce que cela ? s'écria la jeune fille, et elle se leva précipitamment.

Les sons retentirent une seconde fois.

— C'est la trompette! dit Rosita; ce sont des soldats!

Elle sortit en courant, et regarda entre les interstices des verts piliers de la haie.

C'étaient bien des soldats. Un détachement de lanciers, qui venait du haut de la vallée, effectuait un changement de front et s'arrêtait en face du rancho. Leurs brillants uniformes, les banderolles de leurs lances, les aiguillettes qui reluisaient au soleil, leur donnaient un riant aspect; mais quel but se proposaient-ils? Comme nous l'avons dit, le rancho était éloigné du grand chemin. Les troupes ne s'en approchaient jamais, même quand leurs expéditions les conduisaient vers les alentours. Pourquoi s'écartaient-ils ainsi de leur route accoutumée?

Rosita s'adressa ces questions, vint les faire à sa mère, et sans parvenir à éclaircir ce mystère. Elle retourna se mettre en observation, et vit un officier galoper vers la maison. Il fit halte au pied de la haie, et regarda dans le jardin par-dessus les cimes des cactus.

Rosita n'aperçut que son chapeau à plumes et sa figure, mais elle le reconnut aussitôt. C'était l'officier qui le jour de la Saint-Jean l'avait lorgnée avec tant d'impertinence. C'était le commandant Vizcarra.

CHAPITRE XXII.

Un galant mal reçu.

Rosita battit en retraite vers la porte, mais avant d'entrer, elle appela Cibolo, énorme chien-loup qui aboyait avec fureur et menaçait l'étranger. Cibolo se soumit en grommelant; il était évidemment contrarié de ne pouvoir essayer ses crocs sur les jambes du cheval ou du maître.

— Je vous remercie, belle señorita, dit l'officier; vous faites preuve de bonté d'âme en me protégeant contre cette bête farouche. Plût au ciel que ce fût le seul danger que j'eusse à craindre ici!

— Qu'avez-vous à craindre, señor? demanda Rosita d'un air surprise.

— Vos yeux, ravissante enfant! vos yeux qui m'ont déjà blessé!

— Caballero, répondit Rosita en rougissant, vous ne venez pas ici pour vous moquer d'une pauvre fille. Puis-je vous demander quelle affaire vous amène?

— Aucune, charmante Rosita. Je viens vous rendre visite, voilà tout! De grâce, ne m'abandonnez pas! l'affaire qui m'amène, c'est que j'ai soif, et que je me suis arrêté pour boire. Vous ne me refuserez pas un verre d'eau, belle señorita?

Ces dernières phrases, entrecoupées et prononcées à la hâte, avaient pour but d'empêcher la jeune fille de couper court à l'entrevue. Vizcarra n'était nullement altéré; mais il présumait avec raison que les lois de l'hospitalité s'opposaient au rejet de sa requête.

En effet, sans répondre à ses compliments, Rosita alla chercher de l'eau dans une calebasse, revint à la porte du jardin, offrit le vase au commandant et attendit qu'il eût bu.

Vizcarra avala quelques gorgées de liquide, jeta le reste, et tendit la tasse comme pour la rendre; mais il la tint serrée entre ses doigts, en fixant sur Rosita des regards où se peignait la passion brutale.

— Ne me sera-t-il point permis, aimable señorita, de baiser la jolie main de ma bienfaitrice?

— Señor, ayez la complaisance de me rendre la tasse.

— Il est juste d'abord que je vous paye ce que vous m'avez donné. Veuillez accepter ceci?

Et il jeta une once d'or dans la calebasse.

— Non, señor, je ne puis recevoir le prix d'un service aussi simple, je n'ai fait que mon devoir, et ne prendrai pas votre or.

— Aimable Rosita, vous avez déjà pris mon cœur? pourquoi refuser cette bagatelle.

— Je ne vous comprends pas, reprit Rosita d'un ton ferme : gardez votre or, et donnez-moi la tasse.

— Je ne vous la remettrai qu'avec ce qu'elle contient.

— En ce cas, je vous la laisserai. Adieu, señor; il faut que je retourne à mon travail.

— Encore un mot! s'écria Vizcarra; j'ai une nouvelle faveur à vous demander. Donnez-moi du feu pour allumer mon cigare. Tenez, remportez votre calebasse! L'once d'or n'y est plus; pardonnez-moi de vous l'avoir offerte.

Le commandant vit qu'elle était sérieusement offensée. Désarmée par ses excuses, elle reprit la tasse, et alla chercher du charbon ardent qu'elle rapporta dans un petit brasero.

Dans l'intervalle, Vizcarra mit tranquillement pied à terre, et attacha son cheval à un pieu. — Señorita, dit-il, je suis fatigué de ma course; oserai-je vous demander la permission d'entrer un instant pour m'abriter de l'ardeur du soleil?

Vivement contrariée par tant d'importunité, la jeune fille ne crut pas toutefois pouvoir éconduire le solliciteur; on entendit bientôt dans le rancho le cliquetis de son sabre et de ses éperons.

Rosita le suivit sans prononcer une parole. La mère, assise dans un coin, n'eut pas l'air de faire attention à lui; elle ne daigna pas même le regarder. Le chien tourna autour de l'intrus en grondant; mais gourmandé par sa jeune maîtresse, il revint se coucher sur un petaté, d'où il lança au commandant des regards furieux.

Vizcarra n'était pas à l'aise. Aucune parole de bienvenue ne lui avait été adressée par Rosita; la vieille ne bougeait pas; Cibolo manifestait les intentions les plus hostiles. Quel accueil pour un aussi grand personnage!

Mais Vizcarra n'était pas homme à tenir compte des sentiments de pareilles gens. Que lui importait leur sympathie ou leur antipathie, surtout quand il s'agissait de satisfaire ses caprices? Après avoir allumé son cigare, il s'assit sur une banquette avec autant de nonchalance que s'il eût été à la caserne.

Il fuma quelque temps en silence. Rosita avait repris son métier, s'était mise à genoux devant, et travaillait comme si elle eût été seule.

— Que c'est ingénieux! s'écria l'officier, feignant de prendre le plus vif intérêt au tissage : j'ai souvent eu le désir de voir un métier. Comment! voici de quelle manière on fabrique un rebozo? Pouvez-vous en faire un par jour, señorita?

— Si, señor, répondit laconiquement Rosita.

— Ce fil n'est-il pas de coton?

— Si, señor.

— Il est disposé avec un goût exquis; est-ce que vous l'arrangez vous-même?

— Si, señor.

— Il faut, ma foi! beaucoup de talent! j'aurais bien envie de savoir comment on passe les fils.

Là-dessus, il s'approcha du métier, devant lequel il s'agenouilla.

— En vérité, dit-il, c'est ingénieux et singulier. Pourriez-vous m'apprendre à faire la même chose, jolie Rosita?

En entendant prononcer le nom de sa fille, la vieille mère tressaillit, et leva les yeux pour la première fois.

— Je parle sérieusement, continua-t-il; pouvez-vous m'apprendre à tisser?

— Non, señor.

Cette brève repartie ne déconcerta pas le commandant, qui reprit avec un imperturbable aplomb!

— Pourtant, je ne suis pas stupide! il me semble que je pourrais l'apprendre. Il ne s'agirait que de prendre la navette, de la passer entre les fils, etc...

En même temps, il se penchait en avant, et touchait les doigts de la jeune fille. Soudain, emporté par le délire de sa passion, il perdit l'empire qu'il avait jusqu'alors conservé sur lui-même, et ajouta à voix basse :

— Délicieuse Rosita, je vous aime! un baiser, ma toute belle, un baiser!

Et avant qu'elle eût pu s'échapper de ses bras, il avait déposé un baiser sur les lèvres de Rosita.

Elle poussa un cri; mais un cri plus terrible et plus sauvage lui répondit du fond de la chambre. La vieille se redressa, et s'élança sur l'officier avec la rage d'une tigresse. Elle allongea ses doigts osseux, qui prirent à la gorge le malheureux Vizcarra.

— Holà! méchante bohémienne, dit-il en se débattant! laissez-moi tranquille, ou je vais vous pourfendre de mon épée! prenez garde à vous!

Malgré ces menaces, l'impitoyable vieille mit en lambeaux le col et les épaulettes de l'officier; mais ses ongles avaient moins de force que les dents de Cibolo, qui abandonna sa natte dès qu'il eut entrevu la possibilité d'entamer les mollets du commandant.

— Au secours! s'écria celui-ci de toute la force de ses poumons. A l'aide, brigadier Gomez! trahison! à la rescousse! à la rescousse!

— Gachupino! cria la vieille; chien d'Espagnol, nous pourrions défier tous vos lâches satellites, si mon mari vivait encore, si mon fils était ici! Vous n'auriez pas une goutte de sang dans les veines quand vous sortiriez de cette maison que vous avez insultée! Allez, faites la cour aux filles de Saint-Ildefonse, aux femmes impudiques que vous avez l'habitude de fréquenter!

— Enfer! hurla le commandant, dont Cibolo ébréchait déjà les jambes : A moi, Gomez! prenez vos pistolets! envoyez-lui une balle! vite! vite!

Et se défendant avec son sabre, le vaillant colonel battit en retraite. Grâce à l'assistance du brigadier, il parvint à se remettre en selle.

Gomez déchargea ses deux pistolets sur le chien, que les balles n'atteignirent pas; mais voyant qu'il pouvait s'attirer de nouveaux ennemis, Cibolo renonça à la lutte, et rentra silencieusement au logis.

Le commandant était à cheval, lorsqu'il entendit sortir du rancho des rires sarcastiques. Reconnaissant la douce voix de Rosita, il entra dans un tel accès de fureur qu'il eut un moment l'envie d'assiéger la maison et de faire tuer le chien; mais il réfléchit que ce serait ébruiter son humiliation, et mettre tous ses hommes dans la confidence de sa mésaventure. Il retourna donc vers eux pour leur donner l'ordre de reprendre le chemin de la ville.

Après avoir marché quelque temps à la tête du détachement, Vizcarra en laissa la direction au brigadier, et prit les devants au galop. La vue d'un cavalier enveloppé d'une manga bleue, et qui s'acheminait vers le rancho, augmenta la rage dont il était dévoré, car il reconnut le jeune don Juan. Il ne s'arrêta point pour lui parler, mais il lui lança en passant un regard de haine et de vengeance.

Le commandant ne ralentit le pas que lorsqu'il fut arrivé dans l'avenue du presidio. Son coursier pantelant avait payé cher les pénibles émotions qui torturaient l'âme du maître.

CHAPITRE XXIII.

Un bon accueil.

Dès que le bruit du dehors eut cessé, Rosita se glissa doucement dans le jardin. Elle avait entendu sonner la trompette, et voulait s'assurer que les lanciers étaient partis. A sa grande satisfaction, elle les vit défiler au loin du côté de Saint-Ildefonse. Elle revint communiquer cette bonne nouvelle à sa mère, qui s'était déjà réinstallée sur sa natte et fumait paisiblement sa pipe.

— Les coquins! s'écria la vieille, je savais bien qu'ils décamperaient! Une femme de mon âge et un chien suffisent pour les mettre en fuite! Ah! si mon brave Carlos s'était trouvé ici, quelle leçon il aurait donnée à ce fier gachupino!

— N'y songez plus, ma chère mère, je ne crois pas qu'il soit tenté de revenir. Vous et notre brave Cibolo, vous les avez chassés pour toujours. Vraiment il s'est bien comporté! Mais peut-être est il blessé? Cibolo, ici, mon bon ami, j'ai quelque chose à vous donner!

A l'appel de la voix connue, le chien se mit à sauter et à remuer la queue en regardant avec affection la jeune fille. Elle se pencha, et examina attentivement la robe velue de l'animal avec la crainte de trouver entre les poils la marque rouge d'une balle. Par bonheur, Cibolo n'avait pas une égratignure; les bonds qu'il faisait autour de sa jeune maîtresse prouvaient que sa situation morale et physique était satisfaisante.

C'était un de ces magnifiques chiens de berger du Nouveau-Mexique, qui sont à moitié loups, ce qui ne les empêche pas de protéger avec succès les troupeaux des attaques des loups et des ours. Ce sont les plus beaux chiens de berger du monde.

Après s'être convaincue qu'il était sain et sauf, la jeune fille monta sur la banquette, et décrocha un objet de forme bizarre, qui ressemblait à un cordon de saucisses mal faites. C'étaient des morceaux de tasajo, mets depuis longtemps connu et apprécié par Cibolo; aussi fit-il entendre de petits gémissements de plaisir, qu'il n'interrompit que pour saisir avidement le morceau qu'on lui présenta.

Conservant un reste de crainte, Rosita alla se remettre en observation derrière la haie. Un cavalier approchait; mais cette fois elle ne ressentit aucune alarme. Son cœur battit de joie quand elle vit don Juan le ranchero, drapé dans une élégante manga, faire piaffer son cheval richement caparaçonné.

— *Buenos dias*, Rosita, dit-il d'un ton de cordialité.

— *Buenos dias*, don Juan, répondit Rosita avec l'accent de la franchise et de l'amitié.

— Comment va votre mère aujourd'hui?

— *Muchas gracias, señor*, elle va comme de coutume. Ah! ah! ah! ah! ah! ah!

— Qu'est-ce? s'écria don Juan. D'où vient votre hilarité?

— Ah! ah! N'avez-vous pas aperçu ces beaux militaires?

— Je les ai rencontrés qui galopaient à toute bride comme s'ils eussent eu les Apaches à leurs trousses; le commandant était en avant à une grande distance, et courait plus vite que les autres. J'ai supposé qu'ils avaient rencontré les Indios bravos, car c'est leur marche ordinaire à la suite d'une entrevue avec ces messieurs.

— Ah! ah! ah! N'avez-vous rien trouvé d'étrange dans la tournure de l'officier?

— Il avait l'air d'avoir passé à travers toutes les broussailles du chaparral; mais j'ai à peine eu le temps de l'examiner. Il m'a lancé un coup d'œil qui n'avait rien de bienveillant; il doit avoir sur le cœur la perte de ses onces d'or. Mais, chère Rosita, pourquoi riez-vous? Les lanciers sont-ils venus ici? Qu'est-il arrivé?

Rosita raconta brièvement comment le colonel avait demandé de l'eau et du feu; comment, s'étant introduit dans la maison, il avait été attaqué et mis en déroute par le courageux Cibolo; mais elle garda le silence sur certains détails essentiels. Elle omit les discours insultants de Vizcarra, et ne parla pas non plus du baiser. Don Juan, irascible et impétueux, n'avait pas appris tranquillement toute la vérité; et sa juste colère aurait pu l'entraîner à d'imprudentes démarches. Ces considérations déterminèrent Rosita à dissimuler, et à n'envisager la scène que par le côté comique.

Malgré ces réticences, l'affaire ne parut pas aussi plaisante à don Juan. La manière dont Vizcarra a été reçu, pensa-t-il, peut entraîner de graves conséquences. Quoi! le gouverneur militaire de Saint-Ildefonse, l'exterminateur des Indiens, le héros de cent batailles qui n'ont jamais été livrées, a été vaincu par un chien! Certes, il doit ruminer une vengeance, qu'il a les moyens d'accomplir!

Et puis, quel motif a pu conduire le commandant au rancho? Comment a-t-il trouvé ce séjour isolé? Qui l'a guidé? Pourquoi la troupe s'est-elle écartée de la route ordinaire?

Telles furent les questions que don Juan s'adressa. Il évita de les faire à la petite blonde, de peur de montrer sa jalousie; mais pouvait-il s'empêcher d'être jaloux? Rosita avait offert gracieusement la calebasse au commandant; elle s'était empressée de lui apporter du feu; peut-être même l'avait-elle invité à entrer. A présent même elle riait toute joyeuse, au lieu d'être irritée de la visite qu'elle avait reçue.

Ces réflexions empêchèrent don Juan de rire avec Rosita; mais il retrouva sa bonne humeur quand elle l'eut invité à se reposer. Il la suivit dans le rancho, et s'agenouilla auprès d'elle sur la natte, pendant qu'elle travaillait au métier. Tout en causant, il l'aidait par intervalles à tendre la trame ou à dénouer un fil; en ces occasions, les mains des deux jeunes gens se rencontraient, et restaient en contact plus longtemps qu'il n'était nécessaire. Au reste ils n'avaient point de témoins, la vieille mère faisait sa sieste; et Cibolo, s'il remarquait quelque chose de répréhensible, ne s'en formalisait pas. Loin de chercher querelle à don Juan, il semblait lui accorder une complète approbation.

CHAPITRE XXIV.

L'alcahuete.

Le premier soin de Vizcarra, en rentrant dans son logement, fut de demander du vin. Il but à longs traits, dans l'intention de noyer ses chagrins, et y réussit un moment. Mais les soulagements que procure l'ivresse ne sont que passagers. Les passions qu'elle endort ne tardent pas à se réveiller, avant même que celui qui les éprouve ait recouvré complètement sa raison. Tous les vins du monde n'auraient pas la puissance d'éterniser l'oubli.

Divers sentiments agitaient le cœur de Vizcarra: l'amour, tel du moins que le ressentent les libertins, la jalousie, la colère, et surtout le désappointement. Il comprenait que renouveler sa visite serait s'exposer à un échec nouveau et peut-être plus cruel. Il était évident que la blonde se souciait fort peu de lui, en dépit de sa position élevée, de ses galons d'or et de son plumet. C'était une femme toute différente de celles qu'il avait jusqu'alors courtisées. Que de doncellas de la vallée auraient accepté son once d'or sans hésitation!

Ainsi il ne pouvait retourner au rancho; mais en ce cas comment revoir Rosita? Elle venait rarement à la ville, et n'y paraissait qu'accompagnée de son frère. Il était donc séparé d'elle aussi complètement que si les murs d'un cloître se fussent élevés entre eux.

Fallait-il pour cela renoncer à sa conquête? Non, il ne serait pas dit que le grand séducteur, l'irrésistible Vizcarra avait été dédaigné par une pauvre ouvrière!

La vanité seule aurait déterminé le colonel à persévérer; mais sa passion n'avait pas besoin de stimulant; elle était excitée au plus haut point par les obstacles qu'elle rencontrait. Blessé par le mépris de Rosita, l'orgueil du commandant souffrait plus encore de la faveur dont le jeune ranchero était l'objet. Il avait remarqué à la fête l'intimité de don Juan avec le cibolero et sa sœur. Dès lors il avait conçu de la jalousie, bien qu'il se flattât d'un facile triomphe; mais ce sentiment si faible d'abord était devenu intolérable depuis que le colonel avait vu, à l'heure même de son humiliation, son rival se diriger vers le rancho, où il avait dû rire à ses dépens.

Par tous ces motifs, il fallait à tout prix obtenir Rosita; mais n'ayant pas le sang-froid nécessaire pour combiner des plans, Vizcarra fit mander Roblado.

Le capitaine était l'homme le plus propre à remplir ce projet. Tous deux avaient à l'égard des femmes une conduite également grossière; mais le colonel était un don Juan, un personnage de comédie, expert en matière de séduction. Roblado, plus pervers, employait au besoin la violence, et ne reculait devant aucune extrémité.

— C'est l'homme qu'il me faut, dit Vizcarra, il connaît tous les stratagèmes d'amour chez les peuples civilisés et même parmi les sauvages. Il ne peut manquer de me suggérer une bonne idée.

De son côté, Roblado avait besoin de conseils; il avait demandé la main de Catalina, et don Ambrosio la lui avait accordée; mais, à la grande surprise de tous les habitants de Saint-Ildefonse, la señorita avait résisté. Elle n'avait pas refusé positivement le capitaine, dans la crainte de provoquer un ordre formel, auquel elle aurait été forcée de se soumettre; mais elle avait demandé du temps; et don

Ambrosio avait consenti à différer le mariage. Un délai ne faisait pas le compte de Roblado, qui était pressé d'être riche. Il espérait toutefois faire revenir don Ambrosio sur sa première décision, en employant l'influence du commandant, et afin que celui-ci devînt son obligé, était disposé à lui rendre toute espèce de services.

Dès que Roblado fut arrivé et qu'il eut pris connaissance des faits—

— Mon cher colonel, dit-il, vous avez mal engagé l'action, ce qui me surprend, quand je songe à votre habileté et à votre expérience. Vous êtes tombé dans le rancho comme un aigle au milieu d'un colombier: les oiseaux se sont effarouchés, quoi de plus naturel! Vous n'aurez pas dû y aller du tout.

— Alors comment l'aurais-je vue?

— Chez vous ou ailleurs, suivant les arrangements que vous auriez jugé à propos de prendre.

— Elle n'aurait jamais consenti à venir.

— Je sais qu'elle ne vous aurait point écouté si vous aviez fait vous-même; mais êtes-vous assez ignorant pour ne pas savoir ce qu'c'est qu'une *alcahuete?*

— Une entremetteuse! ma foi, je n'y avais pas songé.

— Vous autres qui vous piquez de belles manières, vous dédaignez ces messagères d'amour. Quant à moi, je les trouve éminemment utiles; elles nous épargnent beaucoup de temps et de peines et diminuent les chances d'insuccès. Il n'est pas encore trop tard pour en employer une, et si elle échoue, vous avez encore une autre corde à votre arc.

Nous ne suivrons pas plus loin la conversation de ces deux misérables. Il suffit de dire qu'elle roula sur leurs infâmes projets, qu'ils combinèrent en buvant.

L'alcahuete qu'ils avaient choisie se mit dès le lendemain en campagne; mais elle eut encore plus de malheur que Vizcarra dans son entreprise. Elle se rendit mystérieusement au rancho, se mit en rapport avec Rosita, et lui fit part des vœux du commandant. Celle-ci les communiqua aussitôt à sa mère, et la proxénète eut à essuyer des gourmades près desquelles celles dont son commettant avait été accablé n'étaient qu'une bagatelle. Elle fut obligée de demander la vie pour échapper aux morsures du terrible Cibolo; elle aurait bien voulu se plaindre; mais, vu la nature de l'affaire, il était prudent d'accepter sans bruit les outrages et les sévices: aussi garda-t-elle le silence.

CHAPITRE XXV.

Une mascarade.

— L'alcahuete n'a pas réussi, dit le colonel à Roblado; voyons quelle autre corde je puis avoir à mon arc?

— Est-ce que vous n'avez pas deviné, mon cher commandant?

— Pas tout à fait, répondit Vizcarra.

Cependant il avait un mot sur les lèvres: la violence! Il y avait pensé dès le jour de sa défaite, dans les premiers transports de sa colère. Il s'attendait à la réponse de Roblado, qui fut: — Employez la force!

— Mais comment?

— Prenez quelques hommes, et enlevez la belle pendant la nuit. Quoi de plus simple? Vous auriez dû commencer par là avec une bégueule de cette espèce. Une fois que le rapt est consommé, les plus pures s'adoucissent. Je le sais par expérience. Longtemps avant le retour de Carlos, votre petite blonde sera amadouée; je vous le garantis.

— Mais dans le cas contraire?

— Dans le cas contraire, qu'avez-vous à redouter?

— La médisance, Roblado.

— Bah! mon cher colonel, vous montrez une timidité incroyable dans cette affaire. Jusqu'à présent vous l'avez mal conduite; est-ce une raison pour ne pas agir à l'avenir avec plus de discernement? Tout se passera la nuit. Vous avez ici des chambres où personne n'a la permission d'entrer; quelques-unes même n'ont point de fenêtres. Choisissez des hommes en qui vous ayez toute confiance; il ne vous en faut pas beaucoup; six suffiront, et vous leur lierez la langue avec six onces d'or. C'est facile comme de voler une chemise, et il ne s'agit que de voler une chemisette!

Cette sotte et grossière plaisanterie parut si délicieuse à Roblado qu'il éclata de rire, et sa gaieté fut partagée par le commandant.

Cependant ce dernier hésitait encore à prendre une mesure extrême. Quoique moins endurci que son compagnon, il n'était retenu par aucune délicatesse de sentiment, car il avait contracté depuis longtemps l'habitude d'envisager avec indifférence le mal qu'il faisait à autrui. Il ne s'inquiétait pas de savoir si Rosita serait heureuse ou misérable: ce qui l'arrêtait, c'était la peur. Roblado lui avait reproché d'être timide, et l'accusation était fondée.

Vizcarra n'avait à redouter aucun châtiment corporel. Sa victime était faible, sans appui, tandis qu'il jouissait d'une autorité presque absolue. Il lui était facile de se débarrasser des gens qui le gênaient, et de donner même à ses vengeances une apparence de justice. Le peuple murmurait; les créoles menaçaient d'enlever le Mexique à la domination de l'Espagne ; le gouvernement de la métropole s'efforçait de comprimer par des rigueurs l'agitation toujours croissante des esprits. En de telles circonstances, on pouvait incarcérer et même faire périr le plus innocent sous prétexte de haute trahison. Ce qu'appréhendait Vizcarra, c'était le scandale ; il était impossible qu'un rapt aussi audacieux n'eût pas de retentissement et que la ville entière ne s'emparât avec avidité d'un aussi riche sujet de commérages ; la nouvelle pouvait se répandre, franchir les bornes de la colonie, arriver peut-être aux oreilles du vice-roi ! La cour de Mexico n'était certainement pas un modèle de moralité ; elle tolérait l'arbitraire et la débauche, quand ils ne se produisaient pas au grand jour ; mais pouvait-elle fermer les yeux sur un acte de violence tel que celui qu'on méditait ?

En somme, les terreurs de Vizcarra étaient justifiées. Le secret était impossible à garder ; les coquins qu'il comptait employer pouvaient le trahir ; à la vérité, comme c'étaient des soldats placés sous sa dépendance absolue, il était à même de les punir de leurs indiscrétions ; mais quel avantage trouverait-il dans la vengeance ? Ce serait fermer l'écurie après que le cheval a été volé !

Devait-on se flatter d'en imposer au public en niant le fait ? Un amant jaloux, qui était présent, un frère, qui ne tarderait pas à revenir, allaient faire démarches sur démarches pour découvrir le coupable. La visite du commandant, la tentative de l'alcahuete seraient rapprochées de l'enlèvement. Vizcarra serait désigné, accusé, poursuivi à outrance par Carlos et par don Juan, et pour se défaire d'eux, il fallait entrer dans une voie qui était semée d'écueils.

Tels furent les arguments que le colonel opposa à Roblado. — Ce n'est pas, ajouta-t-il, que j'abandonne la partie ; je tiens au contraire à la gagner ; mais les moyens que vous me proposez offrent trop de périls pour que je les accepte. Cherchez-en d'autres, mon camarade.

Roblado avait la tête plus solide et le caractère plus déterminé que son supérieur. Il réfléchit quelques instants, et posant tout à coup son verre sur la table, il s'écria :

— *Vamos !* Vizcarra ! Par Notre-Dame, je tiens notre affaire !

— *Bueno ! bravo !*

— Vous posséderez votre Dulcinée dès demain, si vous le voulez, et les plus médisants n'auront rien à dire. En tout cas, vous pourrez les braver. Quelle excellente idée ! c'est la seule qui puisse lever toutes les difficultés.

— De grâce, ne me faites pas languir, *amigo !* Votre plan, votre plan ?

— Attendez que je boive un coup. La pensée d'un aussi bon tour m'échauffe et m'altère.

— Buvez donc ; buvez ! s'écria Vizcarra, en s'empressant de lui verser du vin.

Roblado vida son verre, se rapprocha du commandant, et lui révéla à voix basse les particularités du plan qu'il avait conçu.

Cette communication fut accueillie avec enthousiasme ; après l'avoir entendue, le colonel se leva transporté, en criant bravo ! Il fit plusieurs tours dans la chambre, avec l'inquiétude d'un homme dont les émotions débordent, et finit par éclater de rire.

— *Carrambo ;* camarade ! vous dépassez en stratégie le grand Condé lui-même. Par la sainte Vierge ! c'est un plan merveilleux, et je vous promets de le mettre promptement à exécution.

— Pourquoi différer ? Commençons tout de suite.

— Vous avez raison ; occupons-nous immédiatement des préparatifs de cette charmante mascarade.

CHAPITRE XXVI.

Les Indios bravos.

Les circonstances semblaient devoir retarder l'exécution du projet des deux officiers. Moins de vingt-quatre heures après leur entretien, le bruit d'une invasion d'Indiens circula dans la ville, et se répandit dans toute la vallée. On assurait qu'une bande d'Apaches, d'Yutas ou de Comanches, avait paru dans les environs en grand costume de guerre. D'un moment à l'autre, on pouvait s'attendre à une attaque. On sut en effet le lendemain que des bergers avaient été assaillis sur le plateau qui dominait la ville. Ils étaient parvenus à s'enfuir ; mais leurs chiens avaient été tués, et un grand nombre de bestiaux avaient été emmenés dans les retraites inexpugnables que les maraudeurs possédaient au milieu des montagnes. Les bergers avaient reconnu les Yutas à leurs peintures de guerre. Après avoir chassé à l'est du Pecos, un détachement de cette tribu se proposait, sans doute de piller la colonie, pour retourner ensuite aux sources du rio del Norte, où était établi leur quartier général.

La présence des Yutas s'expliquait aisément. Ils avaient vraisemblablement mis à contribution la belle vallée de Taos, et la prospérité de Saint-Ildefonse devait exciter leur convoitise. Quant à leur identité, elle ne pouvait être méconnue. Les Apaches et les Comanches étaient en paix avec Saint-Ildefonse, et se bornaient depuis quelques années à ravager les provinces de Coahuila et de Chihuahua.

Le jour même où les bestiaux avaient été chassés dans les montagnes, un vol plus important fut commis. Vers le soir, des Indiens descendirent au bas de la vallée, en aval de la rivière, et chassèrent devant eux un troupeau de bœufs considérable. Les vaqueros, effrayés, n'osèrent lutter contre les agresseurs, et s'enfermèrent à la hâte dans la métairie.

Les déprédateurs n'avaient commis aucun meurtre, probablement parce qu'on ne leur opposait aucune résistance, ils n'avaient attaqué aucune maison. Peut-être étaient-ils en petit nombre et attendaient-ils des renforts pour donner de l'extension à leurs rapines.

La population de la ville et de la vallée était plongée dans la consternation. Les habitants des ranchos isolés quittaient pendant la nuit leurs demeures pour se réfugier dans la ville et dans les grandes haciendas. Ces dernières étaient fermées dès que les ténèbres approchaient ; des sentinelles placées sur les *azoteas* ou terrasses des maisons veillaient jusqu'au matin. La terreur générale était d'autant plus grande, qu'on ne s'attendait nullement à la visite des Indios bravos, avec lesquels on vivait depuis longtemps en bonne intelligence.

L'avenir surtout se présentait sous les plus sombres couleurs. Les sauvages ne pouvaient s'en tenir à l'enlèvement de quelques bestiaux. On savait que dans leurs incursions ils montraient la plus effroyable férocité ; qu'ils massacraient les hommes, les femmes elles-mêmes, et n'épargnaient que les plus jeunes, pour les emmener captives dans les déserts. A cette époque, et ce n'est pas une exagération, des milliers de Mexicaines, séparées à jamais de leurs familles et de leurs amis, gémissaient entre les mains des Indiens.

Le commandant déployait un zèle infatigable. A la tête de ses troupes, il parcourait les plaines voisines, poussait ses excursions jusqu'au pied des montagnes. Pendant la nuit, des patrouilles exploraient la vallée dans tous les sens. Il était recommandé aux habitants de se renfermer chacun et de barricader leurs portes, en cas d'attaque. Tout le monde admirait l'activité de Vizcarra. C'était la première fois qu'il avait occasion de se montrer, car les Indiens se tenaient tranquilles depuis son arrivée. On se rappelait que son prédécesseur, au lieu d'aller à la recherche des sauvages, se fortifiait dans le presidio, les laissant maîtres d'emmener tout le bétail qui était à leur convenance. Quel contraste entre sa conduite et celle de Vizcarra !

L'agitation augmenta de jour en jour ; cependant les Indiens persistèrent à ne tuer personne, à n'enlever aucune femme, et à ne marcher qu'à la faveur des ténèbres. On continua de supposer qu'ils étaient en petit nombre, mais que bientôt ils se montreraient au grand jour, et donneraient plus de développement à leurs opérations.

La mère et la sœur du cibolero étaient restées dans leur rancho sans protection et presque sans crainte. Leur éducation les avait habituées à mépriser des dangers qui épouvantaient leurs voisins moins courageux. D'un autre côté, il n'était pas probable que les Indiens songeassent à piller une misérable cabane, tandis qu'ils avaient à exploiter de riches haciendas. Une autre raison donnait de la confiance aux deux femmes, Carlos, qui avait souvent trafiqué avec les tribus, en connaissait presque tous les chefs. Ils l'aimaient tant pour ses qualités personnelles que pour son origine. A cette époque, les Anglo-Saxons semblaient jouir d'un privilège particulier ; leurs trappeurs et leurs marchands traversaient impunément les contrées occupées par les tribus. Ils y étaient même favorablement accueillis, tandis que de nombreuses caravanes de Mexicains avaient à combattre les indigènes. Si plus tard ceux-ci déclarèrent la guerre aux Américains du Nord, ce fut en manière de représailles, et parce qu'on avait commis à leur égard des actes de barbarie.

Pendant ses relations avec les Indios bravos, le cibolero n'avait jamais perdu de vue les intérêts de sa famille ; il l'avait toujours recommandée aux Indiens, et avait assuré à sa mère et à sa sœur qu'elles n'avaient rien à craindre en son absence. La seule tribu qui lui fût hostile était la Jicarilla, qui vivait misérablement dans les montagnes au sud-est de Santa-Fé. C'était une branche des Apaches ; mais elle vivait isolée, et n'avait que peu de rapports avec les grands pillards du sud, les mezcaleros et les coyoteros, ainsi nommés parce que les uns mangent les fruits de l'aloès mezcal, et les autres le coyote ou loup des prairies.

Par ces motifs, Rosita et sa mère, sans être exemptes d'alarmes, ne partageaient pas l'effroi dont les bruits qui circulaient avaient rempli le cœur de leurs voisins.

Don Juan vint à plusieurs reprises au rancho, et proposa d'emmener les deux femmes dans son habitation, où il pouvait soutenir un siége en règle, avec l'assistance de ses nombreux péons, mais la vieille se moqua des craintes de don Juan, et la pudique jeune fille ne trouva pas convenable d'aller loger chez lui.

Quatre jours s'étaient écoulés depuis qu'on avait entendu parler des Indiens. La nuit était venue ; la mère et la fille avaient quitté leur ouvrage et s'apprêtaient à goûter le repos sur leur natte, lorsque Cibolo s'élança vers la porte en aboyant avec fureur.

Il y avait évidemment quelqu'un au dehors.

La porte était fermée ; mais la vieille femme, sans même demander qui était là, en enleva brusquement la barre. Dès qu'elle parut, le terrible cri de guerre des Indiens retentit à ses oreilles ; une lourde massue s'appesantit sur son front et la renversa. Plusieurs sauvages, couverts d'horribles peintures, pénétrèrent dans la maison en poussant des hurlements féroces. Malgré la courageuse résistance de Cibolo, ils saisirent la jeune fille éperdue, l'emportèrent dans leurs bras et l'attachèrent sur le dos d'une mule. Après s'être emparés de tous les objets qui pouvaient avoir quelque valeur, ils mirent le feu au rancho et se retirèrent précipitamment.

En franchissant le seuil, Rosita avait dû passer par-dessus le corps inanimé de sa mère. Avant de s'éloigner, elle put voir les flammes se frayer un passage à travers la charpente du toit.

— Ma pauvre mère, murmura-t-elle, grand Dieu! que va-t-elle devenir?

Peu d'instants après cette attaque, les Indiens se montrèrent devant la maison de don Juan; mais ils se contentèrent de pousser des cris et de lancer quelques flèches sur l'azotea ou contre la porte. Cette démonstration n'intimida pas don Juan; mais il trembla pour ses amis du rancho, dont il prit la route immédiatement après la retraite des ennemis. Il aperçut bientôt les clartés de l'incendie. Le sang se glaça dans ses veines; la pensée que Rosita courait un danger le jeta

Rosita.

dans un désespoir qui tenait du délire, et anima en même temps son courage. Il était à pied, mais bien armé, et il hâta le pas avec la résolution de défendre sa maîtresse ou de mourir.

Au bout de quelques minutes il était à la porte du rancho. La vieille mère était toujours étendue sur le sol, et les lueurs qui tombaient du toit éclairaient ses traits livides. Le feu ne l'avait pas encore atteinte, mais un moment plus tard elle eût péri dans les flammes! Don Juan la porta dans le jardin, et parcourut l'habitation en appelant Rosita avec des cris de détresse. Il n'entendit que le pétillement de l'incendie, les soupirs du vent, les huées du hibou et les hurlements du coyoté.

Forcé de renoncer à l'espoir de retrouver la jeune fille, il revint auprès de la mère, et reconnut qu'elle n'avait été qu'étourdie. Il lui versa de l'eau sur les lèvres et sur les tempes, et elle commença à reprendre ses sens. Don Juan l'enleva dans ses bras nerveux, et reprit tristement le chemin de sa demeure.

Le lendemain la nouvelle de cette affaire vint accroître les angoisses des habitants. Les lanciers, sous la conduite du vaillant colonel, traversèrent bruyamment les rues de la ville. Après de longues conférences et de vaines démonstrations, ils se mirent à la poursuite des Indiens, qu'on supposait avoir pris le chemin du plateau. Ils rentrèrent dans la journée pour faire leur rapport habituel :

« *Los barbaros no pudimos alcanzar.* Nous n'avons pu rejoindre les barbares. »

Ils déclarèrent qu'ils avaient suivi la trace jusqu'au Pecos, que les Indiens avaient traversé en se dirigeant vers le Llano Estacado.

A cette nouvelle, la population fut un peu rassurée. Elle entrevit le terme de ses appréhensions, car si les maraudeurs suivaient cette direction, c'était sans doute pour rejoindre les restes de leur tribu.

CHAPITRE XXVII.

Triste retour.

Une heure après le retour des lanciers, une autre cavalcade, poudreuse et fatiguée d'un long voyage, se dirigea vers la colonie. Le nom de cavalcade lui convenait à peine, car on n'y voyait qu'un homme à cheval, à la tête d'un atajo de mules de somme, que suivaient des charrettes traînées par des bœufs. Malgré la couche épaisse de poussière dont étaient couverts le cavalier et sa monture, il n'était pas difficile de reconnaître Carlos le cibolero.

Une heure encore, et il allait faire halte devant la porte de son rancho; une heure encore, et sa mère, sa sœur, allaient se jeter dans ses bras. Quelle surprise pour elles, qui ne l'attendaient pas avant plusieurs semaines! Quelle autre surprise non moins agréable que son succès inespéré! Les mules et leur charge constituaient une petite fortune. Rosita aurait une robe neuve, non pas de grossière étoffe de laine, mais de véritable soie étrangère. Elle aurait en outre une mantille, des pantoufles de satin, et même des bas, ce qui est un objet de luxe pour la plupart des Mexicaines. Ainsi parée, elle serait digne de donner le bras à son ami don Juan. Sa vieille mère profiterait aussi de sa bonne chance; elle pourrait désormais dédaigner la bouillie de maïs, à laquelle elle préférait le thé, le café ou le chocolat.

Le rancho était vieux et grossièrement construit; il fallait l'abattre et en bâtir un plus commode, ou plutôt il valait mieux le transformer en écurie, en choisissant ailleurs la place du nouvel édifice. La vente de la mulada permettait à don Carlos de se rendre acquéreur d'un assez vaste terrain et d'y construire à sa guise. Qui l'empêcherait de s'établir ranchero, d'élever à son tour des bestiaux, d'avoir une ferme et de gras pâturages? C'était une profession plus honorée que celle de chasseur de bisons; mais avant de l'adopter, il voulait faire un voyage aux plaines, revoir ses amis les Wacos, qui lui avaient fait les plus magnifiques promesses. De cette visite dépendait la réalisation de ses plus chères espérances. Carlo croyait que sa pauvreté seule le séparait de Catalina.

— Don Ambrosio, se disait-il, n'a pas toujours été riche; il y a quelques années ce n'était qu'un petit chercheur d'or, un gambucino. Nous étions voisins, et il ne dédaignait pas de m'admettre à partager les jeux de la petite Catalina. Depuis lors il m'a éloigné de mon amie d'enfance; mais si je lui apportais une fortune égale à la sienne, pourquoi s'opposerait-il à mes vœux? Quoique pauvre, mon père était de bonne famille, le sang qui coule dans mes veines est aussi pur que celui d'un hidalgo. Si les Wacos tiennent leur promesse, il suffira d'un seul voyage pour que Carlos le cibolero possède autant d'or que don Ambrosio le mineur.

Ces idées trottaient dans la tête de Carlos depuis qu'il avait quitté les Indiens. A chaque instant il achetait une robe de soie pour Rosita, il donnait à sa mère du thé et du chocolat; il rebâtissait son rancho, agrandissait sa propriété, revenait chargé de poudre d'or, et demandait la main de Catalina. Châteaux en Espagne! Maintenant qu'il était près de ses foyers, ses visions brillaient d'un plus vif éclat et semblaient se rapprocher. Sa physionomie était radieuse; que de nuages allaient bientôt l'obscurcir! Plusieurs fois il fut tenté de prendre les devants, afin de jouir plus tôt des embrassements de sa mère et de sa sœur. — Mais non, murmura-t-il, il faut que je reste auprès de l'atajo, afin de mieux savourer mon triomphe. Nous marcherons tous en ligne, et nous ferons halte en face du rancho. Elles s'imagineront que je suis accompagné d'un étranger auquel appartiennent les mules. Quand je leur apprendrai que ce convoi superbe est bien à moi, elles croiront que je me suis fait Indien, et que j'ai suivi ma tribu dans une expédition dont les provinces du Sud ont payé les frais. Ah! ah! ah!

Carlos ne put s'empêcher de rire de son idée.

— Cette fois, ajouta-t-il, il faut que Rosita épouse don Juan. Je n'ai plus de motifs pour refuser mon consentement. C'est un brave jeune homme, il protégera ma sœur en mon absence. Au reste, encore un voyage, et j'en aurai fini avec les plaines, et l'humble chasseur de bisons deviendra don Carlos!

La gaieté que cette perspective excitait dans son cœur fut troublée par l'aspect sinistre de la campagne. — C'est étrange, pensa-t-il, je ne rencontre personne, je ne vois pas une âme dans les champs. Pourtant il n'est pas tard, le soleil se montre au-dessus du plateau. Où peuvent être les gens de la vallée? Ah! voici des empreintes toutes fraîches. Les lanciers de la garnison viennent de passer par ici; mais ce n'est pas une raison pour que tout le monde se cache. J'aurais pu croire à une alerte causée par les Indiens si je n'avais vu ces empreintes; mais je sais fort bien que dans le cas où les Apaches entreraient dans le sentier de la guerre, le commandant et ses satellites se garderaient de sortir du presidio. Il se passe quelque chose d'extraordinaire que je cherche vainement à expliquer. Peut-être est-ce un jour de fête à Saint-Ildefonse. Antonio, toi qui connais le calendrier, peux-tu me dire si l'on chôme aujourd'hui quelque saint?

— Non, maître, répondit le métis.

— Pourquoi ne voyons-nous personne ?

— Je l'ignore, maître.

— Tu ne supposes pas que les Indios bravos aient paru dans le pays ?

— Non, maître. *Mira!* voici les traces du passage des lanciers; là où ils sont on ne trouve jamais d'Indiens.

Antonio prononça ces mots avec un accent et une expression qui en éclaircissaient le sens ambigu. Il ne voulait pas dire que la présence des troupes empêchait les Indiens de paraître; c'était précisément le contraire. Carlos le comprit, et comme il avait la même opinion, il éclata de rire.

Toutefois la solitude de la route commençait à l'inquiéter, sans qu'il pressentît aucun malheur. Une tristesse involontaire s'emparait de lui. Il n'avait encore passé devant aucune habitation, puisque la sienne était la dernière de la vallée. Mais c'était l'heure où les vaqueros font rentrer les bœufs à l'étable, et il ne rencontrait pas un troupeau. Il était en proie à un vague malaise; il arriva à un massif de chênes verts, à l'angle duquel aboutissait le chemin du rancho.

C'était une tortillera consommée.

Par un mouvement machinal, il arrêta violemment son cheval, et demeura la bouche béante et les yeux hagards. La haie de cactus l'empêchait de voir la maison; mais au-dessus de leur cime se dessinait une poutre étrangement noircie, et un tourbillon de fumée planait sur l'azotea.

— Dieu du ciel! qu'est-il arrivé? s'écria-t-il d'une voix étouffée.

Et il enfonça ses éperons dans les flancs de son mustang, qui partit comme une flèche.

L'atajo le suivit de près. Antonio s'élança dans la cabane, dont les murailles étaient encore chaudes et crevassées; il trouva son maître moitié assis, moitié couché sur la banquette, la tête inclinée sur la poitrine, les mains passées dans les longues boucles de ses cheveux, qu'elles tordaient.

Les pas d'Antonio lui firent un moment lever les yeux.

— O ciel! ma mère! ma sœur! murmura-t-il; puis sa tête retomba en avant; des sanglots convulsifs soulevèrent sa large poitrine; il eut un accès d'affreux désespoir, car un secret instinct lui révélait ce qui s'était passé.

CHAPITRE XXVIII.

L'enquête.

Pendant quelques minutes, Carlos, frappé de stupeur, accablé par le choc inattendu, n'essaya même pas de rappeler son courage.

Une main qui se posa doucement sur son épaule le tira de son état léthargique. Don Juan se penchait vers lui.

— Ma mère, ma sœur? balbutia Carlos presque machinalement.

— Votre mère est chez moi, dit le ranchero, dont l'abattement était aussi profond que celui de son ami.

— Et Rosita?

Don Juan ne répondit pas, mais des larmes coulèrent le long de ses joues. En voyant qu'il n'avait pas moins besoin de consolations que lui-même, Carlos sentit renaître son énergie.

— Allons, mon ami, expliquez-vous. Je suis prêt à tout entendre. Est-elle morte?

— Non, non, j'espère qu'elle n'est pas morte.

— Elle est enlevée?

— Hélas! oui.

— Par qui?

— Par les Indiens.

— Etes-vous sûr que ce soit par les Indiens?

En adressant cette question, Carlos avait dans les yeux une expression singulière.

— J'en suis sûr : je les ai vus passer... Votre mère....

— Que lui est-il arrivé?

— Elle est en sûreté. Les sauvages qui l'ont assaillie sur le seuil de la porte l'ont frappée d'un coup de massue ; elle est restée sans connaissance, mais elle va mieux maintenant.

— Et Rosita?

— Personne ne l'a vue; mais elle doit avoir été enlevée par les Indiens.

— Vous êtes sûr que c'étaient des Indiens, don Juan?

— Je vous l'ai déjà dit ; puisque en même temps ils ont attaqué ma maison. Déjà ils avaient enlevé mon bétail; tout mon monde s'était mis sur pied pour les repousser; nous étions barricadés, prêts à nous défendre. Notre attitude les a déconcertés, et ils ont battu en retraite. Alors, craignant pour votre famille, je suis venu ici. J'ai trouvé le toit en feu, votre mère gisant sur le sol. Rosita avait disparu! *Madre de Dios!* elle avait disparu!

Et le jeune homme versa de nouvelles larmes.

..... Ils saisirent la jeune fille éperdue, l'emportèrent dans leurs bras, etc.

— Don Juan! reprit Carlos d'une voix ferme, vous avez été un ami, un frère pour moi et les miens. Je sais que vous partagez mes souffrances. Ne pleurez pas! Voyez, mes yeux sont déjà secs! Je ne songe plus qu'à sauver ou venger Rosita. A l'œuvre! et donnez-moi d'abord tous les éclaircissements qui peuvent nous guider dans nos démarches.

Le ranchero exposa toutes les circonstances de l'affaire : les bruits qui avaient circulé, l'apparition des Yutas sur le plateau; leur rencontre avec les bergers ; leur descente dans la vallée ; enfin ce qu'il savait de l'attaque du rancho. Il parla aussi de l'activité déployée par la troupe.

— Ce matin, elle s'est mise sur la piste des maraudeurs. J'ai offert de l'accompagner avec quelques-uns de mes péons, mais le commandant s'y est refusé.

— Il s'y est refusé! s'écria Carlos.

— Oui. Il a prétendu que nous ne ferions que gêner les mouvements de la cavalerie ; mais je crois que son véritable motif est l'antipathie qu'il a pour moi depuis la Saint-Jean.

— Ensuite ?

— Les lanciers sont revenus, il y a environ une heure. Il résulte de leur rapport qu'après avoir passé à gué le Pécos, les Indiens ont pris la route du Llano Estacado et qu'il serait inutile d'essayer de les poursuivre, puisqu'ils retournent aux grandes plaines. Trop heureux de les voir s'éloigner, le peuple ne s'inquiète plus d'eux. J'ai tâché d'organiser une expédition, mais je n'ai pas trouvé un seul volontaire. Quoique j'eusse peu d'espoir d'atteindre les sauvages, je voulais les poursuivre avec mes gens, lorsque, Dieu merci, vous êtes venu.

— Oui, priez Dieu qu'il ne soit pas trop tard. Mais non ; depuis la nuit dernière, il n'y a eu ni pluie, ni grand vent, et la piste sera fraîche comme la rosée... Où est Cibolo ?

— Chez moi. On l'avait cru d'abord tué ou volé ; mais, à midi, mes gens l'ont retrouvé près du rancho, couvert de boue et saignant d'un coup de lance qu'il avait reçu. Nous supposons que les Indiens l'avaient emmené et qu'il leur a échappé en route.

— C'est singulier. O ma pauvre sœur, où êtes-vous en ce moment? Vous reverrai-je jamais? O mon Dieu, mon Dieu!

Carlos retomba dans l'attitude du désespoir ; puis se relevant soudain, les poings serrés, les yeux étincelants, il s'écria : — Les prairies sont vastes, et les infâmes brigands laissent peu de traces ; mais les yeux de Carlos sont perçants. Je te retrouverai, dussé-je y consacrer ma vie ! Ne crains rien, ma sœur, je viendrai à ton secours, et malheur à la tribu qui t'aura offensée!... Don Juan, mon ami, mon frère, nous ne pouvons rien faire ce soir ; conduisez-moi auprès de ma mère.

Le langage de la douleur a une poésie étrange, une âpre éloquence ; mais la douleur n'inspirait le cibolero que par intervalles, et il revenait vite au sérieux examen de la réalité. Il fit avec le plus grand sang-froid ses préparatifs de départ, sans rien omettre de ce qui pouvait assurer le succès de son entreprise. Tout fut disposé pour qu'il eût, à la première heure du jour, son cheval, ses armes et son équipement. Ses domestiques et ceux de don Juan devaient aussi les accompagner à cheval. On chargea sur des mules les provisions nécessaires pour un long voyage, car le cibolero ne voulait pas revenir sans avoir accompli son dessein, celui de secourir ou de venger sa sœur. Il ne pensait pas s'arrêter devant les obstacles, et rentrer dans la vallée pour dire : *No los pudimos alcanzar*. Il avait pris la résolution de suivre les ravisseurs jusqu'à l'extrême limite des prairies, et même jusque dans leurs retraites. Don Juan était avec lui de cœur et d'âme, car il éprouvait les mêmes regrets et formait les mêmes vœux. Les péons qui les escortaient, au nombre de vingt, étaient de fidèles taguos, peu familiarisés avec les dangers du combat ; mais courageux par sympathie et par dévouement pour leurs maîtres. S'ils avaient le bonheur de rejoindre les Indiens, la victoire n'était pas douteuse. Pour avoir quitté la vallée avec un aussi mince butin, il fallait que la bande fût peu nombreuse. En l'attaquant avant qu'elle eût eu le temps d'opérer sa jonction avec la tribu, on pouvait se flatter de lui faire rendre la captive et le fruit de ses rapines ; mais il n'y avait pas un moment à perdre.

Carlos ne dormit pas, et don Juan n'eut qu'un sommeil agité. Aucun d'eux ne quitta ses vêtements. Le cibolero vint se placer au chevet de sa mère, qui souffrait encore de sa blessure et prononçait dans ses rêves des paroles incohérentes. En la veillant, il se demandait à quelle tribu appartenaient les maraudeurs. Ce n'étaient ni des Apaches ni des Comanches : il en avait rencontré des détachements qui l'avaient traité avec bienveillance, sans lui dire qu'ils eussent l'intention de porter la guerre sur le territoire de Saint-Ildefonse. Ils marchaient d'ailleurs en bandes trop considérables pour avoir rien de commun avec la faible troupe qui avait pillé le rancho. Elle ne dépendait point de ces tribus, et c'était fâcheux, car il était sûr qu'on aurait rendu la captive aussitôt qu'on aurait appris qu'elle était la sœur de Carlos.

Les pillards étaient-ils des Yutas, comme don Juan l'avait dit, comme le croyait le peuple de la vallée? S'il en était ainsi, Carlos pouvait conserver une lueur d'espoir ; il avait trafiqué avec une branche de cette tribu puissante et belliqueuse ; il était en bons termes avec quelques-uns de ses chefs qui, malheureusement, faisaient alors la guerre dans des établissements plus au nord. Restaient les Jicarillas, Indiens aussi lâches que féroces ; ses ennemis mortels, disposés à le scalper à la première occasion. Si Rosita était leur prisonnière, elle était condamnée à de terribles épreuves. A cette seule idée ; le cibolero se leva en frémissant et ses mains se crispèrent dans un accès d'impuissante fureur.

Avant l'aube, les péons se tinrent prêts à partir. Les chevaux et les mules furent amenés dans la cour ; et Carlos prit congé de sa mère. Elle était affaiblie par le sang qu'elle avait perdu, et ne pouvant élever la voix, elle fit signe à son fils de se pencher sur son lit.

— Vous savez quels Indiens vous allez poursuivre?

— Non, ma mère ; mais je crains que ce ne soient nos ennemis les Jicarillas.

— Les Jicarillas ont-ils de la barbe au menton et des bagues aux doigts ?

— Non, ma mère, mais pourquoi me faites-vous cette question? Vous savez bien qu'ils n'ont point de barbe.

Et se tournant vers don Juan il ajouta à voix basse : — Ma pauvre mère! ce coup terrible lui a peut-être troublé la raison!

— Suis la trace, suis la trace! elle te mènera peut-être à...; et il lui murmura quelques mots à l'oreille.

— Vous croyez, dit Carlos en tressaillant.

— Je n'ai que des soupçons ; mais suis la trace, elle te guidera.

— Comptez sur moi, ma mère ; je saurai bientôt à quoi m'en tenir.

— Fais-moi une promesse avant de partir ; du calme ; pas d'imprudence.

— Ne craignez rien, ma mère.

— Si mes soupçons sont fondés...

— En ce cas, ma mère, vous me reverrez dans peu ; Dieu vous garde! Mon sang bout : je ne puis rester, adieu!

Une minute après toute la troupe était à cheval, et sortait de la vallée sous la conduite de don Juan et de Carlos.

CHAPITRE XXIX.

Premiers indices.

Il ne faisait pas encore jour lorsque le convoi se mit en route, mais il n'était pas parti de trop bonne heure. Il était facile de marcher dans les ténèbres jusqu'au point où les lanciers s'étaient arrêtés, et là on serait éclairé par les premières lueurs de l'aurore.

A cinq milles au-dessous de la maison de don Juan le chemin bifurquait. A droite était celui du sud, par lequel Carlos était revenu la veille ; à gauche, la route était perpendiculaire au gué du Pécos. C'était celle que les militaires avait parcourue. L'empreinte des pieds de leurs chevaux y était tellement visible qu'on aurait pu la suivre au galop ; mais Carlos ne s'attachait pas à l'examen du sentier battu. Son attention était principalement fixée sur les bas-côtés, et il ralentit sa marche pour les observer. Il remarqua des pas de bestiaux qui devaient être ceux qu'on avait enlevés à don Juan ; au nombre d'environ cinquante.

— Ils doivent avoir passé par ici il y a environ deux jours, Carlos.

— Ce sont les miens, répondit don Juan ; il y a précisément deux jours qu'ils ont été chassés de ma *ganaderia*.

Franchissant les limites de la vallée, la troupe entra dans la plaine que baigne le Pecos, vers lequel elle s'avança directement. Elle était encore à deux milles lorsque Cibolo, qui marchait en avant, tourna brusquement à gauche. Les yeux perçants de Carlos découvrirent une nouvelle trace qui se séparait de celle des lanciers. Il parut étrange, ainsi qu'à don Juan, que le chien eût choisi cette voie inconnue, qui n'était point fréquentée, et qu'indiquaient seulement les empreintes récentes de quelques animaux. Cibolo avait-il déjà fait ce chemin?

Carlos mit pied à terre pour étudier le terrain.

— Quatre chevaux et une mule! dit-il à don Juan ; deux des chevaux sont ferrés des pieds de devant ; les deux autres et la mule ne portent pas de fers. Tous sont montés : la mule est conduite par la bride et porte des bagages. Mais non, ajouta-t-il après un examen plus attentif, ce n'est pas une mule de somme.

Il ne fallut que cinq minutes au cibolero pour arriver à ces conclusions. La science au moyen de laquelle il les obtint était un mystère pour ses compagnons, excepté peut-être pour le métis Anton. Il continua à observer le sol pendant quelques instants.

— L'heure s'accorde avec ce que nous savons ; ils ont passé ici le matin avant que la rosée fût séchée. Vous êtes sûr, don Juan, qu'il n'était pas minuit quand ils ont quitté votre maison?

— C'est positif ; minuit sonnait à peine lorsque j'ai ramené votre mère chez moi.

— Encore une question. Avez-vous quelque idée du nombre des Indiens qui ont assiégé votre maison?

— Les arbres nous empêchaient de les voir ; mais à en juger par leurs cris et par les marques de leurs pas, ils n'étaient guère que trois ou quatre. C'étaient probablement ceux qui avaient brûlé le rancho.

— J'ai sujet de croire que c'étaient les mêmes et que voilà leur piste.

— En vérité?

— Je pourrais presque l'affirmer. Voyez! n'est-ce pas singulier?

Carlos montrait le chien, qui par son allure et ses gémissements manifestait un vif désir de suivre la piste récemment découverte.

— C'est étrange en effet ; répondit don Juan ; il faut qu'il ait déjà passé par ici.

— Nous verrons, dit Carlos ; mais avant de quitter la grande route, sachons jusqu'où nos vaillants militaires ont poussé leur excursion.

Le cibolero et ses compagnons partirent au petit galop en se dirigeant vers le Pecos. Arrivés au gué, ils reconnurent que la cavalerie s'y était arrêtée, et qu'une cinquantaine de bestiaux l'avaient traversé environ deux jours auparavant, car leurs lourds sabots avaient creusé profondément la vase. Carlos passa sur l'autre rive, examina avec soin la berge, et fit signe à don Juan de venir le rejoindre.

Don Juan et ses péons passèrent aussitôt le gué.

— Ami, dit Carlos au ranchero, vous avez une belle chance de retrouver vos bêtes.

— Pourquoi cela?

— Elles ne sauraient être loin. Il n'y a guère plus de vingt-quatre heures que le troupeau a traversé le Pécos sous la conduite de quatre cavaliers.

— Comment le savez-vous?

— Rien de plus simple, répondit froidement Carlos : les hommes qui emmenaient vos bestiaux montaient les chevaux dont nous avons constaté là-bas le passage.

En disant ces mots, Carlos indiquait la piste que le chien avait voulu suivre.

— Probablement, ajouta-t-il, nous retrouverons votre troupeau au pied de la ceja.

La ceja, ou versant occidental du Llano Estacado, s'élevait à l'horizon au-dessus de la plaine, et de ses flancs se détachaient des contre-forts dont les âpres escarpements faisaient saillie sur le plateau.

— Irons-nous jusque-là? demanda don Juan.

Le cibolero ne répondit pas immédiatement. Il délibérait en lui-même.

— Oui, dit-il enfin d'un ton solennel, il vaut mieux acquérir une certitude. Malgré mes terribles soupçons, je puis avoir tort; elle peut se tromper.

Don Juan entendit cette espèce de soliloque, mais il n'en saisit pas le sens. Il allait demander une explication à son ami, quand celui-ci, par une résolution subite, donna de l'éperon à son cheval en invitant tout le monde à le suivre.

Au bout d'une heure, toujours guidée par les pas des bestiaux, la troupe arriva au bord d'un profond ravin, qui s'enfonçait comme une baie dans les flancs du plateau supérieur. Là, un étrange spectacle frappa leurs yeux. Le fond du cañon était couvert de zopilotes ou vautours noirs. Des centaines de ces oiseaux étaient perchés sur les rochers où tournoyaient dans les airs. Des centaines d'autres sautillaient joyeusement sur la plaine en agitant leurs larges ailes. Le coyote, le loup commun, l'ours gris, mangeaient côte à côte, et s'interrompaient parfois pour se disputer; cependant il y avait assez de vivres pour tous. Le ravin était jonché de carcasses, dans lesquelles les vaqueros de don Juan purent encore reconnaître les bêtes qu'ils avaient longtemps gardées.

— Je l'avais deviné, don Juan, dit Carlos, d'une voix étouffée; mais je m'attendais à revoir vos bestiaux vivants. Quelle trame odieuse! comme ce plan était profondément conçu! Oh! le misérable, ma mère avait raison, c'est lui, c'est lui!

— Qui? que voulez-vous dire? demanda don Juan au comble de l'étonnement.

— Ne m'interrogez pas maintenant. Ma tête est brûlante; je ne suis pas maître de moi. Attendez! plus de mystère..., je sais tout...; j'aurais dû pressentir ce complot à la manière dont ce misérable la regardait à la fête... Infâme tyran!... Allons, don Juan, vous tous, revenons à l'autre piste; elle sera facile à suivre, et je sais où elle nous mènera! Oui, je le sais!

A ces mots, le cibolero retourna sur ses pas; et ses amis le suivirent aveuglément sans comprendre quel était son but.

On ne s'arrêta pas au gué. Carlos lança son cheval dans l'eau, et toute la bande l'imita. On ne s'arrêta pas non plus en arrivant aux traces que le chien avait reconnues. Cibolo la prit sans hésitation, en aboyant par intervalles, et toute la bande se laissa guider par lui.

Un mille plus loin, la piste tournait brusquement à angle droit, dans la direction de la ville!

Don Juan et les péons poussèrent un cri de surprise; Carlos demeura impassible.

Il s'y était attendu.

Sa physionomie n'exprimait pas même l'étonnement; mais elle était effrayante à voir. Ses yeux enfoncés dans leurs orbites étincelaient des lueurs d'un incendie intérieur. Ses dents étaient serrées, ses lèvres bleues; il avait l'air de ruminer quelque résolution désespérée. C'était à peine s'il regardait les traces; il n'en avait pas besoin pour se guider.

Il savait où il allait.

On traversa un ruisseau fangeux dont l'argile rouge adhéra aux poils de Cibolo.

— Remarquez! dit don Juan; ce chien avait sur le corps des taches qui ressemblent exactement à celles-ci : il a donc déjà passé cet arroyo.

— Oui, répondit Carlos, je le sais.... je sais tout, il n'y a plus de mystère pour moi. Patience, ami! je vous rendrai compte; mais en ce moment laissez-moi réfléchir. J'ai besoin de tout le temps qui me reste.

Le chemin qu'avaient pris les quatre chevaux et la mule n'aboutissait point au bas de la colline; il longeait le précipice qui la dominait.

— Maître! dit Antonio, qui chevauchait auprès de Carlos; ce ne sont pas des traces de chevaux indiens, à moins qu'ils ne les aient volés. A la manière dont les fers sont disposés, je reconnais deux chevaux pour appartenir à des officiers de cavalerie.

Le cibolero ne parut nullement surpris de cette révélation, et ne fit aucune réponse. Il était absorbé dans ses pensées. Antonio crut que son maître n'avait pas entendu ou n'avait pas compris ses paroles, et les répéta.

— Bon Antonio, dit Carlos en le regardant fixement, me crois-tu aveugle ou stupide?

Ces mots n'étaient point prononcés avec emportement. Le métis devina l'intention qui les avait dictés, et vint, sans insister, se perdre dans ses rangs de ses compagnons.

Ils continuèrent leur route, tantôt au galop, tantôt plus lentement, car leurs montures commençaient à être fatiguées.

Les traces se dirigeaient toujours vers la ville.

Enfin, on arriva à l'endroit où du haut du plateau un sentier sinueux, taillé en zigzag, descendait dans la vallée.

C'était celui qu'avait gravi Carlos pour accomplir, le jour de la fête, sa mémorable prouesse.

Avant de descendre, Carlos commanda une halte, et s'avança avec don Juan sur la Niña-Perdida. Il s'arrêta au bord de l'abîme, à la place où il avait donné une preuve éclatante de ses talents supérieurs en équitation.

— Voyez-vous cet édifice? demanda-t-il au ranchero.

— Le presidio?

— Le presidio.

— Oui, eh bien?

— Elle est là!

CHAPITRE XXX.

Explications.

En ce moment un homme arpentait de long en large l'azotea de la caserne. Ce n'était pas un factionnaire; deux sentinelles veillaient près de lui, placées aux angles du bâtiment. On distinguait au-dessus des créneaux leurs têtes et leurs carabines.

L'homme en promenade était un officier. La terrasse qu'il parcourait était celle du logement des officiers, et séparée du reste du toit par un mur assez élevé. C'était une enceinte sacrée, où les simples soldats ne pénétraient pas habituellement, et qu'on aurait pu nommer le gaillard d'arrière du presidio.

L'officier était en grand uniforme, bien qu'il ne fût pas de service; mais on s'apercevait au premier coup d'œil qu'il avait des prétentions à l'élégance et qu'il aimait en tout temps la parure. Il était fier de ses galons comme un paon l'est de son plumage. Par intervalles il s'arrêtait pour examiner l'éclatante couleur de son habit, le vernis de ses bottes ou le feu des bijoux dont ses doigts blancs étaient ornés. Ce n'était assurément ni un bel homme ni un héros; ce qui ne l'empêchait pas de se persuader qu'il réunissait les qualités de Mars et d'Apollon.

C'était Vizcarra, commandant du presidio et colonel dans l'armée espagnole. La satisfaction que lui causait sa tournure venait d'être troublée par un incident imprévu. Il avait beau s'admirer, regarder son plastron, ses bagues et ses aiguillettes; il ne pouvait chasser une pensée désagréable, qui le poursuivait malgré lui, et le faisait tressaillir. — Bah! dit-il, ce n'était qu'un rêve! pourquoi m'en préoccuper davantage?

Ses yeux étaient baissés, mais en les levant il les dirigea par hasard du côté de la Niña-Perdida. Non, ce n'était pas le hasard, car la Niña avait figuré dans son rêve, et ses regards suivaient ses pensées. Quand il les eut portés vers le promontoire, il recula comme s'il eût eu devant lui un spectre horrible, et s'appuya machinalement sur le parapet. Ses joues pâlirent, ses dents claquèrent, et des soupirs convulsifs s'échappèrent de sa poitrine oppressée. D'où provenait cette émotion? Uniquement de la vue du cavalier qui se dressait sur la cime de l'escarpement.

— C'est lui! s'écria le commandant épouvanté; il est là, tel que je l'ai vu cette nuit! Je le reconnais; je reconnais son cheval! je n'ose le regarder.

L'officier se détourna, et se cacha le visage avec les mains. Un moment après il releva les yeux, non par curiosité, mais par l'effet de l'étrange fascination qu'exerce la terreur. Le cavalier avait disparu.

Allons, murmura Vizcarra d'une voix tremblante encore, c'était la suite de mon rêve. Il n'y a là-haut ni homme ni cheval... Comment serait-il ici? Des centaines de milles me séparent de lui. C'était une illusion! mais comment s'est-elle produite? Il faut que l'horrible rêve de la nuit dernière ait bouleversé mes sens. Carrambo! je ne veux plus y penser.

Pour chasser ces idées importunes, il se mit à marcher à pas précipités. A chaque tour, il jetait à la dérobée les yeux sur le sommet de la Niña; mais il ne vit plus le cavalier spectre, et ses alarmes commencèrent à se dissiper.

On entendit des pas sur les marches de l'escalier. Une tête et des épaules se montrèrent : c'étaient celles du capitaine Roblado.

— *Buenos dias*, lui dit Vizcarra; êtes-vous en bonnes dispositions ce matin?

— Oui, colonel; je viens de déjeuner, et je suis monté sur l'azotea pour jouir de votre compagnie en fumant un cigare de la Havane.

— Etes-vous remis de vos fatigues?

— Non, ma foi! après de pareilles vociférations je resterai enroué au moins huit jours, et c'est à peine si j'ai pu me débarrasser de la peinture dont j'étais couvert. Oh! oh! quelle drôle de mascarade! Jamais fille ne fut conquise d'une manière aussi romanesque; attaquer des bergers, disperser des troupeaux, enlever et tuer du bétail, renverser une vieille femme et incendier un rancho, et tout cela pour une pauvre paysanne, voilà ce que l'on n'a jamais vu! Trois jours de travestissement, de cris, de marches et de contre-marches pour triompher de la fille d'une sorcière, en vérité c'est trop! ce serait un chapitre de roman, si l'héroïne avait été délivrée par la baguette d'un magicien ou par l'épée d'un chevalier errant.

Avant ce discours de Roblado nos lecteurs ont déjà deviné sans doute que la prétendue excursion des sauvages avait été imaginée par lui et par le colonel pour couvrir le rapt de Rosita. Les faux Indiens étaient Vizcarra, le capitaine, le brigadier Gomez et un soldat nommé José. Ils n'étaient que quatre, mais la terreur panique qui s'était emparée de la population leur avait donné la force de quatre cents. L'affaire avait été conduite avec une habileté digne d'une meilleure cause. Pour donner des preuves matérielles de la présence des Indiens, les conspirateurs s'étaient d'abord montrés aux bergers sur le plateau. Des patrouilles avaient été envoyées en campagne, et des proclamations avaient invité les habitants à se mettre sur leurs gardes.

Le vol des bestiaux avait un double but. D'abord, il achevait de convaincre la population de la présence des barbares, ensuite c'était une basse vengeance exercée contre le jeune ranchero. Si on avait tué ses bêtes dans le ravin, c'était dans la crainte qu'elles ne reparussent. Il aurait semblé étrange de les voir revenir à l'étable après avoir été capturées par des Indiens. Vizcarra et ses complices espéraient que longtemps avant qu'on pût découvrir les cadavres de leurs victimes les loups et les vautours n'en laisseraient que des ossements. L'inquiétude causée par l'invasion des Indiens retenait chacun chez soi, et il n'était pas probable, tant qu'elle durerait, qu'on s'aventurât du côté du ravin, éloigné d'ailleurs de tout chemin fréquenté.

L'enlèvement de Rosita, que le colonel voulait également induire en erreur, avait été entouré de précautions extraordinaires. Après l'avoir attachée sur une mule, on lui avait permis de voir la campagne, jusqu'à l'endroit où les ravisseurs avaient repris la route de Saint-Ildefonse. On lui avait mis alors sur les yeux un bandeau de cuir; et quand elle fut déposée dans une salle du presidio, elle ignorait complétement la distance qu'elle avait parcourue, ainsi que le séjour où on l'avait conduite.

Roblado avait été le principal acteur de ce drame diabolique, dont les combinaisons faisaient honneur à son intelligence, sinon à son cœur.

Vizcarra avait eu d'abord des scrupules. Sa conscience endurcie ne lui reprochait rien, mais il jugeait le plan impraticable, et craignait d'être trahi. L'éloquence de Roblado le décida; et dès que l'affaire fut engagée, le colonel éprouva un vif plaisir à la poursuivre. N'était-ce pas une diversion agréable à l'ennui d'une vie de garnison? Quoi de plus amusant que de rédiger des proclamations burlesques, d'entendre raconter les forfaits des prétendus Indiens et louer l'admirable dévouement de la troupe. Le commandant et le capitaine furent d'une gaieté folle pendant le temps que dura la visite de *los barbaros*.

Toutes les mesures furent si bien prises que, le lendemain du dénoûment, personne ne supposa que les véritables maraudeurs pouvaient ne pas être des Indiens. Rosita elle-même, si elle avait conservé assez de présence d'esprit pour réfléchir, se croyait entre les mains des Yutas. Sa mère seule avait conçu des soupçons.

CHAPITRE XXXI.

Le rêve réalisé.

— Sur mon honneur, quelle excellente plaisanterie! reprit Roblado, en riant entre deux bouffées de son cigare. C'est la seule distraction que nous ayons eue depuis que nous sommes relégués dans cet absurde pays! On peut donc, quand on sait s'y prendre, organiser des parties de plaisir, même dans un poste des frontières. Savez-vous pourtant, mon cher commandant, que nous nous sommes donné beaucoup de mal? Dites-moi en confidence, maintenant que vous savez à quoi vous en tenir, si cela en valait la peine?

— Je regrette de m'être embarqué dans cette fâcheuse entreprise, dit Vizcarra d'un ton grave.

Roblado le regarda fixement; jusqu'alors occupé de son cigare et de ses saillies, il n'avait pas remarqué l'air sombre du colonel.

— Qu'est-ce? qu'avez-vous? s'écria le capitaine. Est-ce là, je vou... le demande, la mine que doit avoir un homme qui a depuis douz... heures une jolie fille à sa merci? Il y a donc quelque chose qui va d... travers?

— Tout va de travers.

— Expliquez-vous; est-ce que vous ne l'avez pas vue?

— Un seul instant, et cela m'a suffi; elle est folle!

— Folle!

— Elle a le délire! Ses paroles étranges m'ont tellement épou... vanté que je me suis hâté de sortir, la confiant aux soins de José. J... vous assure, camarade, que je ne me suis senti aucune envie d... rester auprès d'elle.

— Ce n'est rien, dit Roblado; son accès sera passé demain. El... se croit encore entre les mains de sauvages qui sont prêts à la sca... per. Dès qu'elle sera revenue à la raison, vous ferez bien de la dé... sabuser. Comme il faut toujours finir par là, le plus tôt sera le mieu... et vous hâterez le moment où elle s'habituera à la position que vo... lui destinez. Maintenant que vous l'avez bien enfermée entre quat... murailles, loin des yeux et des oreilles, il faut vous occuper de la... privoiser. Prenez vos mesures à loisir; vous êtes sûr de n'être p... dérangé; personne ne vous soupçonne. Les habitants de Saint-Ild... fonse ne parlent aujourd'hui que des Indiens; ils sont tellemen... convaincus de l'existence d'une bande de Yutas, que don Juan a fa... en public la proposition d'organiser une expédition pour la pou... suivre. Faite par un autre, cette motion aurait eu des chances d'êt... écoutée; mais notre amoureux n'a pas d'influence; personne ne... soucie de ses bestiaux et de la fille d'une sorcière; quand même... cibolero reviendrait...

— Roblado! interrompit le commandant d'une voix sourde.

— Eh bien? demanda le capitaine en regardant Vizcarra avec st... péfaction.

— J'ai fait un rêve horrible, et c'est ce qui me trouble plutôt q... les divagations de la jeune fille.

— Comment! un brave soldat comme vous s'inquiète d'un mis... rable rêve! Contez-le-moi; j'ai l'art d'interpréter les songes, et j'e... pliquerai le vôtre à votre entière satisfaction.

— Il m'a semblé que j'étais seul avec Carlos sur le sommet de... Niña. Il savait tout, et il m'avait amené là pour me punir et veng... sa sœur. J'étais entraîné vers le bord, et après quelques instan... d'une lutte désespérée, je fus poussé dans l'abîme; je me sentis tom... ber, tomber toujours! Le cibolero et sa sœur étaient au-dessus d... moi avec leur mère, la hideuse sorcière, qui riait d'un rire de mé... niaque, et témoignait sa joie barbare en frappant l'une contre l'aut... ses mains osseuses. Je continuais à tomber sans toucher la terre... la sensation de cette horrible chute finit par me réveiller. Même... ouvrant les yeux, j'éprouvais une impression tellement réelle qu... j'avais peine à me persuader que c'était une illusion. N'est-ce p... un rêve affreux?

— Oui; mais ce n'est qu'un rêve qui ne signifie absolument rie...

— Attendez, Roblado, je n'ai pas tout dit. Il y a un quart d'heu... à peine, pendant que je réfléchissais à cette affreuse vision, j'ai le... les yeux vers la Niña. Sur la cime se dessinait bien distinctement u... cavalier qui ressemblait au cibolero; j'ai reconnu son cheval, que... me rappelle bien. Je ne sais quel trouble s'est emparé de moi; j... détourné la tête un moment, et quand j'ai regardé de nouveau... n'était plus là; il avait disparu si vite que je suis tenté de croi... qu'étant encore sous l'impression de mon rêve, mon imaginati... frappée a produit ce fantôme.

— C'est très-probable, répondit Roblado, qui désirait rassurer s... complice. D'abord, de cette terrasse au sommet de la Niña, il y a bi... trois milles à vol d'oiseau, et il est de toute impossibilité à une aus... grande distance de distinguer Carlos de tout autre cavalier. Ensuit... le cibolero est en cet instant même à cent lieues du bout de m... cigare, occupé à risquer sa précieuse vie pour une charretée d... peaux fétides et de bison séché. Espérons qu'il prendra fantaisi... ses amis cuivrés de lui enlever ses cheveux couleur de foin, que n... citadines admirent tant. Quant à votre rêve, il est on ne peut pl... naturel. Vous avez souvenir du tour de force et d'adresse dont... lieu a été le théâtre. Vous supposez avec quelque raison que le sei... gneur Carlos aurait pour peu de ménagement s'il vous tena... en son pouvoir. Vous venez d'enlever Rosita... toutes ces pensé... combinées sont les éléments de votre songe. La présence de la vieil... s'explique aussi; pouviez-vous oublier le tableau qu'elle présentai... quand je lui assénai ce coup de massue sur le seuil de sa port... Ah! ah!

Le misérable se mit à rire, non que ce souvenir eût rien de plai... sant, mais parce qu'il voulait faire envisager toute l'affaire à so... compagnon comme une bagatelle insignifiante.

— Allons, mon cher ami, ajouta-t-il, chassez vos idées noires!

— C'est en vain que je cherche à les dissiper. Ce rêve me pou... suit comme mon ombre; j'y vois un pressentiment. Je voudrais avo... laissé cette paysanne dans sa hutte de terre. Oui, par le Ciel! je dé... sire qu'elle y retourne. Je n'aurai pas la moindre tranquillité ta... que je ne serai pas débarrassé d'elle. Cette maudite folle m'inspi... autant de répugnance qu'elle m'avait inspiré d'amour.

— Bah! bah! vous changerez bientôt d'avis, et vous l'aimerez plus que jamais.

— Vous vous trompez, Roblado; j'en suis dégoûté sans savoir pourquoi. Plût à Dieu qu'elle fût hors de mes mains!

— Il est facile de vous en délivrer, et de lui faire reprendre le chemin par lequel elle est venue. Il suffira pour cela d'une seconde mascarade, et personne n'y verra que du feu. Si vous parlez sérieusement...

— Jamais je n'ai été plus sérieux, s'écria Vizcarra en prenant le capitaine par le bras. Indiquez-moi, de grâce, le moyen de la renvoyer sans bruit, sans scandale. Parlez vite, car je suis au supplice.

— Nous n'aurons qu'à remettre nos déguisements d'Indiens, et alors...

Vizcarra l'interrompit brusquement par un cri. Il avait les yeux hagards, les lèvres blanches, le front couvert de sueur, et tendait une main tremblante par-dessus le parapet, du côté de la route qui menait au presidio.

Roblado, qui était au centre de l'azotea, s'avança pour regarder dans la direction indiquée. Un cavalier couvert de poussière galopait sur la route; il était assez près pour que Roblado le reconnût, comme avait déjà fait le colonel.

C'était Carlos le cibolero!

CHAPITRE XXXII.

Le chapparal.

La révélation faite par Carlos à don Juan frappa celui-ci comme une secousse électrique. Jusqu'alors le naïf ranchero était persuadé qu'il était à la poursuite des Indiens, et il n'avait pas même été désabusé en voyant les traces revenir vers la vallée. Il supposait que les sauvages avaient poussé une reconnaissance de ce côté, et qu'on aurait de leurs nouvelles en arrivant au bas de la côte.

Lorsque Carlos lui montra le presidio en disant : Elle est là! don Juan hocha la tête d'un air d'incrédulité.

Quelques explications et un moment de réflexion suffirent pour dissiper ses doutes; il se rappela la conduite qu'avait tenue Vizcarra le jour de la fête, la visite du colonel au rancho, et diverses autres particularités, et fut convaincu que le cibolero ne se trompait pas.

Pendant quelques instants, l'amant éprouva un trouble tel qu'il lui fut impossible de s'exprimer. Ses pensées étaient plus pénibles que jamais. Il avait moins souffert de l'idée que sa maîtresse était entre les mains des barbares; les prescriptions de leur code étrange, en ce qui concernait les captives, lui permettaient encore d'échapper aux humiliations et aux tortures jusqu'à ce qu'elle pût être secourue. Mais quel espoir conserver maintenant! qu'attendre d'un bandit comme Vizcarra?

En y réfléchissant, le jeune homme se sentit défaillir. Il se mit à l'écart, descendit de cheval, et se laissa tomber sur le gazon pour s'abandonner sans réserve à sa douleur.

Carlos resta sur la Niña, les yeux fixés sur le presidio.

Il semblait mûrir un plan. Il pouvait apercevoir les sentinelles sur les créneaux, les soldats qui se promenaient le long des murs, en uniforme rouge et bleu. Les échos des collines lui apportaient même les sons du clairon. Il distinguait même sur l'azotea un officier qui avait suspendu sa marche pour le mieux observer.

C'était en ce moment que Vizcarra avait aperçu le cavalier dont la vue lui inspirait tant d'effroi. Ce n'était pas une illusion.

— Serait-ce lui? pensa Carlos; c'est probable. Oh! que n'est-il à portée de ma carabine! Patience, patience! je me vengerai!

Il vint rejoindre don Juan, avec lequel il tint conseil. Il appela Antonio à la conférence, et lui annonça qu'il croyait que sa sœur était captive dans le presidio. L'intelligent métis l'avait déjà deviné; lui aussi était présent à la fête; la conduite de Vizcarra ne lui avait pas échappé, et sa sagacité avait déjà pénétré les mystères de l'invasion des prétendus sauvages. Son maître pouvait se dispenser de lui donner de longues explications.

On épargna le temps et les paroles. Le frère et l'amant éprouvaient de trop vives angoisses pour n'être pas pressés d'agir. En ce moment, peut-être, l'objet de leur affection était en péril et luttait contre les odieuses tentatives du ravisseur... Il fallait arriver assez tôt pour la sauver.

Mais comment la sauver? rester cachés, rôder autour de l'enceinte, attendre une occasion favorable; c'était s'exposer à perdre des heures entières, peut-être même des jours. D'un autre côté, s'ils se montraient, s'ils demandaient ouvertement qu'on leur rendît Rosita, le colonel chercherait des subterfuges et leur opposerait une fin de non-recevoir. C'était pourtant le seul parti à prendre; par là, du moins, on révélerait le crime qui avait été commis. Les habitants, malgré leur abjection et leur servilisme, se prononceraient peut-être pour le frère qui réclamait sa sœur. Peut-être viendraient-ils la réclamer à grands cris, et forcer le coupable à la leur livrer.

— Si elle n'est pas sauvée, s'écria Carlos en grinçant des dents, dût la garrotte me presser la gorge, je punirai l'infâme qui l'aura déshonorée.

— J'en fais aussi le serment, dit don Juan en serrant le pommeau de son macheté.

— Mes chers maîtres, dit Antonio, vous savez que je ne suis pas un lâche, et que je suis prêt à périr pour vous; mais c'est une terrible affaire. Conduisons-la avec prudence ou nous échouerons.

— C'est vrai, j'ai promis à ma mère d'être prudent, mais le moyen? Faut-il attendre et veiller, pendant...

Tous trois se turent à la fois. Aucun projet praticable ne s'offrait à leur imagination. En effet la situation était difficile. Le misérable qui retenait Rosita enfermée dans quelque sombre réduit du presidio ne pouvait la rendre sans s'avouer coupable. Il était certain qu'il nierait, et dans ce cas, comment le convaincre? A l'exception de deux ou trois coquins, la garnison ignorait les circonstances dans lesquelles le rapt s'était accompli. Si Carlos entreprenait de les raconter, on ne manquerait pas de lui rire au nez, de l'arrêter et de le punir. Qu'avait-il à attendre de la justice? Saint-Ildefonse était soumis au régime militaire; il n'y existait qu'une ombre d'autorité civile, sur laquelle l'innocent ne pouvait compter. L'accusation que Carlos avait à porter contre Vizcarra était basée sur des faits difficiles à comprendre pour quiconque n'était pas en rapports habituels avec les Indiens. Si le colonel prenait la peine de la réfuter, il expliquerait aisément comment les traces observées venaient vers la ville; Carlos passerait pour un visionnaire et pour un insensé. L'atrocité même du forfait le rendait incroyable. Ainsi point de chance d'aucun côté : la temporisation était funeste; l'action immédiate ne pouvait réussir faute d'autorités assez puissantes et assez équitables pour la seconder.

Cependant le cibolero trouva une solution.

— Camarades, dit-il d'un ton ferme après quelques instants de silence, le seul moyen de recouvrer Rosita, c'est de la réclamer ouvertement, il faut que ce soit d'ici à une heure, au plus tard. J'ai arrêté une sorte de plan, qui n'est peut-être pas le plus prudent, mais je n'ai pas le temps de faire un choix.

— Voyons!

— Il serait inutile de nous montrer en force devant la porte du presidio; il a cent hommes de garnison, et nos vingt tagnos ne sauraient compenser par leur bravoure l'infériorité du nombre. J'irai seul.

— Seul!

— Oui; je veux tâcher d'avoir une entrevue avec Vizcarra. Je n'en demande pas davantage. Quand le geôlier est endormi, on peut délivrer la captive, et il dormira!

En prononçant ces derniers mots, Carlos plaça machinalement la main sur la poignée du coutelas qui était passé dans sa ceinture.

— Il dormira, répéta-t-il, et bientôt, si le sort me favorise. Dans la situation désespérée où je me trouve, peu m'importe le reste; si ma sœur est perdue, je ne tiens pas à la vie.

— Mais comment obtiendrez-vous une entrevue? demanda don Juan, il ne vous l'accordera pas. Ne feriez-vous pas mieux de vous déguiser?

— Ce n'est pas facile, avec mes cheveux blonds et ma peau blanche. D'ailleurs, cela prendrait trop de temps. Fiez-vous à moi, je ne me compromettrai point par excès de témérité. J'ai trouvé un moyen d'approcher du commandant, de le voir. S'il me refuse, je ne ferai point d'inutiles démonstrations, et aucun de ces misérables ne connaîtra le véritable but de ma visite. Plus tard, je prendrai les conseils que vous pourrez me donner, mais à présent je ne saurais attendre. A l'œuvre! je crois que c'est lui qui se promène là-bas sur l'azotea, et voilà pourquoi je ne saurais attendre, don Juan!

— Mais que ferons-nous? Ne pouvons-nous vous être d'aucun secours?

— Vous pourrez faciliter ma fuite. Venez, je vais vous assigner votre poste. Venez vite! les minutes sont des jours! mon cerveau est en feu! marchons!

Le cibolero sauta en selle, et descendit rapidement la route qui menait à Saint-Ildefonse.

En arrivant au bas de la vallée, cette route traversait un chapparal, c'est-à-dire un fourré presque impénétrable, composé d'arbustes et de broussailles. Il était toutefois coupé de sentiers pratiqués pour le passage des bestiaux, et par un desquels des hommes à cheval pouvaient approcher à un demi-mille du presidio sans attirer les regards des sentinelles.

Antonio, qui avait autrefois habité les environs, connaissait les moindres détours du chapparal : il guida la bande à travers le fourré jusqu'au point le plus rapproché des murs de la caserne. Là, sur l'ordre de Carlos, tous mirent pied à terre, et se cachèrent au milieu des broussailles.

— Restez ici, dit le cibolero à don Juan, si je m'échappe avec mon cheval, je galoperai vers vous; si je suis à pied, j'ai d'assez bonnes jambes pour franchir le court espace qui nous sépare avec l'agilité d'un daim; on ne m'attrapera pas. A mon retour je vous donnerai mes instructions.

Tout à coup il prit le ranchero par le bras, et l'entraînant sur la lisière du chapparal :

— Voyez, don Juan, ajouta-t-il, c'est lui! par le ciel, c'est lui!

En même temps il indiquait l'azotea du presidio.

— C'est le commandant en personne! s'écria don Juan; je le reconnais!

— Il suffit; je n'ai pas le temps d'en dire davantage. Il faut agir maintenant ou jamais. Si je reviens, je vous donnerai un plan de conduite. Si je ne reviens pas, c'est que je serai pris ou tué. Restez ici jusqu'à une heure avancée de la nuit. Quand même on m'arrêterait, il est possible que je me sauve. Leurs prisons ne sont pas si bien fermées; d'ailleurs j'emporte de l'or, et l'or ouvre toutes les portes. *Adios*, mon fidèle ami, adieu!

Après avoir serré la main du ranchero, Carlos remonta en selle et partit.

Afin de n'être pas trop tôt découvert, il ne prit point la route directe du presidio. Un sentier qui traversait le chapparal communiquait avec le chemin qui aboutissait aux portes de la caserne. Ce fut ce sentier qu'il suivit, sous la direction d'Antonio. Dès qu'il eut quitté le taillis, il mit son cheval au galop, et s'avança hardiment vers la principale entrée de l'édifice.

Son chien Cibolo l'accompagnait.

CHAPITRE XXXIII.

L'entrevue.

Par la Vierge, c'est lui! s'écria Roblado, qui ne put se défendre d'une extrême inquiétude; aussi vrai que je suis en vie, c'est ce coquin de cibolero.

— Je le savais! je le savais! dit Vizcarra avec anxiété. Je l'ai vu sur le sommet de la Niña; ce n'était pas une illusion!

— D'où peut-il venir? Au nom de tous les saints, comment se fait-il que...

— Roblado, je vais descendre; je vais rentrer. Je ne veux point le recevoir; j'en suis incapable!

— Allons, colonel, il vaut mieux s'expliquer avec lui. Il nous a déjà vus et reconnus; en ayant l'air de le fuir, vous exciterez ses soupçons. Il vient nous prier de l'aider à poursuivre les Indiens. Soyez persuadé que tel est le but de sa visite.

— Vous croyez? demanda Vizcarra, que cette conjecture commençait à rassurer.

— Je n'en doute pas. Quel autre motif l'amènerait ici? Il ne peut soupçonner la vérité, à moins d'être sorcier comme sa mère; restez ici, attendez-le de pied ferme, et sachons ce qu'il vient nous dire. Vous pourrez le laisser en bas et lui parler du haut de l'azotea. S'il se montre insolent, comme il l'a déjà été, faisons-le arrêter et mettons-le au frais pendant quelques heures. Je n'ai pas oublié l'impudence avec laquelle il s'est conduit envers nous le jour de la Saint-Jean, et je compte bien qu'il nous présentera ses excuses.

— Vous avez raison, Roblado; le mieux est de le recevoir, afin de dissiper les soupçons qu'il pourrait avoir conçus.

— Loin d'en conserver, il vous croira son ami, quand vous lui aurez accordé le concours qu'il va réclamer de vous. Il sera complétement dépisté.

Cette idée était vraisemblable, et Vizcarra résolut d'adopter en tout le plan de son complice. Il n'y avait pas d'ailleurs à délibérer, car le cavalier allait être bientôt au pied du rempart. A deux cents pieds du presidio, il ralentit le pas, comme s'il eût jugé peu respectueux de faire caracoler son cheval aux abords du siége de l'autorité. On remarquait sur ses traits des traces de douleur, mais aucun symptôme de la fureur qui l'animait. En s'approchant, il ôta son sombrero pour saluer les deux officiers dont la tête et les épaules passaient par-dessus le parapet. A une douzaine de pas de la muraille, il resta immobile et attendit qu'on daignât l'interroger.

— Que demandez-vous? dit Roblado.

— Caballero, je voudrais parler au commandant.

Le ton de Carlos était celui d'un homme qui sollicite une faveur, il rassura les officiers. Le capitaine, en dépit de ses fanfaronnades, avait encore une secrète méfiance. Il fut ravi de voir que ses conjectures étaient exactes, et que le cibolero venait chercher aide et protection.

— Holà! dit Vizcarra, dont les angoisses étaient dissipées, c'est moi qui suis le commandant. Quelle communication avez-vous à me faire?

— Excellence, dit humblement le cibolero, j'ai une grâce à vous demander.

— Ne l'avais-je pas deviné? tout va bien. Parlez, mon ami, reprit le colonel avec son arrogance habituelle, si vous êtes raisonnable on fera quelque chose pour vous.

— Excellence, la faveur que je sollicite est grande; mais je crois y avoir des droits, et j'espère que vos devoirs multipliés ne vous empêcheront pas de me l'accorder. Au reste, dans la malheureuse affaire dont je suis victime, vous avez déjà déployé un zèle digne de tout éloge.

— Quand je vous le disais, murmura encore Roblado.

— Expliquez-vous, dit Vizcarra d'un ton encourageant.

— Excellence, je ne suis qu'un pauvre cibolero.

— Je vous connais, vous vous appelez Carlos; vous avez fait preuve aux fêtes de la Saint-Jean d'un rare talent d'équitation.

— Vous avez bien de la bonté de vous le rappeler; mais, hélas! mon succès m'a été peu profitable; allez, j'ai bien de la peine!

— Que vous est-il arrivé?

Vizcarra et Roblado pressentaient ce qu'allait dire le pétitionnaire, et désiraient que sa requête fût entendue par les soldats qui rôdaient à la porte. Ils avaient élevé la voix, dans l'espoir que Carlos les imiterait; et en effet il répondit sur le même ton, non pour se conformer à leur vœu, mais pour des raisons particulières. Il voulait que les soldats, et surtout la sentinelle placée à la porte, entendissent sa conversation avec les officiers.

— Excellence, je vis dans un misérable rancho avec ma vieille mère et ma sœur. Il y a deux nuits, il a été attaqué par une bande d'Indiens; ma mère a été laissée pour morte, ma sœur enlevée, l'habitation livrée aux flammes.

— Je sais tout cela, mon ami; je me suis mis déjà à la poursuite des sauvages.

— C'est ce que l'on m'a dit, colonel, à mon retour des plaines, d'où je viens d'arriver, et je me suis senti pénétré de reconnaissance.

— Je n'ai fait que mon devoir. Je regrette le malheur qui vous a frappé; mais les ravisseurs ont pris la fuite, et nous ne pouvons songer actuellement à les châtier. Une autre fois, quand la garnison aura reçu des renforts, je ferai une incursion dans le pays des Indiens, et votre sœur pourra vous être rendue.

Complétement abusé par les manières du cibolero, le colonel avait repris tout son sang-froid, et quiconque n'aurait connu l'affaire que par cette conversation aurait été certainement dupe de la dissimulation consommée de Vizcarra. Il y avait cependant de l'hésitation dans son langage, de l'inquiétude dans son regard, un léger tremblement sur ses lèvres; et Carlos, au courant du véritable état des choses, saisissait avec pénétration ces indices accusateurs. Il trompait Vizcarra, mais Vizcarra ne le trompait pas.

Le colonel, après avoir lâché sa brillante promesse, ajouta:

— Quelle faveur vouliez-vous me demander?

— Je vous prierais, Excellence, de permettre à vos troupes de retourner à la poursuite des bandits, soit sous vos ordres, ce qui serait pour moi un grand bonheur, soit sous la conduite d'un de vos braves officiers.

Roblado fut sur le point de s'incliner.

— Je servirais de guide, Excellence; il n'y a pas de sites à deux cents milles à la ronde que je ne connaisse aussi bien que cette vallée. Je ne devrais pas le dire, mais je vous assure qu'aucun chasseur des plaines n'est plus habile que moi à suivre la piste d'un Indien. Si Votre Excellence consent à envoyer un détachement, je m'engage à lui faire trouver les voleurs ou à perdre ma réputation. Je suivrai leurs traces partout où elles mèneront.

— En vérité! dit Vizcarra, échangeant un regard d'intelligence avec Roblado.

— Oui, Votre Excellence, partout.

L'inquiétude subite des officiers se trahit sur leurs traits.

— Ce serait impossible, dit Roblado. Cette affaire date de deux jours; d'ailleurs nous avons suivi la piste au delà du Pecos, et nous sommes persuadés que les bandits sont maintenant hors de toute atteinte.

— Caballeros, je vous certifie que je saurai bien les trouver. Ils ne sont pas si loin.

Le commandant et le capitaine tressaillirent et devinrent pâles, mais Carlos n'eut pas l'air de s'en apercevoir.

— C'est une folie, balbutia Roblado; ils sont à des centaines de de milles au delà du Llano ou dans les montagnes.

— Pardonnez-moi, capitaine, de n'être pas de votre avis: mais je crois connaître ces Indiens et savoir à quelle tribu ils appartiennent.

— A quelle tribu? demandèrent simultanément les deux officiers; ne sont-ce pas des Yutas?

— Non, répondit Carlos, auquel n'échappa point l'embarras de ses interlocuteurs.

— Que sont-ils donc?

— Ce ne sont pas des Yutas, il est plus probable que ce sont mes ennemis jurés les Jicarillas.

— C'est possible, dit Vizcarra, évidemment soulagé par cette déclaration.

— C'est possible, répéta Roblado. D'après la description qu'on nous en avait faite, nous les avions pris pour des Yutas, mais il peut y avoir une erreur. Il faisait nuit, et les habitants, saisis d'effroi, n'étaient pas à même de faire d'exactes observations.

— Pourquoi les appelez-vous Jicarillas? demanda le colonel, qui commençait à respirer plus librement.

— D'abord à cause de leur petit nombre...

— Mais ils étaient nombreux; ils ont enlevé une quantité considérable de bestiaux, et pour avoir osé s'aventurer dans cette vallée, il faut qu'ils aient été en force.

— Je suis convaincu du contraire, Excellence. Il suffirait de quelques-uns de vos vaillants soldats pour les ramener avec leur butin.

A ces mots, les lanciers rabougris qui flânaient à la porte se redressèrent avec fierté.

— Puisque ce sont des Jicorillas, ajouta Carlos, je n'ai pas besoin de les chercher du côté du Llano. Ils ne peuvent en avoir pris la route que pour vous induire en erreur. Je suis sûr qu'ils sont maintenant dans les montagnes.

— Ah! vous croyez?

— Oui, à moins de cinquante milles. Que Votre Excellence me confie une escouade, et je me charge de la guider à la véritable retraite des maraudeurs, sans tenir compte des fausses traces qu'ils ont laissées pour sortir de la vallée.

Le commandant et Roblado s'écartèrent du parapet et conversèrent ensemble à voix basse.

— Vraiment, murmura à voix basse Roblado, vous avez les mains pleines d'atouts. Quelle preuve de dévoûment et d'activité que d'envoyer un détachement à la requête d'un misérable chasseur de bisons! Comme vous vous rendez service en même temps qu'à lui! Cette concession sera d'un admirable effet, je vous le garantis.

— Mais est-il prudent de l'accepter pour guide?

— Pourquoi pas, puisque cela le contente? Il n'en trouvera pas davantage ses Jicorillas.

— Mais s'il trouve nos traces, s'il découvre les bestiaux?

— Il ne va pas de ce côté, il l'a déclaré tout à l'heure; et dans le cas où il changerait d'avis, nous ne sommes pas obligés de le suivre aveuglément. Il est vraisemblable qu'il connaît dans les montagnes un nid de Jicorillas, que nous aurons la gloire de surprendre et de mettre en déroute. Quelques chevelures de sauvages feront bien au-dessus de cette porte; c'est un ornement dont elle est privée depuis que nous habitons ce séjour. Qu'en dites-vous? Ce n'est qu'une course de cinquante milles.

— Je ne m'y oppose pas, mais je ne serai point de la partie. Ici ou ailleurs, je ne me soucie nullement d'être côte à côte avec cet homme; c'est un sentiment que vous devez comprendre.

— A merveille.

— Mettez-vous à la tête du détachement, à moins que vous ne préfériez laisser cet honneur à Garcia ou au brigadier.

— J'irai en personne, repartit Roblado; ce sera plus sûr. Si le cibolero propose de suivre certaines traces, il importe que je sois là pour donner mon veto. Sur mon âme! je ne serais pas fâché d'avoir une légère escarmouche avec les peaux rouges, et de scalper quelques Indiens.

— Quand partirez-vous?

— Le plus tôt sera le mieux; la promptitude prouvera notre patriotisme, et satisfera tout le monde.

— Donnez donc des ordres au brigadier, pendant que je vais rendre heureux notre cibolero en lui annonçant que ses vœux sont exaucés.

Roblado descendit de l'azotea, et un moment après le clairon sonnait le boute-selle.

CHAPITRE XXXIV.

Catastrophe.

Pendant l'entretien qui venait d'avoir lieu, le cibolero était resté immobile sur son cheval à la place où il avait fait halte. On ne voyait plus les deux officiers; ils s'étaient retirés sur l'azotea, et le parapet les cachait; mais Carlos devinait le but de leur disparition momentanée, et attendait patiemment.

Les soldats qui rôdaient à la porte autour du cheval et de son cavalier étaient au nombre de quarante environ; mais l'appel bien connu du clairon les fit courir à l'écurie, et la sentinelle resta seule à l'entrée.

La conversation précédente avait été entendue par les lanciers, et leur avait révélé leur destination prochaine. Quoique le commandant ne lui eût encore rien dit, Carlos avait la certitude que sa requête allait être favorablement accueillie. Jusqu'à ce moment, il n'avait point de plan arrêté. Comment en aurait-il conçu un dans une entreprise qui dépendait si complètement du hasard? La seule idée précise qu'il eût dans l'esprit, c'était celle de se trouver seul avec Vizcarra, ne fût-ce qu'une minute. Il comprenait que les explications seraient inutiles, qu'elles emploieraient un temps précieux, qu'elles pourraient amener sa défaite et sa mort; il ne demandait donc qu'une minute pour s'expliquer nettement et pour se venger. La pensée de la perte de sa sœur lui allumait le sang, et le rendait insensible à toute autre considération. Pour sa fuite, il comptait sur la supériorité de sa force et de son énergie.

Mais si le commandant se mettait lui-même à la tête du détachement? Dans ce cas, Carlos se proposait d'attendre une des occasions que son rôle de guide lui fournirait infailliblement pour frapper son ennemi et s'évader. Une fois en plaine, il ne redoutait pas un nombre de lanciers dix fois plus considérable; son fidèle coursier l'aurait bientôt mis hors de leur atteinte.

Le clairon annonçait le départ d'une expédition; Vizcarra s'y joindrait-il? telle fut la question que Carlos s'adressa avec anxiété, immobile en selle et l'œil fixé sur le parapet de l'azotea.

La figure abhorrée parut encore par-dessus le mur; le colonel, avec la pompeuse importance d'un homme qui accorde une faveur signalée, vint annoncer au pétitionnaire ce qu'il considérait comme une agréable nouvelle. Un rayon de joie éclaira les traits du cibolero. Ce n'était pas, comme Vizcarra le supposait, l'expédition décidée qui le rendait heureux; mais il venait de remarquer que le commandant semblait seul sur l'azotea.

— Que Votre Excellence est gracieuse de vouloir bien accéder aux vœux d'un pauvre homme comme moi! Je ne sais comment vous exprimer ma reconnaissance.

— Vous ne m'en devez pas; un officier de Sa Majesté Catholique ne désire point qu'on le remercie quand il fait son devoir.

En prononçant ces mots, Vizcarra agita sa main d'un air de dignité, comme pour mettre un terme à l'entrevue.

— Aurai-je l'honneur de servir de guide à Votre Excellence? se hâta de dire le cibolero.

— Non; je confie la direction du détachement à mon meilleur officier, le capitaine Roblado. Il fait en ce moment ses préparatifs; vous pouvez l'attendre.

A ces mots, Vizcarra s'éloigna brusquement du parapet, et continua sa promenade sur l'azotea; il ne se sentait pas à l'aise dans ce tête-à-tête, et s'éloignait le plus possible.

Carlos comprit qu'il n'y avait pas un moment à perdre, et prompt comme la pensée, il résolut d'agir sans délai. Jusqu'alors il était resté à cheval; personne n'avait vu sa carabine, dont la crosse reposait sur l'étrier et dont le canon était collé à son corps. Les peaux qui lui garantissaient les jambes (armas de aqua) et le sérapé qui lui enveloppait les épaules avaient caché cette carabine meurtrière. Sous un pan du même sérapé était dissimulé un couteau de chasse effilé, qui pendait le long de sa cuisse gauche. Il n'avait pas d'autres armes.

Pendant la courte conférence entre le commandant et Roblado, Carlos n'était pas resté inactif, quoiqu'il eût l'air de l'être. Il avait achevé une reconnaissance complète de la place, et constaté qu'en dehors de la grande porte ou saguan un escalier de pierre conduisait à l'azotea. Cette communication était destinée aux soldats que leur service pouvait appeler sur la terrasse; mais Carlos savait qu'il existait un autre escalier réservé aux officiers, et quoiqu'il n'eût jamais pénétré dans le presidio, il conjecturait avec raison que cet escalier devait être à l'extrémité opposée du bâtiment; il avait aussi remarqué qu'une seule sentinelle veillait à la porte, et que la banquette placée près du saguan, où les soldats de garde venaient se reposer volontiers, était en ce moment inoccupée. La discipline du presidio était loin d'être sévère, et Vizcarra était trop absorbé par le soin de ses plaisirs pour songer à la remettre en honneur.

Toutes ces observations avaient été faites par le cibolero avant que Vizcarra revînt lui annoncer qu'un détachement allait partir à la recherche des Indiens. Dès que le colonel eut disparu, Carlos n'hésita plus. Il mit pied à terre en silence, et laissa son cheval à l'endroit où il s'était arrêté, sans se donner la peine de l'attacher à un barreau ou à un pilier. Il se contenta d'accrocher la bride au pommeau de la selle, sachant que l'animal était assez bien dressé pour rester patiemment en place jusqu'au retour de son maître.

Carlos appuya fortement contre le gras de sa jambe la crosse de sa carabine, qu'il portait toujours sous son sérapé, et s'avança vers la porte.

Un doute l'agita. La sentinelle allait-elle le laisser passer? Si elle s'y refusait, la sentinelle devait mourir!

Cette résolution fut prise rapidement, et le cibolero, glissant la main droite sous les plis de son sérapé, saisit avec énergie le manche de son couteau de chasse.

Heureusement pour Carlos et pour la sentinelle la position ne fut pas défendue. L'homme de faction était un lourdaud insouciant qui avait entendu la dernière conversation, et ne soupçonnait en rien les intentions de Carlos. Il fit néanmoins une faible opposition.

— Gardez-vous bien de me retarder, lui dit le cibolero, le commandant m'attend; il vient de me faire signe de monter.

La sentinelle n'était qu'à moitié satisfaite; cependant elle laissa passer Carlos.

Une fois dans l'escalier, il gravit les degrés de pierre avec la légèreté d'un chat. Ses mocassins faisaient si peu de bruit, que lorsqu'il arriva sur la terrasse Vizcarra ne se doutait de rien. Il était là, le despote, le ravisseur, à six pas d'un frère armé pour venger l'honneur et l'innocence de sa sœur. A six pas de la gueule d'une carabine qui partait aisément, et il ignorait encore son horrible situation. Il avait la tête tournée d'un autre côté: il ne voyait pas le danger.

Les regards du cibolero s'arrêtèrent un moment sur lui, parcoururent les remparts. Il voulait s'assurer qu'il ne serait pas dérangé. Les deux sentinelles installées ordinairement dans les tours étaient placées de manière à ne pas voir la terrasse; personne ne s'interposait entre lui et son ennemi.

Carlos aurait pu lui envoyer une balle dans les reins, et cette idée lui passa dans l'esprit, mais ce ne fut qu'un instant. Ce n'était pas ainsi qu'il comptait tuer Vizcarra. La prudence lui conseillait d'employer le couteau, arme muette, dont l'usage n'attirerait l'attention de personne et ne diminuerait point ses chances d'évasion.

Il laissa donc doucement tomber à terre la crosse de sa carabine, dont il appuya le canon contre le parapet. Le léger cliquetis du fer en contact avec la pierre fit tourner la tête du colonel, qui tressaillit à la vue de Carlos. Son premier sentiment fut la colère, mais elle se changea promptement en inquiétude quand il remarqua la brusque et complète métamorphose qui s'était opérée dans l'attitude du cibolero.

— Qui vous a permis de venir ici ? Comment avez-vous l'audace ?...

— Pas si haut, colonel, pas si haut, on vous entendrait !

Ces mots, prononcés d'un ton ferme, d'une voix sourde et étouffée, terrifièrent le misérable auquel ils s'adressaient. Il comprit que l'homme qu'il avait devant les yeux, ne prenant conseil que du désespoir, ne reculerait pas dans l'accomplissement de ses projets. L'expression de sa physionomie signifiait : — Résistez, et vous êtes mort !

Et ce qui confirmait cette interprétation, c'était la lame étincelante d'un long couteau dont le cibolero serrait le manche d'une main ferme.

— Que demandez-vous, dit Roblado ?
— Caballero, je voudrais parler au commandant.

Vizcarra devint blême ; il devina tout ! La demande d'un détachement n'avait été qu'un subterfuge pour approcher de sa personne ; ses traces avaient été suivies ; son crime était connu, et le frère outragé venait demander réparation ou tirer vengeance ! Les horreurs du rêve de la nuit précédente revinrent à l'esprit du colonel, confondues avec les horreurs de la terrible réalité qu'il avait sous les yeux.

Il ne savait que dire ; c'était à peine s'il avait assez de force pour parler. Il jetait autour de lui des regards effarés dans l'espoir d'apercevoir du secours. Il était séparé des siens, environné de murailles grises, et face à face avec son redoutable antagoniste ; il avait envie d'appeler à l'aide, mais, il le sentait, c'eût été son dernier cri.

— Que désirez-vous ? balbutia-t-il enfin.

— Je veux ma sœur.

— Votre sœur !

— Ma sœur !

— Carlos... je ne sais... elle n'est pas au presidio... je...

— Menteur ! elle est ici. Voyez, le chien hurle à cette porte ! Qu'est-ce que cela signifie ?

Carlos indiquait une porte du rez-de-chaussée, devant laquelle le chien Cibolo allait et venait en poussant des gémissements plaintifs, comme s'il eût voulu la franchir. Un soldat essayait de le chasser.

Vizcarra tourna machinalement les yeux du côté qu'on lui désignait. Il vit le chien ; il vit aussi le soldat, mais il n'osa pas lui faire un signal. L'aspect de la lame acérée le paralysait.

Le cibolero répéta sa question :

— Qu'est-ce que cela signifie ?

— Je... je... l'ignore.

— Vous mentez encore ; elle est entrée par cette porte. Où est-elle maintenant ? vite, dites-le-moi !

— Je vous déclare que je ne le sais pas ; croyez-moi...

— Vous prétendez m'en imposer, mais elle est ici. Je vous ai suivi dans vos marches et dans vos contre-marches ; vos ruses ont été inutiles. Niez encore une fois, et ce couteau vous perce le cœur. Elle est ici ; où ? où ? vous dis-je.

— Oh ! ne me tuez pas, j'avouerai tout. Elle... elle... est ici ; je vous jure que je l'ai respectée, je vous jure que je n'ai pas abusé...

— Misérable, approchez-vous d'ici !

Carlos indiquait un endroit d'où l'on apercevait en partie le patio (la cour). Le commandant, certain qu'il n'avait qu'à choisir entre l'obéissance et la mort, s'avança aussitôt vers le parapet.

— Maintenant donnez des ordres pour qu'on l'amène ! Vous savez à qui elle est confiée ; du calme et du sang-froid, entendez-vous ! Si vous faites un signe à vos satellites, si vous les prévenez par un mot par un geste, c'en est fait de vous !

— Mon Dieu ! mon Dieu !... mais si je révèle ce mystère, je suis perdu, déshonoré !... De grâce, épargnez-moi, patientez ! elle vous sera rendue ce soir même, je vous le jure !

— J'exige qu'elle me soit rendue à l'instant même ! Allons, appelez ceux qui sont dans le secret ; qu'on la délivre, qu'on l'amène... Vite, je brûle !... Encore un moment de retard, et je ne réponds plus de moi.

— O ciel ! vous allez me tuer !... Ecoutez... arrêtez... ah !

Cette dernière exclamation fut prononcée sur un ton différent de celui des paroles précédentes : c'était un cri de joie et de triomphe.

Le commandant avait la figure tournée vers l'escalier par lequel était monté Carlos. Celui-ci, qui regardait du côté opposé, ne s'aperçut pas qu'une troisième personne entrait sur la terrasse. Il se croyait seul avec Vizcarra, quand il sentit une main vigoureuse étreindre et retenir le bras qu'il levait. Il se dégagea par un mouvement énergique, se retourna brusquement, et se trouva face à face avec un homme qu'il reconnut pour le lieutenant Garcia.

— Je n'ai point de querelle avec vous, s'écria le cibolero ; éloignez vous !

Son premier sentiment fut la colère, mais elle se changea
promptement en inquiétude, etc.

Sans dire un mot le lieutenant arma un pistolet, et visa Carlos à la tête. Celui-ci s'élança sur lui.

Le coup partit ; la fumée enveloppa les deux adversaires. On entendit l'un tomber lourdement sur les tuiles, et l'autre sortit sans blessure du nuage qui se dissipait.

C'était le cibolero ; et le couteau dont il était armé ruisselait de sang.

Il se précipita vers la place où il avait laissé Vizcarra ; mais le commandant fugitif était à l'autre extrémité de l'azotea, et se dirigeait vers l'escalier privé.

Carlos vit du premier coup d'œil qu'il ne pouvait l'empêcher d'arriver, et qu'il eût été imprudent de le suivre, car l'explosion avait donné l'alarme.

Ce fut un moment de désespoir, mais il dura peu, car une idée soudaine frappa le cibolero.

Il se souvint de sa carabine; avec elle il pouvait encore atteindre Vizcarra. Il courut la prendre et en appuya la crosse contre son épaule.

Le commandant avait à moitié disparu dans l'espèce de trappe qui servait d'entrée à l'escalier. Il n'avait dehors que la tête et les épaules, quand il s'arrêta presque machinalement pour jeter un regard derrière lui. La certitude d'être sauvé avait dissipé son effroi, et un par un sentiment de curiosité, il voulait voir comment avait fini la lutte entre Garcia et le cibolero. Il ne comptait s'arrêter qu'une minute; mais au moment même où il tournait la tête la carabine se fit entendre; la balle le renversa et l'envoya tomber au bas de l'escalier.

— Le coup a porté, se dit Carlos; quant au lieutenant Garcia, il est mort; songeons maintenant à la fuite. Les détonations ont été entendues; la troupe se rassemble en poussant des cris de vengeance. Si je ne trouve moyen de m'évader, je vais être entouré, criblé de coups de lances... Quel chemin prendre?... Celui par lequel je suis venu.

L'escalier qui menait au patio était déjà rempli d'hommes occupés à relever Vizcarra. Carlos enjamba le corps du lieutenant, et se prépara à descendre par l'autre escalier; mais il entendit monter des soldats.

La retraite lui était coupée!

Il repassa par-dessus le cadavre, courut le long de l'azotea, sauta sur le parapet et regarda en bas.

Le mur était élevé, mais c'était la seule route qui lui fût ouverte. Déjà des lanciers arrivaient sur le toit la lance ou la carabine à la main : il n'y avait pas à balancer. Il aperçut son brave coursier qui courbait légèrement le cou en rongeant son frein.

Ranimé par cette vue, Carlos se laissa tomber du haut du parapet, et toucha le sol sans s'être fait aucun mal. Il siffla avec force; son cheval accourut à cet appel; le cibolero sauta en selle et partit. Des coups de feu furent dirigés sur lui, des cavaliers se mirent à sa poursuite; mais, avant qu'ils eussent eu le temps de franchir la porte du presidio, Carlos avait atteint la lisière du chapparal et disparaissait sous l'épaisseur du feuillage.

Une escouade de lanciers, commandée par Roblado et Gomez, accourait au galop. Comme elle approchait du chapparal, une vingtaine de têtes se montrèrent au-dessus des buissons, et un cri sauvage salua les soldats blancs.

— Les barbares! *Los barbaros! Indios bravos!* s'écrièrent les lanciers saisis de surprise et d'effroi.

Les uns s'arrêtèrent, les autres tournèrent bride. Roblado commanda une halte et décida qu'avant d'aller plus loin on attendrait des renforts. Toute la garnison sortit; elle cerna le chapparal et finit par y entrer; mais on n'y trouva pas d'Indiens, quoique leurs chevaux eussent laissé des traces dans tous les sentiers.

Après avoir battu les buissons pendant plusieurs heures, Roblado et les siens retournèrent au presidio.

CHAPITRE XXXV.

Bruits divers.

Garcia était mort. Vizcarra ne l'était pas; mais, lorsqu'on le releva, il avait l'air d'un homme qui n'a pas longtemps à vivre, et sa conduite fut celle d'un homme qui a peur de mourir.

Sa figure était couverte de sang, et sa joue trouée par la balle; il vivait pourtant, et des gémissements vagues et plaintifs s'échappaient

de sa poitrine. Ayant eu plusieurs dents emportées, il se trouvait dans l'impossibilité de parler distinctement.

Sa blessure n'offrait en réalité aucun danger; mais le médecin de Saint-Ildefonse, praticien jeune et sans expérience, n'osa d'abord se prononcer, et pendant plusieurs heures le timide commandant demeura dans une fâcheuse incertitude de son sort.

Le médecin de la garnison était mort peu de temps auparavant et n'avait pas été remplacé. Durant le reste de la journée une vive agitation régna tant dans le presidio que dans la ville. La nouvelle des étranges événements qui s'étaient passés se répandit dans la vallée avec la rapidité d'un feu de prairie. Les versions se multipliaient à l'infini. Le bruit courut d'abord que l'établissement était bloqué par les barbares, à la tête desquels marchait Carlos le cibolero; qu'ils devaient être nombreux, puisqu'ils avaient attaqué la citadelle; mais qu'ils avaient été battus par la troupe après une lutte sanglante, où tous les officiers avaient succombé, y compris le commandant.

On s'attendait à une autre attaque nocturne, qui serait sans doute dirigée contre la ville.

Suivant une autre version, les Indios Manzos s'étaient révoltés, toujours sous la conduite de Carlos, et avaient tenté de s'emparer du presidio, dont la vaillante garnison les avait repoussés. La perte avait été grande de part et d'autre; Vizcarra et ses officiers étaient au nombre des victimes. Ce n'était que le début d'une grande conspiration dans laquelle entraient tous les Tagnos de la colonie.

Pour tous ceux qui réfléchissaient, ces deux versions étaient également inadmissibles. Pourquoi les Indios bravos auraient-ils assailli le presidio avant d'avoir essayé leurs forces contre la ville sans défense, ou contre les haciendas qui leur offraient une si belle proie?

Comment Carlos le cibolero pouvait-il être leur chef, lui qui avait tant à se plaindre des sauvages, car personne ne doutait que Rosita eût été enlevée par eux?

Quant à la conspiration, elle était démentie par les faits. Les Indiens soumis travaillaient paisiblement dans les champs, et ceux qui appartenaient à la mission se livraient à leurs occupations ordinaires. La tranquillité la plus parfaite régnait parmi les mineurs; quant à la grande tribu des Tagnos,

Ils étaient à cheval et conduisaient en laisse une mule sur laquelle était la sœur du cibolero.

jadis maîtresse du nord-est du Mexique, et convertie après la conquête, elle n'était nullement tentée de secouer le joug de la population créole, avec laquelle elle était confondue depuis des siècles. Les Taguos étaient sans doute mécontents de leur sort, mais ils ne montraient nulle envie de recourir à la violence pour l'améliorer. Où donc étaient les rebelles?

La moitié des habitants de Saint-Ildefonse fut bientôt réunie autour du presidio, et après avoir émis une foule de conjectures, elle finit par connaître une partie de la vérité. Néanmoins, les événements dont elle fut instruite lui semblèrent aussi mystérieux, aussi inexplicables que les suppositions qu'elle avait faites. Par quels motifs le cibolero avait-il attenté aux jours de deux officiers? quels étaient les Indiens qui l'accompagnaient! Etait-ce une bande de Bravos ou de Manzos, de sauvages ou de rebelles?

Chose remarquable! les soldats qui avaient pris part au combat imaginaire étaient hors d'état de répondre aux questions des curieux. L'un disait ceci, l'autre cela. Les paroles échangées entre Carlos et les officiers, et que la plupart avaient entendues, n'avaient rien que de très-naturel; mais quand elles étaient rapprochées des incidents postérieurs, elles en compliquaient l'obscurité. Les soldats ne pouvant fournir aucune explication, les curieux rentrèrent chez eux et mirent en commun leur sagacité pour débrouiller cette affaire compliquée.

De nouvelles versions circulèrent.

— Voilà ce qui s'est passé, disaient les uns : Le cibolero était de bonne foi quand il est venu demander du secours contre les Indiens. Il n'avait avec lui que quelques Tagnos, qu'il avait rassemblés pour l'aider dans ses recherches. Le commandant lui a d'abord promis assistance ; mais il s'est ravisé, et c'est son refus qui a exaspéré Carlos.

— Vous n'y êtes pas, disaient les autres. Avez-vous oublié la conduite de Carlos, le jour de la fête, ses choquantes assiduités auprès de la fille de don Ambrosio ; sa jalousie contre Roblado ? Il en voulait au capitaine, et n'ayant pu le rejoindre, il a cherché querelle au commandant.

Bien qu'invraisemblable, cette conjecture réunit de nombreux adhérents, vu l'impossibilité de deviner les véritables motifs de la conduite de Carlos. Ils n'étaient connus que de quatre hommes du presidio, et de trois au dehors ; mais la masse du public ne les soupçonnait même pas.

On ne s'accordait que sur un point : la culpabilité du cibolero. La garrotte était un supplice trop doux pour lui ; et lorsqu'il serait pris, on lui réservait le châtiment le plus exemplaire. Quel monstre d'ingratitude ! Pas plus tard que la veille, les officiers, à la tête de leurs intrépides soldats, s'étaient mis en campagne pour lui rendre service, et il avait eu soif de leur sang ! Il fallait qu'il fût fou ou que sa mère l'eût ensorcelé !

Avoir tué le lieutenant Garcia, le plus aimé de tous les officiers ! *Carrambo !*

En effet, Garcia avait toutes les sympathies ; non qu'il possédât de grandes vertus, mais parce qu'il contrastait avec ses supérieurs par son affabilité et son caractère inoffensif.

Ce soir-là, le cibolero n'avait pas un ami à Saint-Ildefonse. Nous nous trompons pourtant ; il y avait un cœur qui battait pour lui avec autant d'ardeur que par le passé : c'était celui de Catalina.

Elle aussi ignorait les impulsions secrètes auxquelles avait obéi son amant ; mais elle le croyait incapable d'une mauvaise action. Que lui importaient les médisances, les calomnies, dont il était accablé ! que lui importait qu'il eût ôté la vie à son semblable ! Il ne pouvait avoir agi sans des motifs valables ; il devait avoir été outrageusement provoqué ! Elle en était convaincue ; elle connaissait trop bien le noble caractère de Carlos pour concevoir d'autres idées. C'était le maître de son cœur, et il ne pouvait avoir tort !

Les nouvelles qu'elle recevait étaient de la nature la plus affligeante. Elles présageaient une séparation longue, éternelle peut-être ! Il n'oserait plus paraître à la ville, ni même à la colonie ; il allait être chassé dans les plaines désertes, poursuivi comme le loup ou le bison sauvage, fait prisonnier, immolé à la rage de ses ennemis ! les réflexions de Catalina étaient amères.

Quand devait-elle le revoir ?

Peut-être jamais !

CHAPITRE XXXVI.

Vizcarra et Roblado.

Cependant Vizcarra gisait sur son lit de douleurs, moins tourmenté par la souffrance que par la peur de mourir. Sans cette crainte, qui le dominait, sa fureur aurait été sans bornes ; mais les terreurs qui assiégeaient sa conscience troublée l'absorbaient complétement.

Quand même il eût été certain de son rétablissement, l'infortuné colonel aurait encore eu des appréhensions. Son rêve, si fatalement réalisé, avait jeté le désordre dans son imagination. Quoique environné de soldats, il redoutait le cibolero, qui trouvait moyen de fuir après avoir accompli avec audace les entreprises les plus hasardeuses. Il ne se comptait même pas en sûreté dans sa chambre, malgré les gardes qui veillaient à la porte.

Plus que jamais, le commandant désirait se débarrasser de Rosita, cause de tous ses malheurs. Mais comment ? — Indubitablement, se disait-il, on finira par savoir pourquoi le bras de ce Carlos s'est armé contre moi. On le saura en haut lieu ; les charges qui s'élèvent contre moi seront discutées ; on ordonnera une enquête, et si je ne parviens à détourner les soupçons, à détruire toutes les preuves qui m'accusent, je suis perdu !

Telles étaient les réflexions de Vizcarra lorsqu'il croyait à sa guérison ; quand il en doutait, ses angoisses étaient plus grandes encore.

Roblado lui avait indiqué vaguement une manière de tout arranger. Il l'attendait avec impatience ; mais le belliqueux capitaine s'acharnait à battre les buissons du chaparral. Gomez vint annoncer cependant qu'il allait abandonner ses recherches et revenir au presidio.

Ce qui s'était passé n'avait pas été désagréable à Roblado, et un observateur attentif s'en serait aisément aperçu. La seule chose qui contrariât l'ambitieux capitaine, c'était que la blessure du commandant ne fût pas mortelle. Il le savait ; car il avait plus d'expérience que le jeune médecin.

L'amitié qui existait entre les deux officiers tenait à l'identité de leurs mauvais penchants ; c'était une alliance qui ne pouvait durer qu'autant que l'un ou l'autre n'aurait pas d'intérêt à y

mettre un terme. Elle n'empêchait point Roblado de regretter de tout son cœur que la balle n'eût pas atteint son ami un peu plus haut ou un peu plus bas, à la tête ou à la gorge. Ce regret homicide était dicté, non par aucun mauvais vouloir à l'égard du colonel, mais uniquement par le désir qu'avait Roblado de monter en grade. Depuis longtemps il rêvait une promotion, et il n'avait pas assez d'humilité pour renoncer à l'espérance de commander un jour le presidio. La mort de Vizcarra eût porté d'emblée Roblado au premier rang ; mais Vizcarra ne devait pas mourir encore, et cette certitude diminua la joie qu'éprouvait en ce moment le capitaine.

C'était une joie sincère et profonde. Il existait depuis longtemps de la jalousie et de l'animosité entre Garcia et lui ; mais la mort du lieutenant ne contribuait que secondairement à la vive satisfaction de Roblado. Les scènes dramatiques de cette journée avaient pour lui des conséquences d'une tout autre importance et qui se rattachaient aux projets dont il poursuivait la réalisation avec tant de persévérance.

Les prétentions du chasseur de bisons sur la personne de Catalina paraissaient absurdes au premier abord ; mais Roblado avait recueilli des renseignements qui justifiaient amplement sa jalousie et même son inquiétude. C'était une étrange créature que Catalina de Cruces ; elle avait donné des preuves d'un caractère énergique ; il ne fallait pas songer à l'acheter ou à la vendre comme un ballot de marchandises ; son père et Roblado en avaient fait récemment l'expérience. En frappant la terre de son petit pied, elle avait menacé de se jeter dans un couvent, de chercher même un refuge dans la tombe, pour peu qu'on la pressât trop ! Elle n'avait pas repoussé formellement Roblado, mais elle avait demandé du temps pour répondre, et don Ambrosio avait été forcé de le lui accorder.

En de pareilles circonstances, le prétendu avait de justes raisons pour s'alarmer. Bien qu'il aimât Catalina à sa manière, et qu'il fût piqué d'avoir un aussi indigne rival, il n'était pas précisément tourmenté par la jalousie ; mais il redoutait le caractère impétueux de la señora, dont une frasque, un caprice, pouvait lui enlever la belle fortune. Une femme pareille était capable des plus bizarres résolutions. Qu'elle prononçât ses vœux dans un couvent, qu'elle suivît dans les plaines le pauvre cibolero, ce n'était ni impossible, ni invraisemblable. Dans l'un ou l'autre cas, elle cessait de pouvoir disposer de son bien ; mais il était, hélas ! à jamais perdu pour Roblado.

Tous les obstacles que pouvait susciter Carlos étaient désormais écartés. On n'avait plus à craindre la rivalité d'un proscrit, d'un homme condamné à mort. Non-seulement il allait être privé de tous moyens de communication avec Catalina, mais encore, à moins d'une témérité sans exemple, il ne se montrerait plus dans la colonie. Roblado se promettait d'exercer une active surveillance, de poursuivre son rival, et finalement de s'en emparer pour le livrer au bourreau.

Telles étaient les idées qui traversaient l'esprit du farouche capitaine, et lui faisaient trouver la journée avantageuse pour lui.

Après avoir exploré le chapparal et suivi jusqu'au plateau la trace des prétendus Indiens, il revint au presidio faire des préparatifs pour une plus longue expédition.

CHAPITRE XXXVII.

Délivrance de Rosita.

Sa présence soulagea Vizcarra, qui se tordait en gémissant sur sa couche.

Leur conversation roula naturellement sur les événements, et Roblado rendit compte de son excursion.

— Et vous croyez vraiment, demanda le colonel, que Carlos est à la tête d'une bande de sauvages ?

— Je l'ai cru d'abord, trompé par le rapport de mes hommes, dont c'était l'intime conviction. Je reste maintenant persuadé qu'il avait avec lui, non pas des Indios bravos, mais quelques-uns de ses amis Tagnos. Le padré avait raison ; le chasseur de bisons a des relations suspectes, qui auraient dû le faire arrêter depuis longtemps ; mais nous n'avons plus besoin de prétexte, il est à nous dès que nous pourrons le tenir.

— Quelles sont vos intentions ?

— De le suivre à la piste ; mais je ne me dissimule pas qu'il peut nous mener loin. Je suis venu prendre les provisions nécessaires à un long voyage. Le misérable et ses complices sont sortis de la vallée par la passe supérieure, et, d'après l'opinion de Gomez, ils ont pris la route des montagnes. Il faut les suivre et les atteindre. Des exprès vont être expédiés dans tous les autres établissements coloniaux, pour enjoindre de mettre Carlos en état d'arrestation aussitôt qu'il se présentera ; mais je doute qu'il les visite.

— Pourquoi ?

— Parce qu'il paraît que la vieille sorcière vit encore. En outre, il rôdera autour de Saint-Ildefonse tant qu'il conservera le moindre espoir de délivrer sa sœur.

— Vous dites vrai ; il ne me laissera pas en repos, jusqu'à ce que…

— Tant mieux, mon cher colonel ; nous aurons de plus belles occasions de mettre la main sur lui, ce qui n'est pas une besogne si facile, croyez-le bien. Il a la vigilance d'un loup, et son magnifique cheval défie à la course toute notre cavalerie. Nous verrons à nous saisir du scélérat au moyen quelque stratagème.

— En avez-vous un en vue ?

— J'en ai ébauché un.

— Lequel ?

— Il est tout simple. Pour les raisons que j'ai exposées, Carlos ne peut manquer de se rapprocher de la colonie. De temps en temps il viendra visiter l'*hechicera*, la vieille sorcière ; mais ce sera surtout l'autre qui l'attirera.

— Vous voulez parler d'elle ? dit Vizcarra en indiquant d'un geste le côté du presidio où Rosita était enfermée.

— Oui, l'on prétend qu'il aime passionnément sa sœur. Si elle habitait un séjour accessible pour lui, je vous garantis qu'il y viendrait, et nous pourrions nous en emparer à notre aise.

— Mais quel séjour lui trouver ? demanda le colonel avec impétuosité.

— Il faudrait lui trouver une résidence dans les environs de son ancienne maison. Si vous consentiez à ce qu'elle s'éloignât pour quelque temps seulement, vous la retrouveriez facilement, surtout quand nous serions débarrassés de lui.

— Qu'elle parte, Roblado ! c'est ce que je désire le plus au monde. Tant qu'elle sera ici, je n'aurai pas le moindre repos. Si l'affaire vient à s'ébruiter, nous sommes compromis ; si elle arrive à certaines oreilles, nous sommes perdus, n'en convenez-vous pas ?

— Il y a de la vérité dans ce que vous dites, surtout depuis ces fâcheuses complications. La nouvelle de la mort de Garcia peut se répandre ; on peut en demander la cause. Nous aurons à fabriquer une histoire, à préparer des explications plausibles, qui détruisent tous les soupçons et mettent un terme à toutes les conjectures. L'essentiel pour le moment, c'est que cette fille sorte de nos mains.

— Mais comment ? voilà ce qui m'embarrasse ! Comment la congédier sans éveiller les soupçons ? Si nous la renvoyions chez elle, quelle explication donner ? Son enlèvement ne serait plus le fait des Indiens. Vous disiez que vous aviez conçu un plan ?

— Je crois que j'en tiens un ; mais d'abord, colonel, que vouliez-vous dire en avançant qu'elle était folle ?

— Rien que la vérité. D'après un rapport que José vient de me faire, son délire n'a pas cessé ; elle murmure des paroles incohérentes ; elle ne comprend pas ce qu'on lui dit. Je vous répète, Roblado, qu'elle m'a épouvanté.

— Vous êtes sûr qu'elle ne comprend pas ce qu'on lui dit ?

— Parfaitement sûr.

— Tant mieux ! elle ne se rappellera pas où elle a été : maintenant mes idées sont arrêtées, et je ne vois rien de plus facile que de vous en débarrasser. Elle partira et racontera, si elle est capable de raconter quelque chose, qu'elle a été prisonnière des Indiens ! Ce projet vous sourit-il ?

— Sans doute ; mais par quel moyen le mettre à exécution ?

— Par un moyen tout simple. Ce soir, ou demain avant le jour, Gomez et José, affublés de leurs costumes d'Indiens, la conduiront à un endroit des montagnes que je désignerai, à une distance plus ou moins rapprochée, peu importe. Elle sera enchaînée, et on la verra le matin entre les mains des faux sauvages, dont elle paraîtra la captive. Tant mieux si elle a recouvré assez de présence d'esprit pour en être convaincue. Le détachement que je mènerai à la poursuite du cibolero rencontrera par hasard les faux Indiens. On leur tirera quelques coups d'escopette hors de portée, de manière à ne pas les blesser. Ils prendront la fuite en laissant là la prisonnière. Nous irons à son secours, nous la ramènerons à la ville, d'où nous pourrons ensuite la renvoyer où elle voudra. Hein ! qu'en dites-vous, commandant ?

— C'est admirable ! s'écria Vizcarra, et je me sens déjà soulagé d'un grand poids.

— Le diable lui-même n'y verrait que du feu. Non-seulement nous nous mettons à l'abri des soupçons, mais encore nous nous attirons l'estime générale. Remporter une victoire sur les sauvages, délivrer une captive, la rendre à ses amis, quand c'est la sœur d'un homme qui a tenté de vous assassiner, quel trait glorieux d'héroïsme et de grandeur d'âme ! Croyez-moi, commandant, si cela vous fait faire plaisir, le cibolero sera dérouté par notre invention. Sa sœur, dans le cas où elle serait en état de faire un serment valable, jurera qu'elle a été entre les mains des sauvages ; elle le soutiendra même contre son frère !

— Le projet est excellent, il faut l'exécuter dès ce soir.

— Soit. Dès que les hommes seront couchés, Gomez se mettra en route avec elle. Je renoncerai à l'idée de faire aujourd'hui de nouvelles perquisitions, que je considère d'ailleurs comme inutiles. Le seul moyen de prendre Carlos est de lui tendre un piège, et d'avoir sa sœur pour amorce. C'est ce que nous arrangerons plus tard, et il est inutile de vous en préoccuper. Demain, à l'heure du second déjeuner, je vous ferai un magnifique rapport : j'aurai soutenu une lutte acharnée contre les Jicarillas ou contre les Yutas, plusieurs guerriers auront mordu la poussière, une captive aura été délivrée, les troupes

se seront admirablement conduites, et je solliciterai de l'avancement pour quelques sous-officiers. Ah ! ah ! ah !

Le commandant partagea cette hilarité. Roblado lui avait déjà donné l'assurance que sa blessure n'offrait aucun danger et serait guérie dans une quinzaine. Il avait corroboré son assertion en traitant le docteur d'imbécile et en lui prodiguant d'autres épithètes injurieuses. Vizcarra, délivré de la crainte de la mort et de la pensée qui le tourmentait, éprouvait un calme dont il n'avait pas joui depuis vingt-quatre heures. Il commençait à ne plus vivre que pour s'abandonner à un seul sentiment, celui de la haine et de la vengeance.

Le soir, après la retraite, trois individus sortirent du presidio et prirent la route des montagnes. Deux d'entre eux, bizarrement ornés de peintures et de plumes, avaient l'aspect de guerriers indiens : c'étaient le brigadier Gomez et le soldat José. Ils étaient à cheval, et conduisaient en laisse une mule sur laquelle était la sœur du cibolero.

CHAPITRE XXXVIII.

Le départ du cibolero.

Lorsque Carlos eut atteint la lisière du chapparal, les lanciers envoyés à sa poursuite quittaient à peine le presidio, car il leur avait fallu quelque temps pour préparer leurs armes et seller leurs chevaux. S'il avait été seul, plein de confiance dans son mustang, il aurait dédaigné de se cacher, mais il songeait au salut de don Juan et de ses compagnons, dont la situation critique l'inquiétait plus que son propre danger. Il eut d'abord l'idée d'attirer toute la troupe sur ses pas en galopant vers le défilé de la Niña, ce qui aurait permis à don Juan et à ses Tagnos de s'éloigner paisiblement ; mais pour exécuter ce projet, il n'était pas assez sûr de la prudence et de la sagacité de don Juan. Le jeune ranchero, en voyant fuir son ami, pouvait regarder comme son devoir de se montrer, et c'était précisément ce que Carlos désirait empêcher. Il entra donc dans le chapparal, où don Juan et ses gens l'attendaient en selle.

— Grâce à Dieu, vous êtes libre ! s'écria le ranchero ; mais ils sont sur vos traces, ils arrivent en force.

— Heureusement que j'ai de l'avance.

— Que faire ? devons-nous rester ensemble ou nous éparpiller dans le chapparal ? Ils seront bientôt ici.

Carlos ne fit pas de réponse immédiate. Il ne pouvait penser à courir les chances d'un combat inégal ; mais trois projets se présentaient à son esprit : Se disperser dans les broussailles comme don Juan l'avait proposé ; reprendre sans se faire voir la route par laquelle ils étaient venus ; enfin se montrer à l'ennemi avant de se retirer par l'autre côté du chapparal.

Le cibolero, habitué aux décisions expéditives, examina ces trois plans avec une prodigieuse rapidité. La dispersion de sa petite troupe l'exposait à être prise en masse, car les soldats étaient assez nombreux pour cerner les taillis, qui avaient à peine deux milles de large, quoique leur étendue fût double en longueur. La moitié de la bande au moins était exposée à tomber entre les mains des lanciers, et à être tuée sur la place, à moins qu'on ne la réservât pour de plus cruels supplices en rattachant sa présence aux événements du presidio.

Retourner en arrière sans se faire voir offrait plus de chances de salut. Malheureusement les Tagnos étaient montés sur des mules déjà fatiguées, tandis que les soldats avaient des chevaux frais et pleins de feu.

Après un instant d'hésitation, le cibolero adopta le troisième plan. Ces délibérations ne durèrent pas la moitié du temps que nous mettons à les exposer. Il ne répondit pas à don Juan, mais il s'adressa à toute la troupe, d'une voix retentissante, et manifesta ses intentions sous la forme d'un commandement.

— Dispersez-vous sur la lisière du taillis ; qu'on ne voie que vos têtes, vos épaules et vos arcs. Poussez votre cri de guerre et reculez ensuite. Suivez-moi !

Après avoir donné ces instructions laconiques, Carlos vint se placer sur la limite du chapparal. Les Tagnos se divisèrent en deux bandes, l'une sous la conduite de don Juan, l'autre sous celle d'Antonio, et vinrent se ranger à droite et à gauche du commandant en chef. Ils brandirent leurs arcs en signe de défi à la manière des Indiens sauvages, et poussèrent un cri de guerre formidable.

Il eût fallu un œil exercé pour reconnaître, même d'assez près, la supercherie, tant les Tagnos différaient peu de leurs frères des plaines. La plupart avaient la tête nue et de longs cheveux flottants. Ils n'avaient renoncé que depuis peu à la vie sauvage ; c'étaient des néophytes de la civilisation, et leur cri de guerre rappelait fidèlement celui de certaines tribus d'Indios bravos.

Cette démonstration produisit l'effet que Carlos en attendait. Les lanciers, qui s'avançaient par petits groupes, et dont quelques-uns étaient déjà à trois cents pas du chapparal, s'arrêtèrent brusquement. Plusieurs auraient volontiers tourné bride, s'ils n'avaient vu sortir du presidio un fort détachement de leurs camarades. Ils tenaient conseil en attendant ce renfort. Ils croyaient fermement que les Indios bravos se trouvaient dans le chapparal en nombre considérable, et cette persuasion était fortifiée par le souvenir des longues marches qu'ils faisaient depuis plusieurs jours pour découvrir les sauvages. Ceux-ci venaient leur offrir le combat.

Ravi du résultat de sa ruse, Carlos ordonna à ses compagnons de rentrer dans les taillis, et de se réunir à l'endroit où ils l'avaient attendu. Antonio se mit à leur tête, et les guida à travers le labyrinthe des buissons jusqu'au bas d'un sentier qui, comme celui de la Niña, conduisait au plateau supérieur. En gravissant cette passe, ils eurent la satisfaction d'apercevoir au loin les vaillants militaires assemblés au milieu de la plaine, sans oser pénétrer dans les dangereux fourrés qu'ils supposaient remplis de sauvages féroces.

Arrivé sur le plateau, Carlos se dirigea au nord vers un ravin éloigné d'environ dix milles, et qu'il atteignit sans avoir été poursuivi. Ce ravin était le lit d'un ruisseau qui coulait pendant la saison des pluies, mais qui était maintenant à sec. Il était couvert de cailloux que les pieds des chevaux déplaçaient sans laisser aucun indice. Les traces vieilles ou nouvelles étaient exactement les mêmes.

La bande descendit dans le ravin, le suivit pendant cinq ou six milles, puis Carlos commanda une halte, afin d'instruire ses compagnons de ses projets futurs, auxquels il rêvait depuis deux heures. Jusqu'à présent lui seul était compromis, et il importait que don Juan et Antonio ne fussent pas exposés aux soupçons. Ils ne s'étaient pas montrés sur les confins du chapparal, et les figures basanées qu'on avait entrevues un moment à travers les feuillages ne pouvaient avoir été reconnues par les lanciers épouvantés. Don Juan et ses péons pouvaient donc retourner en paix chez eux.

Au départ de l'expédition, Carlos avait recommandé le plus grand secret. On était parti de bonne heure, avant le lever des habitants, et tout le monde dans la vallée aurait ignoré le retour du cibolero, sans les scènes qui s'étaient passées ultérieurement. Il avait déchargé ses mules dans un lieu isolé, et les avait mises dans un pâturage éloigné du rancho. Si les troupes de la garnison attendaient le lendemain pour parcourir les environs, rien n'empêchait donc les Tagnos et leur maître de rentrer pendant la nuit, et de reprendre tranquillement leurs occupations habituelles. Il était naturel de supposer que Roblado, en commençant sa poursuite, chercherait d'abord la route que Carlos et ses gens devaient avoir prise; or, cette route était dans une direction opposée à la maison de don Juan. Il fallait une journée entière pour en parcourir les détours, et si les lanciers réussissaient à trouver la trace, ils n'en seraient pas plus avancés, car le cibolero venait d'inventer un moyen infaillible de les dérouter.

Il fut décidé que don Juan rentrerait avec les siens dans son domicile; que les péons de Carlos retourneraient aussi à son rancho, dont ils s'empresseraient de réparer la toiture, et où ils resteraient comme s'il ne fût rien arrivé d'extraordinaire. On ne pouvait les rendre responsables des faits et gestes de leur maître.

Quant au cibolero, sa résidence ne devait être connue que d'un petit nombre d'amis éprouvés. Il n'était pas embarrassé pour trouver un abri; les plaines ou les cavernes des montagnes pouvaient lui servir indifféremment de retraite. Il n'avait pas besoin de toit, il préférait le dais étoilé des cieux aux plafonds dorés d'un palais. On fit jurer aux Taguos de garder le secret. C'étaient des hommes peu communicatifs et dont on n'avait pas à redouter les indiscrétions. D'ailleurs leur vie dépendait peut-être de leur silence.

Tout étant réglé, la troupe ne se mit pas toutefois en mouvement. Elle attendit le coucher du soleil pour continuer sa route, et quand elle eut fait quelques milles, un Tagno sortit du ravin et traversa la plaine en se dirigeant vers le sud; il devait atteindre ainsi une passe située à l'extrémité inférieure de la vallée, où il arriverait pendant la nuit. Il n'appréhendait aucune rencontre, car la nouvelle de l'incursion des Indiens retenait tous les habitants soigneusement renfermés.

Bientôt après un second Tagno gravit les flancs du ravin, et suivit une ligne parallèle à celle qu'avait prise le premier. Un autre imita son exemple, et tous s'éloignèrent successivement.

On leur recommanda de se rendre au rancho chacun par une passe différente, et les plus intelligents reçurent l'ordre de choisir les sentiers les plus détournés. Aucun homme de la garnison n'était capable de suivre leurs traces.

Restés seuls, Carlos, don Juan et Antonio suivirent le ravin jusqu'au bout, tournèrent à droite, et descendirent dans la vallée de Saint-Ildefonse par le côté le plus éloigné de la ville.

La nuit était sombre, mais tous connaissaient le chemin, et ils arrivèrent à minuit près de la maison du jeune ranchero.

Avant de s'en approcher ils firent une reconnaissance indispensable, et apprirent avec satisfaction que les lanciers n'avaient pas encore paru dans le voisinage. Carlos embrassa sa mère, lui raconta à la hâte ce qui s'était passé, donna des instructions à don Juan, et remonta immédiatement à cheval. Il fut accompagné d'Antonio, avec une mule de somme chargée de provisions. Ils descendirent la vallée et prirent la route du Llano Estacado.

CHAPITRE XXXIX.
La poblana.

Le lendemain, un incident imprévu causa une nouvelle surprise aux habitants de Saint-Ildefonse, parmi lesquels les nouvelles de la veille avaient déjà répandu une si vive agitation. Vers midi un détachement de lanciers traversa la ville pour se rendre au presidio. Ils revenaient d'une expédition entreprise pour découvrir l'assassin; c'était ainsi qu'on désignait Carlos. On ne l'avait pas trouvé; mais la troupe avait rencontré près des contre-forts des montagnes une bande considérable d'Indios bravos auxquels elle avait livré un combat terrible. La perte avait été énorme du côté des Indiens, qui, suivant leur habitude, avaient fait les efforts les plus énergiques pour enlever leurs morts. Les soldats n'avaient donc scalpé personne, mais ils rapportaient un trophée plus significatif, une preuve éclatante de leur victoire. Ils avaient repris sur les sauvages une jeune fille de la colonie; et leur chef, le brave capitaine Roblado, supposait que c'était la même qu'on avait enlevée peu de jours auparavant dans un rancho situé au bas de la vallée.

Le gros du détachement rentra au presidio, mais le capitaine Roblado s'arrêta sur la piazza avec les hommes chargés de garder la captive délivrée.

En faisant cette halte, Roblado se proposait un triple but. Il voulait d'abord remettre la jeune fille entre les mains des autorités civiles. En outre, il tenait à démontrer à tous, de la manière la plus incontestable, qu'un important avantage venait d'être obtenu. En troisième lieu, il cherchait l'occasion de faire célébrer ses louanges en face de certain balcon.

Sous ce dernier rapport il ne réussit que médiocrement. Les plus brillantes fanfares ne cessèrent de jouer; la prisonnière délivrée fut mise en évidence au milieu des rangs; le cheval de Roblado, sous l'influence d'éperons acérés, prit les plus magnifiques attitudes; mais, hélas! ce fut en vain. Catalina de Cruces ne parut pas au balcon, qui ne fut occupé que par des *dependientes* et des *criados*, des commis et des domestiques; et sur le visage du chef victorieux se peignit un sombre désappointement.

Quelques minutes après, il mit pied à terre devant la casa de Cabildo, où il remit la jeune fille entre les mains de l'alcade et des autres officiers municipaux. Cette cérémonie fut accompagnée d'une harangue éloquente, dans laquelle il donna des détails émouvants sur la grande bataille livrée aux Indiens.

— Quant à cette infortunée, dit-il en terminant, je présume que c'est celle dont les Indiens s'étaient emparés il y a quelques jours. Quelle joie vont éprouver ses parents en la revoyant! Je ne les connais pas, mais quels qu'ils soient, je ne puis que m'associer à leur bonheur.

Les autorités répondirent au discours de Roblado par un déluge de compliments, et la populace applaudit avec transports.

— *Dios lo pague, capitan!* (Dieu vous récompense, capitaine!)

Tel fut le vœu que Roblado eut la satisfaction d'entendre retentir à ses oreilles en se frayant un passage à travers la foule. D'habiles physionomistes auraient pu remarquer en ce moment sur sa figure une singulière expression d'ironie, et des contractions musculaires qui semblaient indiquer une envie de rire immodérée. En effet, le vaillant capitaine pouvait à peine s'empêcher d'éclater, sans respect pour ses admirateurs. Si quelque chose le retenait, c'était la perspective de se divertir bientôt sans réserve, aux dépens des bons citadins, en compagnie du commandant.

Cependant la multitude se pressait autour de la captive avec plus de curiosité que de sympathie. Le mot de *pobrecita*, douce expression de la commisération mexicaine, n'était guère prononcé que par quelques pauvres femmes indigènes. Les boutiquiers aisés, gachupinos ou créoles, la contemplaient avec une indifférence qui n'était pas dans les mœurs du Nouveau-Mexique. Les hommes de ce pays peuvent avoir des passions assez brutales; mais les femmes sont en général tendres et compatissantes. La conduite de celles de Saint-Ildefonse eût été inexplicable, si elles n'avaient su que la captive était la sœur de Carlos le cibolero, de Carlos le meurtrier! La population était indignée contre lui, et n'en parlait qu'en ajoutant à son nom les épithètes d'*asesino, ladron, ingrato, demonio, quero heretico* (assassin, voleur, ingrat, démon, hérétique blond). — Est-il possible, disait-on, d'avoir eu l'infernale pensée de tuer le bon lieutenant! et pourquoi? pour quelque misérable querelle! Il fallait que le scélérat eût soif de sang pour attenter à la vie du brave colonel Vizcarra, d'un officier qui avait passé plusieurs jours à chercher les ravisseurs de Rosita! Elle était enfin ramenée saine et sauve, et c'était encore le commandant qui, sans songer à sa propre vengeance, avait ordonné le départ des libérateurs! Que d'héroïsme d'un côté, que d'infamie de l'autre! La conduite de Carlos était bien celle d'un Américain, d'un hérétique; mais malheur à lui! Si on l'attrape, nous aurons le plaisir de le voir sur la chaise de la garrotte.

Ces sentiments étaient ceux de l'immense majorité; l'opinion contraire n'était représentée que par les pauvres esclaves, les manzos et par quelques créoles révolutionnaires qui, sans approuver le coupable, détestaient dans leur cœur le régime espagnol.

Cette animosité contre Carlos était nécessairement préjudiciable à sa sœur, que tous reconnaissaient, même ceux qui ne l'avaient jamais vue. Jusqu'au jour de la fête de Saint-Jean, Carlos, maintenant si fameux, ne s'était montré que très-rarement, et Rosita avait été encore plus invisible que lui. C'était seulement pendant la fête qu'elle avait attiré les regards par sa beauté, qui excitait à la fois l'admiration et l'envie. Néanmoins il était impossible de ne pas retrouver dans ses traits ceux de l'assassin, que tout le monde se rappelait, et dont le signalement se lisait sur toutes les murailles. Elle avait comme lui les cheveux d'un blond doré, la peau blanche, les joues colorées, particularités exceptionnelles dans le nord du Mexique. En ce moment, l'incarnat de ses joues avait disparu, et ses yeux avaient perdu leur sérénité; pourtant elle était plus belle que jamais.

Elle était assise sur une pierre, et ne répondait que vaguement aux questions qu'on lui adressait; par intervalles, elle poussait des exclamations inintelligibles où l'on distinguait les mots d'Indiens et de barbares.

— *Esta loca* (elle est folle), murmurèrent les habitants; elle s'imagine qu'elle est encore au milieu des sauvages.

Elle avait peut-être raison. Il est certain qu'elle n'était pas entourée d'amis.

— Est-il parmi vous, demanda l'alcade, un parent ou un ami qui veuille la réclamer?

Une jeune poblana qui venait d'arriver s'avança.

— Je connais la pobrecita, dit-elle, et je me charge de la conduire.

La poblana était accompagnée d'une femme de sang mêlé qui semblait être sa mère. La prisonnière délivrée fut placée entre elles, et la foule se dispersa.

Elles prirent une rue étroite qui traversait le faubourg habité par la classe indigente, entrèrent dans la campagne, et suivirent un sentier écarté qui les conduisit à la porte d'un misérable rancho d'adobé. Quelques minutes après, une charrette menée par un péon s'arrêta devant la chétive demeure.

La poblana prit Rosita par la main et la fit asseoir auprès d'elle dans la charrette, sur des bottes de zacate, ou feuilles sèches de maïs.

Le conducteur aiguillonna ses bœufs, et la voiture prit la route des établissements échelonnés au bas de la vallée.

Chemin faisant, la poblana regardait sa compagne avec bienveillance, et cherchait à la préserver autant que possible des cahots de la charrette. Elle lui prodiguait les consolations, les témoignages de sympathie; mais aucune de ses expressions n'indiquait une ancienne liaison. Il était évident que la jeune paysanne n'avait jamais vu Rosita.

La charrette était à plus d'un mille de la ville, sur une route de traverse, quand un cavalier vint la rejoindre au galop. Il était monté sur un joli mustang dont les flancs arrondis, l'œil vif et la pétulance annonçaient un animal bien soigné.

En arrivant auprès de la voiture, le cavalier enjoignit au conducteur de s'arrêter. A la douceur de sa voix argentine il était facile de s'apercevoir que le cavalier était une femme; sa chevelure soyeuse, sa peau fine, ses traits délicats, prouvaient en outre que c'était une *señorita;* mais à distance, on l'aurait tout naturellement prise pour un homme. Ses épaules étaient couvertes d'un grossier sérapé; un sombrero à larges bords cachait en partie ses cheveux d'un noir lustré, et suivant l'usage général du pays, elle montait à cheval à la manière des hommes.

— Quoi! señorita, c'est vous! s'écria la poblana d'un ton de surprise, en s'inclinant respectueusement.

— Ah! ah! tu ne me reconnais pas, Joséfa?

— Non, señorita. *Ay de mi!* Comment vous reconnaître sous ce déguisement?

— Tu appelles cela un déguisement; mais c'est le costume ordinaire.

— Sans doute, mais non pour une grande señora comme vous.

— Au reste, il faut qu'il me change beaucoup; car j'ai rencontré plusieurs de mes connaissances qui ne m'ont pas saluée. *Pobrecita!* poursuivit-elle d'une voix émue en regardant la sœur de don Carlos. Comme elle doit avoir souffert! J'ai bien peur qu'on ne m'ait dit vrai. *Santissima Virgen!* comme elle ressemble...

Cette phrase resta inachevée.

Oubliant la présence de Joséfa et du péon, la señora émettait ses pensées dans une sorte de soliloque involontaire, qu'elle interrompit à propos. Occupé de ses bœufs, le péon n'y avait fait aucune attention; mais la physionomie de Joséfa exprimait la curiosité.

— A qui ressemble-t-elle? demanda innocemment la poblana.

— A une personne que je connais, et qu'il est inutile de nommer, répondit la señora en portant l'index à ses lèvres et en regardant le péon.

Joséfa, qui connaissait le secret, devina quelle était la personne dont il s'agissait, et s'abstint de nouvelles questions. Enfin la dame se rapprocha d'elle, se pencha et lui dit tout bas :

— Il sera trop tard pour revenir ce soir, tu ne rentreras que demain. Pendant ton séjour, tâche d'apprendre des nouvelles. Arrive à l'heure de la prière et viens me trouver à l'église, au lieu de te rendre directement à la maison. Il est possible que tu voies Antonio : dans ce cas, donne-lui ceci.

La dame laissa tomber dans la main de la poblana une bague d'or ornée d'un diamant; puis elle ajouta :

— Tu lui diras à qui cette bague est destinée; mais il n'a pas besoin de savoir d'où elle vient. Voici de l'argent, tant pour tes dépenses que pour celle de Rosita et de sa mère, si elles consentent à l'accepter. Rapporte-moi des nouvelles, ma chère Joséfa! Adios, adios !

Après avoir remis une bourse à Joséfa, la dame tourna bride et se dirigea rapidement vers la ville.

Il n'était pas à craindre que Josefa oubliât de passer la nuit au rancho qu'elle allait visiter, car ce voyage avait pour elle presque autant d'intérêt que pour sa maîtresse. Elle éprouvait depuis longtemps une vive tendresse pour Antonio, et n'était par conséquent nullement pressée de rentrer au logis. Si elle le trouvait au rancho, le séjour lui en devenait plus agréable; s'il était absent, la poblana se proposait de rester, dans l'espoir de le voir. Grâce à cette douce perspective et à la possession d'une somme de *pesos* dont elle ne pouvait dépenser le sixième, elle voyait tout en rose. La grossière charrette lui semblait transformée en une de ces voitures qu'elle ne connaissait que de réputation, qui étaient suspendues sur des ressorts et garnies de coussins de velours.

La bonne fille mit sur son sein la tête de Rosita, étendit son rebozo pour préserver sa faible compagne de la rosée du soir, et dit au péon de se remettre en marche.

— Ho! ha! cria le péon d'une voix retentissante, et touchant ses bœufs avec l'aiguillon, il leur fit soulever de nouveau l'épaisse poussière de la route.

CHAPITRE XL.

La messe du matin.

La messe du matin est à la mode parmi les señoras du Mexique, surtout quand elles habitent les villes. Dès la pointe du jour, vous les voyez franchir le seuil de leurs grandes portes, et s'acheminer vers la chapelle dont la cloche a déjà commencé ses tintements monotones. Elles sont enveloppées de manière qu'il est impossible de les reconnaître : les plus riches, dans leurs mantes ou dans leurs châles de soie; les plus pauvres, dans leurs rebozos de couleur d'ardoise. Chacune d'elles porte sous le bras un petit volume relié, la *misa*, l'ordinaire de la messe.

Suivons-les dans l'enceinte sacrée.

Si nous sommes en retard et que nous nous plaçions près de la porte, nous verrons de là plusieurs centaines de personnes agenouillées. Quoique leurs visages soient cachés, nous signalerons entre elles de notables différences selon la taille, le caractère, la fortune et le rang. Quelques dames gardent leurs châles sur le sommet de leur tête, d'autres le rabattent sur leurs épaules. De jolies poblanas laissent pendre gracieusement le bout de leur rebozo, tandis que leurs mères ont des rebozos arrangés sans goût et d'une équivoque propreté. Ici vous voyez un dos couvert d'une veste d'étoffe légère, c'est celui d'un marchand; là un dos revêtu d'une plaque de cuir usée, c'est celui du porteur d'eau, de l'*aguador.* Plus loin le dos de l'élégant, du *guapo*, couvert d'un manteau de drap fin, contraste avec le dos du *lepero*, sur lequel est jeté un sérapé en lambeaux.

Devant vous s'étalent des dos de toute espèce, larges ou étroits, droits ou tordus; vous avez même la chance d'en trouver deux ou trois bossus, surtout si vous êtes dans l'église d'une grande ville. Mais dans toute *eglesia* mexicaine, pendant l'office divin, je vous promets le spectacle d'un assortiment varié de dos.

Au reste, ils sont loin d'être classés. Le dos de la dame drapée dans un châle de grand prix se montre entre deux rebozos graisseux. Le dos rapiécété du lepero a pour voisin celui de l'homme à la mode. Je ne réponds point de l'ordre hiérarchique de tous ces dos; je garantis seulement leur nombre et leur variété.

La seule figure qui soit en face de vous est la face glabre et rubiconde d'un prêtre, tout paré de vêtements sacerdotaux qui ont sans doute été blancs jadis, mais qui ont l'air d'avoir été déposés dans le paquet au linge sale, et d'avoir été rapportés par mégarde, avant d'arriver à la buanderie. Ce personnage, qui n'a rien de céleste, se démène sur une estrade en murmurant des paroles à peu près latines. De temps en temps, sans interrompre ses oraisons, il prend une baguette, un pot de cuivre rempli d'encens qui fume, ou l'image en cire d'un saint qu'il expose à l'adoration des fidèles.

Ceux-ci commencent à se lasser d'être courbés. Les dos pivotent sur leur base, avec assez d'adresse pour que ce mouvement soit à peine sensible, sous l'abri des châles, des mantes, des rebozos ou des habits. Vous distinguez çà et là des profils, rien que des profils, dont la beauté peut vous frapper parfois, mais où se peint rarement la dévotion. Vous remarquerez des signes d'intelligence entre les profils féminins et d'autres moins délicats. Mais une sonnette se fait entendre et produit parmi les dévots une impression analogue à celle que font dans les rangs de l'infanterie les mots · attention au commandement! tous les assistants se redressent et restent debout, tandis que le prêtre marmotte en gesticulant de nouvelles oraisons. Soudain les dos se courbent derechef; les profils reparaissent; les signes de tête, les signes d'intelligence sont échangés comme précédemment.

La sonnette tinte une seconde fois et opère encore une transformation. Ces exercices se répètent plusieurs fois jusqu'à la fin des cérémonies du culte.

Ces génuflexions, ces momeries, se reproduisent tous les matins dans les églises mexicaines, longtemps avant l'heure du déjeuner. Des hommes et des femmes y prennent part, mais la majorité des assistants se compose de femmes, parmi lesquelles on distingue les plus élégantes señoras de la localité.

On se demande naturellement quels motifs déterminent tant de gens à quitter leurs lits d'aussi bonne heure pour courir les rues et s'enfermer dans une froide église. Est-ce la religion, la superstition, la pénitence? Sans doute la plupart, dans leur simplicité, s'imaginent qu'ils sont réellement agréables à Dieu, et que leurs génuflexions, leurs oraisons machinalement répétées, leur feront trouver grâce à ses yeux. Mais il est certain qu'un grand nombre de fidèles, habitués des messes du matin, sont guidés par des raisons bien différentes. Dans un pays où les hommes sont d'une excessive jalousie, les femmes ont un degré particulier de ruse et d'intelligence. Elles se reprocheraient de ne pas profiter des occasions que leur fournit la messe du matin, car les surveillants les plus soupçonneux hésitent à se lever dans un moment de la journée où la température est ordinairement très-fraîche.

Attendons à la porte de l'église la fin du service. Chacun plonge les doigts dans le bénitier et s'asperge; mais encore humide de l'eau sainte, plus d'une petite main ornée de bagues remet adroitement un billet doux à quelque caballero. On voit parfois la riche señora, déguisée par les plis grossiers d'un sérapé, prendre en sortant de l'église une direction opposée à celle par laquelle elle est venue. Si vous aviez la curiosité de la suivre, ce qui ne serait pas d'un homme bien élevé, vous assisteriez à quelque mystérieuse entrevue sous les arbres du jardin public, de l'Alameda. Le matin, dans une cité mexicaine, a ses aventures aussi bien que le soir.

La cloche de l'église de Saint-Ildefonse venait de faire entendre ses premiers sons, lorsqu'une femme soigneusement enveloppée sortit d'une des plus magnifiques maisons de la ville et s'achemina vers l'église. A sa taille haute et droite, à la fierté de sa démarche, à la grâce et à la dignité de son port, on reconnaissait une señora de premier rang.

Les plis de sa mante lui servaient de masque; mais son attitude et ses mouvements de tête annonçaient qu'elle cherchait quelqu'un. Il faisait à peine jour et il fallait des yeux perçants pour distinguer une personne au milieu de celles qui passaient comme des ombres sur la place.

Lasse d'attendre, la dame se retourna d'un air de désappointement et disparut sous le portail. Un instant après, elle était agenouillée en face de l'autel et priait en égrenant les perles de son chapelet.

Cependant une charrette s'arrêta dans un coin éloigné de la place, une jeune fille en descendit et se rendit d'un pas leste à l'église. Elle était vêtue d'un jupon écarlate, d'une chemisette brodée et d'un rebozo : costume ordinaire des poblanas.

Avant de choisir une place au milieu des fidèles, la jeune fille inspecta les dos qui se courbaient devant ses yeux, qui s'arrêtèrent sur la mante dont nous avons parlé. La poblana se glissa doucement auprès de la dame, et s'agenouilla silencieusement. Ce mouvement fut exécuté avec tant de précaution que la señora ne s'en aperçut pas d'abord; mais se sentant presser légèrement le coude, elle tressaillit, se retourna et reconnut sa voisine. Un rayon de plaisir anima ses traits; pourtant ses lèvres continuèrent à murmurer des prières comme si rien n'était arrivé.

Sans se parler, la grande dame et la fille du peuple se mirent en rapport. Elles se penchèrent l'une vers l'autre de telle sorte que leurs bras se touchaient; puis une petite main brune sortit du rebozo, tandis que la mante s'entr'ouvrait pour donner passage à une main blanche et délicate. Une minute après, un petit morceau de papier passait des doigts bruns dans la main blanche. Cette manœuvre, adroitement exécutée, ne fut remarquée d'aucun des assistants.

Les deux mains disparurent sous leurs abris respectifs; la sonnette tinta, la señora et la poblana se levèrent et répétèrent les prières de la messe de l'aube avec la plus profonde dévotion. L'office terminé, elles se rejoignirent un moment au bénitier, devant lequel elles échangèrent rapidement quelques mots, mais chacune sortit de son côté et s'éloigna dans une direction différente. La poblana s'enfonça dans une rue étroite, la señora, remplie d'une joie qu'elle dissimulait à peine, rentra fièrement dans sa demeure. Aussitôt qu'elle fut rentrée, elle courut à sa chambre, ouvrit le billet et lut ce qui suit :

« QUERIDA CATALINA,

» Vous m'avez rendu heureux, mais il y a une heure j'étais le plus infortuné des hommes. J'avais perdu ma sœur et je craignais d'avoir perdu votre estime. L'une et l'autre me sont rendues. Ma sœur est auprès de moi, et le diamant qui brille à mon doigt m'atteste que la calomnie n'a pu m'ôter votre amitié, votre amour. Vous ne me regardez pas comme un assassin. Non, je ne le suis pas, je ne suis qu'un vengeur. Vous connaîtrez bientôt l'affreux complot dont ma famille et moi avons été victimes, et que son atrocité rend presque incroyable. « Je ne puis plus me montrer dans la colonie. Dorénavant je vais être chassé comme un loup, et tué sans pitié si on parvient à me prendre. Peu m'importe, pourvu que j'aie la satisfaction de savoir que vous n'êtes pas au nombre de mes ennemis.

» Sans vous je m'éloignerais d'ici, mais il m'est impossible de vous quitter.

» Je risquerais ma vie à toute heure du jour, plutôt que de m'exiler du lieu que vous habitez, vous, le seul être que je puisse jamais aimer.

» J'ai déposé cent baisers sur le diamant. On ne m'arrachera ce gage d'amour qu'avec la vie.

» Mes ennemis me poursuivent avec acharnement, mais je ne les crains pas. Avec mon vaillant coursier, que j'ai soin de toujours avoir à ma portée, je puis braver mes lâches persécuteurs; mais il faut que je visite encore une fois la ville, il faut que je vous voie, querida, j'ai à vous donner des explications que je ne saurais confier au papier. Ne me refusez pas un entretien, et demain, à minuit, je me trouverai au lieu ordinaire de nos rendez-vous. Ne me refusez pas, de grâce. Il importe que je vous prouve de vive voix que je ne suis pas un assassin, que je suis toujours digne d'être votre amant. Merci mille fois de votre bienveillance pour ma pauvre affligée. J'espère qu'elle se rétablira bientôt. Adios, mia querida!

» C. »

Quand la belle dame eut achevé de lire le billet, elle le porta avec ardeur à ses lèvres.

— Oui, murmura-t-elle, il est digne d'être mon amant, il serait digne d'être celui d'une reine! Noble et brave Carlos!

Elle baisa de nouveau le papier, le mit dans son sein et sortit sans bruit de sa chambre.

CHAPITRE XLI.

Le rapport de José.

La soif de la vengeance s'allumait de plus en plus dans le cœur de Vizcarra. Quand il avait été délivré de la crainte de la mort, il avait éprouvé une réaction de joie. Elle s'était augmentée lorsqu'il avait eu la certitude que la captive n'était plus dans ses mains; mais des idées sombres avaient promptement succédé à cette satisfaction passagère. La régularité de ses traits était à jamais détruite. Il était condamné à vivre défiguré. Lorsqu'il se regarda dans un miroir, il lui sembla qu'un charbon ardent lui brûlait le cœur. Chercher à plaire était presque toute son existence. Il fallait désormais y renoncer, et malgré sa pusillanimité, il aurait peut-être mieux aimé avoir été tué sur le coup. Plusieurs de ses dents avaient été enlevées; on pouvait les remplacer, mais la mutilation de sa joue était ineffaçable; la balle avait fait une profonde déchirure, qui devait laisser une hideuse cicatrice.

En contemplant la figure que le cibolero lui avait faite, le colonel poussa des cris de désespoir. Il jura de faire périr l'auteur de ses maux dans les plus horribles tortures.

Parfois même il se repentait d'avoir renvoyé Rosita. Que lui importaient les conséquences de ses actions? Pourquoi ne se serait-il pas vengé sur elle? Il ne l'aimait plus. Il croyait entendre retentir à son oreille les rires sarcastiques par lesquels elle avait répondu à ses protestations d'amour. Elle était la cause de toutes ses souffrances, de souffrances qui ne finiraient qu'avec la vie! Pourquoi ne l'avait-il pas tuée? C'eût été un moyen de se venger du frère.

Tourmenté par ces réflexions, Vizcarra s'agitait sur sa couche, en entremêlant à ses gémissements d'horribles imprécations.

— Oui, se dit-il, il faut que je me venge! Aucun effort ne doit être épargné pour arriver à la capture du cibolero, et, autant que possible, on le prendra vivant! Je me charge de régler le programme de ses supplices. Qu'il meure, mais lentement, après avoir subi la torture! Suivons l'exemple des sauvages des plaines. Que ce Carlos périsse au poteau, par le feu, comme un Indien captif, et que sa mère reçoive, après lui, le châtiment réservé aux sorcières! Les pères de la mission sont disposés à le lui infliger; je n'en aurai pas la responsabilité, je ne m'en mêlerai point.

Quant à la sœur, son sort me regarde. Seule, sans secours, elle sera complétement à ma discrétion, et l'amour ne viendra plus combattre dans mon cœur le sentiment de la vengeance.

Telles étaient les terribles résolutions de Vizcarra. Le capitaine ne désirait pas moins ardemment la mort du cibolero. Sa vanité était profondément blessée depuis qu'il était certain de l'attachement mutuel de Carlos et de Catalina. Après l'aventure tragique du presidio, il avait rendu visite à cette dernière, et l'avait observée avec attention. Elle n'avait pas essayé de prendre imprudemment la défense de celui qu'il traitait avec affectation d'assassin; mais elle n'avait pas manifesté la moindre indignation. Elle semblait affligée des épithètes injurieuses que le capitaine et don Ambrosio prodiguaient au proscrit. Il était évident que, si elle l'eût osé, elle aurait tenté de le justifier!

Roblado ne se contenta pas des indices qu'il put tirer de l'attitude de la jeune fille, il obtint des renseignements plus précis. Une des servantes de Catalina de Cruces, nommée Vicenza, avait contre sa maîtresse des griefs inconnus et la trahissait depuis longtemps. Un peu d'or, des flatteries, le plaisir d'être courtisée par un homme en uniforme, lui avaient fait accueillir les hommages de José, par l'entremise duquel elle informait Roblado de ce qui se passait dans la maison. Ce système d'espionnage venait à peine de s'établir, mais il avait déjà produit ses fruits. Roblado savait qu'il était détesté par l'objet de sa tendresse, et que Catalina en aimait un autre. La camériste n'avait pu dire quel était ce rival, mais Roblado le devinait sans peine. Il n'était donc pas étonnant qu'il désirât, comme le colonel, la capture et la mort de Carlos. Tous deux s'employaient activement pour amener ce résultat. Déjà des éclaireurs avaient été envoyés dans différentes directions. Une proclamation affichée sur tous les murs offrait une forte récompense à qui rapporterait la tête du cibolero, et une somme plus considérable encore à celui qui le prendrait vivant.

C'était l'œuvre collective du colonel et du capitaine. Les habitants, pour faire preuve de zèle, avaient rédigé de leur côté une proclamation analogue, et réuni par souscription un capital suffisant pour assurer l'existence de l'homme qui s'emparerait du meurtrier. Cette proclamation était signée de tous les notables de Saint-Ildéfonse, et le nom de don Ambrosio figurait en tête de la liste. On parlait même d'organiser une compagnie de volontaires pour aider les soldats à découvrir l'hérétique, ou plutôt pour gagner la récompense promise.

Signalé de la sorte à la vindicte publique, il semblait difficile que Carlos vécût longtemps. Roblado avait chargé ses espions les plus habiles et les plus fidèles de rôder au bas de la vallée. Il payait largement tous les renseignements qu'on lui apportait sur les lieux que fréquentait habituellement le cibolero et sur les amis qui avaient été en relation avec lui. On surveillait de près don Juan, sur lequel Vizcarra et Roblado avaient des vues particulières, mais qu'ils étaient convenus de laisser provisoirement en repos, afin d'attendre une occasion favorable. Comme la présence d'un détachement eût inspiré la défiance, on n'avait placé aux environs du rancho que des gens de la ville et de pauvres ranchers, qui observaient sans éveiller l'attention. Une escouade de lanciers, avait dit avec raison le capitaine, aurait effrayé l'oiseau et l'aurait empêché de retourner à son nid.

Roblado était occupé dans sa chambre à parcourir les rapports que venaient de lui adresser ses espions, lorsqu'un coup frappé à sa porte le tira de son examen.

— Qui va là? dit-il avant de donner l'autorisation d'entrer.

— C'est moi, capitaine, répondit une voix glapissante.

Évidemment Roblado la connaissait, car il cria :

— Ah! c'est toi! entre.

Un petit homme brun, à figure de fouine, s'avança d'un pas furtif. Il avait l'air humble et craintif, malgré son uniforme, son sabre et ses éperons. C'était une personne digne d'être utilisée pour des services équivoques par des hommes tels que Vizcarra et Roblado.

— Eh bien, José, qu'as-tu à me dire; as-tu vu Vicenza?

— Oui, capitaine, je l'ai rencontrée hier au soir.

— Quelles nouvelles?

— J'ignore si ce sont des nouvelles pour vous, capitaine, mais elle m'a dit que c'était la señorita qui avait fait reconduire cette fille chez elle.

— Quelle fille?

— La güera.

— Ah! continue.

— Vous savez qu'au moment où vous l'avez quittée, l'alcade la proposait à quiconque voudrait la prendre. Une jeune fille, accompagnée de sa mère, est venue la réclamer : on la leur a remise sans difficulté, et elles se sont rendues dans une chaumière située près du chapparal.

— Je sais cela; on m'a dit aussi qu'elles n'y étaient pas restées, mais j'ignore comment elles sont parties.

— Une charrette conduite par un Tagno s'est arrêtée à la porte; la jeune fille, qu'on nomme Joséfa, y est montée et a fait asseoir la güera. Or, ni Joséfa ni sa mère ne l'avaient vue auparavant, et vous ne croiriez jamais, capitaine, qui leur avait donné des instructions et leur avait envoyé la charrette.

— Que dit Vicenza?

— Elle assure que c'est la señorita.

— Ah! s'écria Roblado d'une voix perçante : Vicenza en est-elle certaine?

— Il y a plus. Peu de temps après le départ, la señorita est sortie à cheval, en costume de simple ranchero, avec un sérapé sur les épaules et un sombrero sur la tête. Elle a pris la route basse, le *camino abazo*, a tourné les maisons et est venue rejoindre la charrette.

Cette communication parut produire une impression profonde sur Roblado. Son front s'assombrit, et de nouvelles idées s'offrirent à son esprit. Après avoir rêvé pendant quelques instants, il demanda :

— Est-ce là tout ce que tu as à me dire, José?

— C'est tout, capitaine.

— Tâche d'avoir d'autres renseignements. Revois Vicenza ce soir et recommande-lui la vigilance. Si elle réussit à découvrir quelque correspondance, elle sera largement récompensée et tu ne seras pas oublié. Informe-toi de ce que sont devenues Joséfa et sa mère, et retrouve le Tagno qui les a reconduites. Va, ne perds pas de temps!

José s'inclina humblement et se glissa hors de la chambre. Roblado, dès qu'il fut seul, se leva et se promena avec agitation en exprimant tout haut ses pensées.

— Par le ciel! je n'avais rien prévu de semblable. Sans doute il doit y avoir entre eux une correspondance. Eh bien, elle peut nous être utile. L'amour est plus fort que la tendresse fraternelle, et j'entrevois peut-être le seul piége où puisse tomber notre homme. Si je ne me trompe, belle Catalina, j'exercerai sur vous un empire que vous n'avez point prévu. Je vous amènerai à composition sans le secours de votre aveugle père!

Après avoir caressé pendant quelques minutes ses rêves de vengeance et de victoire, Roblado alla communiquer au commandant ce qu'il avait appris.

CHAPITRE XLII.

La maison du riche mineur.

La maison de don Ambrosio de Cruces était située dans un faubourg sur la lisière de la ville, à sept ou huit cents pas de la place. Elle était isolée et assez loin de toute autre habitation; ce n'était ni une villa ni un cottage, genres de construction absolument inconnus au Mexique. L'architecture de ce pays est d'un style uniforme. Du nord au sud, dans une latitude de plusieurs centaines de lieues, les ranchos habités par les pauvres ne se distinguent que par des modifications qui correspondent aux divisions de la température *caliente*, *templada* et *fria*. Sur les côtes et dans quelques basses vallées de l'intérieur, le rancho est un frêle édifice de perches et de roseaux, couvert en feuilles de palmier. Sur les plateaux, il est bâti en adobé. Dans les montagnes dont les flancs sont boisés, le rancho se compose de bûches avec un toit de bardeaux et des larmiers saillants. Il est très-supérieur à la cabane des forêts américaines sous le rapport du pittoresque et de la propreté.

La diversité qu'on trouve dans les ranchos, et qui tient exclusivement au climat, n'existe pas dans les *casas grandes* ou maisons des riches. Au Mexique et dans toute l'Amérique espagnole, elles offrent l'aspect le plus monotone. Si on remarque par intervalles un édifice un peu original, on ne tarde pas à apprendre que le propriétaire est un étranger, un mineur anglais, un manufacturier écossais ou un négociant allemand. Bien entendu que ces observations ne s'appliquent qu'aux maisons des petites villes, des villages ou des campagnes, car dans les grandes cités, on cherche à imiter tant bien que mal l'architecture européenne.

Comme toutes les *casas grandes*, la maison de don Ambrosio ressemblait à une prison, à une forteresse ou à un couvent; mais son caractère sombre était heureusement mitigé par la décoration des murs. Ils étaient ornés de larges bandes verticales de rouge, de blanc et de jaune. L'effet produit par cette disposition de couleurs, a quelque chose d'oriental et dissipe le sentiment de tristesse qu'inspirerait sans elle l'aspect du bâtiment.

La façade était percée au centre d'une large baie fermée par une porte massive en bois, garnie de verrous solides. Elle avait trois ou quatre fenêtres irrégulièrement ouvertes, sans vitres et sans rideaux, mais grillées de barres de fer placées verticalement. La maison n'avait qu'un étage, surmonté d'un toit plat qu'encadrait un parapet à hauteur d'appui. A en juger par l'extérieur, on n'aurait eu qu'une triste idée de la maison de don Ambrosio, mais au Mexique les propriétaires réservent tous leurs soins à la cour intérieure ou *patio*.

Franchissons donc le seuil par une petite porte qui s'ouvre dans un coin de la grande. Conduits par le *portero*, nous traversons une voûte qu'on appelle le *zaguan*, et qui aboutit au *patio*. Il est pavé de briques peintes imitant la mosaïque. Au centre est un bassin avec un jet d'eau, et dans de grandes caisses poussent divers arbustes cultivés avec soin. Autour de la cour sont les portes des appartements, dont quelques-unes ont des vitres et des rideaux drapés avec goût. Trois côtés sont occupés par la *sala* (le salon de réception), le *cuarto* (autre salle qui ne sert que dans les grandes occasions), et les chambres à coucher. Le quatrième côté du carré est réservé à la *cochina* (cuisine), la *dispensa* (office), le *granero* (grenier) et la *caballerisa* (écurie).

Il importe de revenir au toit, dont l'azotea est une des parties les plus essentielles de la maison. On y monte par un escalier de pierre, et le sol en est recouvert d'un ciment à l'épreuve de la pluie. Le parapet qui environne l'azotea dérobe ceux qui l'occupent à la curiosité des passants, sans cacher la vue de la campagne. Lorsque le temps est couvert ou que le soleil est couché, l'azotea est une promenade charmante, et pour augmenter les agréments de celle de don Ambrosio, on l'avait métamorphosée en jardin. Le long du parapet étaient rangés de magnifiques vases du Japon, contenant des plantes rares, dont le feuillage et les fleurs, s'élevant au-dessus du parapet, couronnaient gaiement l'édifice.

Outre ce jardin suspendu, le riche mineur en avait un autre qui s'étendait en long derrière la maison, entre deux grands murs d'adobé. La rivière qui le bordait avait assez de largeur et de profondeur pour dispenser de toute autre clôture du côté opposé à la maison.

Ce côté, planté en verger, réunissait de beaux arbres fruitiers d'espèces diverses. Le jardin proprement dit était sillonné d'allées spacieuses, orné de parterres et de massifs verdoyants. En le voyant, on aurait pu supposer que don Ambrosio, quoique n'étant qu'un parvenu, avait un goût rare parmi ses compatriotes; mais une autre intelligence que la sienne avait présidé à l'arrangement de ces retraites fleuries; elles étaient l'œuvre de sa charmante fille, qui passait souvent plusieurs heures de suite sous leurs odorants ombrages. Un trou creusé dans le sol, des roches quartzeuses, une riche gangue, des monceaux de minerai étaient plus agréables à don Ambrosio que toutes les fleurs du monde. Quelques barres de métal offraient à ses yeux plus d'intérêt que les plus admirables plates-bandes, quand même elles eussent été couvertes de tulipes noires et de dahlias bleus.

Des cavaliers se mirent à sa poursuite.

Catalina avait des sentiments plus élevés et plus délicats. L'amour de l'or, l'orgueil de l'opulence, l'avaient toujours trouvée inaccessible. Elle aurait volontiers renoncé à cet héritage dont on faisait tant de bruit pour partager un humble rancho avec l'homme qu'elle aimait.

CHAPITRE XLIII.

Le billet perdu.

Le soleil allait se coucher; son disque jaune touchait le sommet neigeux de la sierra Blanca, qui barrait l'horizon occidental. Le blanc manteau jeté sur les épaules de la montagne réfléchissait de magnifiques teintes roses qui devenaient plus foncées en se rapprochant des plaines. Le rouge et le pourpre qui coloriaient le fond des ravins formaient un admirable contraste avec la verdure sombre des forêts étagées sur les flancs de la Sierra.

C'était un coucher de soleil plus brillant qu'à l'ordinaire. Les nuages, où se mêlaient l'azur, le pourpre et l'or, affectaient des formes fantastiques, si bien qu'on aurait pu les prendre pour les brillantes créations d'un autre monde. La vue du ciel était faite pour réjouir les yeux, consoler les affligés et augmenter le bonheur des heureux. Catalina de Cruces contemplait ce spectacle, et pourtant il y avait dans ses regards une tristesse qui n'était pas en harmonie avec la beauté de la soirée. A la vérité, tandis qu'elle avait l'air de suivre les nuées dans leur marche, ses pensées étaient ailleurs, et les dernières clartés qui se réfléchissaient sur sa figure n'en dissipaient point les ombres.

Elle était seule sur l'azotea, penchée sur le parapet, la tête tournée du côté du jardin. Le soleil, qu'elle avait en face d'elle, illuminait les contours onduleux de sa taille majestueuse. Par intervalles, ses regards s'arrêtaient sur un bosquet d'arbres de Chine situé aux bords de la rivière, à l'extrémité de l'enclos. Ce lieu avait pour elle un attrait particulier; c'était là qu'elle avait reçu les premiers serments de Carlos, c'était là qu'elle y avait répondu et que les deux amants s'étaient juré en face du ciel une éternelle fidélité. Elle avait elle-même taillé en berceau le feuillage de ces arbres, et son imagination ne lui présentait point de site plus délicieux: c'était pour elle le paradis.

Mais pourquoi avait-elle l'air triste en le contemplant? N'y attendait-elle pas le soir même celui dont la présence l'avait consacré? Cette perspective aurait dû la remplir de joie, et en effet sa physionomie s'animait par intervalles et devenait radieuse; mais bientôt l'inquiétude et l'abattement reprenaient le dessus.

Elle avait à la main une mandoline, sur laquelle elle essaya de jouer un vieil air espagnol; mais ses doigts effleuraient à peine les cordes, son esprit chercha vainement la mélodie. Elle laissa de côté l'instrument pour se promener sur l'azotea. De temps en temps elle s'arrêtait, baissait les yeux, puis reprenait sa marche irrégulière pour s'arrêter de nouveau un moment après. Parfois elle examinait les caisses de fleurs qui bordaient la terrasse; mais nulle part elle ne découvrait l'objet qu'elle semblait chercher.

Pour se distraire, Catalina revint à sa mandoline; mais après en avoir tiré quelques accords, elle l'abandonna brusquement, et se leva en disant:

— Je ne sais comment cela se fait; il faut que je l'aie laissé tomber dans le jardin.

Elle descendit dans le patio, se rendit au jardin, et en parcourut toutes les allées, en explorant à la fois le sable et les buissons. Elle s'arrêta un moment sous les arbres de Chine; puis elle rentra la tête basse, désespérant de retrouver l'objet perdu.

De retour sur l'azotea, Catalina eut encore recours à sa mandoline, dont les sons ne purent l'arracher à son anxiété.

— C'est étrange, se dit-elle, j'ai vainement cherché dans ma chambre, dans le salon, ici, au jardin, partout! Où peut être ce billet? S'il allait tomber entre les mains de mon père! Le sens en est trop clair pour être méconnu..... Mais non. C'est en d'autres mains peut-être qu'il est tombé, entre les mains de nos ennemis! L'heure du rendez-vous est exactement indiquée, et quoique le lieu ne soit pas désigné, on le découvrirait aisément. Oh! que ne puis-je communiquer avec Carlos! mais c'est impossible, et il va venir! *Ay de mi!* je ne puis l'en empêcher. Espérons que ce billet n'est pas en la possession d'un ennemi... Mais où est-il? *madre de Dios!* où est-il?

Ce soliloque explique suffisamment les alarmes de Catalina. Le billet que lui avait remis Joséfa était entièrement de la main de Carlos; non-seulement les termes la compromettaient, mais encore les indications qu'il contenait exposaient son amant.

— Il faut que je mande Vicenza, reprit-elle: c'est avec répugnance que je m'y résous, car j'ai cessé d'avoir confiance en elle. Franche et honnête autrefois, elle devient fausse, hypocrite, et deux fois je l'ai surprise en flagrant délit de mensonge. Que signifie sa conduite?

Catalina rêva pendant un moment avant de prendre une résolution définitive.

— Allons! il faut que je la voie. Peut-être a-t-elle trouvé ce papier et l'a-t-elle jeté au feu, n'y attachant point d'importance. Par bonheur, elle ne sait pas lire, mais d'autres sauront lire pour elle. Ah! j'oubliais qu'elle a pour amant un soldat! Si elle avait trouvé la lettre, si elle la lui avait montrée! *Dios de mi alma!*

Cette supposition redoubla les battements du cœur de Catalina; sa respiration devint pénible et précipitée.

— Ce serait le plus grand malheur qui pût arriver! Ce soldat me déplaît; il a l'air vil, artificieux, et bien qu'il jouisse de la faveur du colonel, on m'a dit que c'était un mauvais sujet. Dieu veuille qu'il n'ait pas trouvé le billet! Ne perdons pas de temps, interrogeons Vicenza.

Elle s'approcha du parapet et appela:

— Vicenza! Vicenza!

— *Aqui, señorita* (me voici), répondit une voix de l'intérieur de la maison.

— *Ven aca! ven aca!* (viens ici!)

— *Si, señorita.*

— *Anda! anda!* (vite!)

Une jeune fille en jupon court, avec une chemisette sans manches, traversa le patio et monta l'escalier qui menait à la terrasse. C'était une *mestiza* d'Indienne et d'Espagnol, comme le prouvait son teint, où le brun et le blanc étaient mêlés en parties égales.

Ses traits n'étaient pas désagréables, mais leur expression excluait toute idée de vertu et d'amabilité. La malice et la fourberie s'y peignaient en même temps que l'audace. Se sentant coupable, elle avait étouffé les remords de sa conscience, et affectait depuis peu une assurance provocante qui n'avait pas échappé à sa maîtresse.

— *Que quiere usted, señorita?* (que désirez-vous, mademoiselle?)

— J'ai perdu un morceau de papier plié en long, non pas comme une lettre, mais comme ceci.

Catalina lui présenta un modèle exactement pareil et ajouta :

— L'as-tu vu?

— Non, señorita, répondit précipitamment la cameriste.

— Tu l'as peut-être balayé et jeté au feu? Il semblait n'avoir aucune importance, et en réalité il ne contenait que quelques dessins dont je voulais prendre copie. Penses-tu qu'il ait été détruit?

— Je l'ignore, señorita, je sais seulement que je ne l'ai pas détruit, je ne l'ai ni balayé ni jeté au feu. Ne sachant pas lire, j'ai toujours soin de mettre de côté les papiers que je trouve, de peur d'en perdre un qui ait quelque valeur.

La déclaration de la métisse était exacte en partie. Elle n'avait pas détruit le billet. Sa réponse fut faite d'un ton naïf et avec une certaine vivacité. Vicenza semblait mécontente d'être soupçonnée de négligence.

— Il suffit, reprit sa maîtresse, tu peux te retirer.

José.

La servante s'éloigna en silence; mais au moment où elle disparaissait dans l'escalier, elle regarda Catalina, qui avait le dos tourné, et un sourire diabolique effleura ses lèvres. Elle savait à quoi s'en tenir sur la perte du billet.

Catalina se remit à contempler le soleil couchant. Dans quelques minutes il allait s'enfoncer derrière la sierra Blanca, dans quelques heures Carlos allait venir.

Cependant on venait de frapper à la porte de Roblado, et l'obséquieux José y entrait à pas de loup.

— Quelle nouvelle as-tu? demanda l'officier.

— Les voici, répondit le soldat en présentant un morceau de papier plié en long.

— Qu'est-ce que c'est? d'où cela vient-il?

— Le capitaine le comprendra mieux que moi, qui ne sais pas lire; je crois que c'est une lettre que la señorita a reçue hier matin à l'église, et qu'elle s'est empressée de lire en revenant de la messe. Vicenza suppose que c'est Joséfa qui a apporté cette lettre du bas de la vallée.

Sans écouter ces explications, Roblado parcourait rapidement le billet. Il se leva avec autant de précipitation que s'il eût eu des aiguilles plantées dans sa chaise.

— Vite! s'éria-t-il en parcourant la chambre à grands pas, envoie-moi le brigadier Gomez, ne dis rien à personne; mais tiens-toi prêt, j'aurai besoin de toi.

José sortit avec tant d'empressement qu'il mit dans son salut moins d'humilité qu'à l'ordinaire.

— Par le ciel! le hasard me favorise. Comme il est facile d'attraper un fou lorsque c'est l'amour qui lui tend un piége! Le rendez-vous est pour minuit; j'ai le temps de prendre mes mesures. Mais de quel côté me diriger?

Roblado relut le billet.

— Carrajo !. il n'y a point d'indication de lieu. Que faire? Comment me retrouver au milieu des ténèbres? Bon! m'y voilà. Nous nous mettrons en embuscade; Vicenza se chargera d'épier sa maîtresse et de nous avertir en temps opportun. Nous viendrons troubler la félicité de ces deux amants. Enfer et furie! dire qu'un misérable, un écorcheur de bisons ose me contre-carrer! Mais patience, patience, mon tour ne tardera pas à venir.

En ce moment le brigadier Gomez se présenta.

— Gomez, choisissez vingt hommes d'élite; qu'ils soient prêts à onze heures. Vous avez tout le temps; mais arrangez-vous pour monter à cheval aussitôt que j'en donnerai l'ordre, et recommandez à vos gens la discrétion. Que les carabines soient chargées; plus tard je vous instruirai de ce que vous aurez à faire.

Le brigadier se retira sans mot dire.

— Oh! si je connaissais le lieu du rendez-vous, je n'aurais plus rien à désirer. Est-ce dans le jardin ou dans la campagne? La seconde supposition est plus vraisemblable; Carlos n'oserait s'aventurer dans la ville, de peur d'être reconnu, lui ou son cheval. Mort au cheval comme au maître! mais non, c'est à moi que revient de droit cet animal si vanté. Que ne puis-je avoir des éclaircissements avant l'heure du rendez-vous! Le gain de la partie serait assuré; mais le billet ne mentionne que l'endroit ordinaire, l'endroit où ils se sont rencontrés souvent... souvent!

Cette pensée intolérable arracha au capitaine un gémissement de désespoir, et pour se calmer il fit quelques tours dans sa chambre.

— Est-il à propos que j'avertisse Vizcarra? Non, j'attendrai. Comme il soupe tard, je l'égayerai du récit de ma capture, et peut-être aurai-je le plaisir de déposer sur la table les oreilles du cibolero.

Heureusement pour lui, le terrain qu'il parcourait était clair-semé de bouquets d'arbres.

Accompagnant ces mots d'un éclat de rire féroce, le capitaine boucla son ceinturon, s'arma d'une paire de pistolets d'arçon et descendit dans la cour.

CHAPITRE XLIV.

L'heure du rendez-vous.

Il était onze heures du soir. La lune brillait au ciel, mais si près de l'horizon que l'escarpement qui bornait la vallée du côté du sud jetait une ombre immense sur la plaine.

Dans cette ombre se tenait avec soin un cavalier qui désirait n'être pas aperçu. Il s'avançait avec précaution en longeant la base du précipice, et toutes les fois qu'il avait à traverser des parties éclairées correspondant à quelques crevasses, il les franchissait rapidement, après s'être arrêté pour reconnaître le terrain.

Quand il fut arrivé du bas de la vallée en face de la ville, le cavalier se demanda s'il devait s'aventurer sur la route directe qui reliait à Saint-Ildefonse la passe de la Niña. Craignant de s'exposer, il continua à longer les rochers jusqu'à ce qu'il eut atteint un chemin de traverse, praticable seulement pour les chevaux, et qu'il parut reconnaître. Il le prit sans hésitation, renonçant forcément à l'ombre tutélaire que projetait l'escarpement. La lune éclaira en plein un jeune homme revêtu d'un costume de ranchero et monté sur un coursier dont la robe noire étincelait aux clartés argentées de l'astre des nuits. Il était facile de reconnaître le cavalier à sa haute taille, à son teint blanc et à ses cheveux blonds, dont les boucles épaisses dépassaient le bord de son large sombrero.

C'était Carlos le cibolero. Le chien roux qui marchait derrière lui était Cibolo.

Comme il se rapprochait de la ville, Carlos redoubla de précautions. Heureusement pour lui, le terrain plat qu'il parcourait était clairsemé de bouquets d'arbres, et le sentier traversait parfois les broussailles d'un chapparal. Avant de s'y hasarder, Carlos se faisait précéder par son chien, et quand il rentrait en plaine, il ne reprenait sa marche qu'après avoir exploré attentivement l'espace qui le séparait des prochains taillis.

Bientôt il fut sur les confins de la ville, dont il aperçut les murailles dominées par la coupole étincelante de l'église.

Quelques moments plus tard, il reconnaissait l'azotea de la maison de don Ambrosio, au-dessus des arbres du jardin.

Carlos s'arrêta dans un petit bois, le dernier de la plaine. De ce point jusqu'à la rivière l'espace était à découvert et avait environ trois cents pieds. En dehors du jardin s'étendait une vaste prairie appartenant au riche mineur, et pour faciliter le passage des chevaux, on avait réuni les deux rives par un pont grossier. Un autre pont plus léger et plus élégant reliait le jardin même à la prairie. C'était ce pont que prenait Catalina quand elle voulait goûter le plaisir de la promenade dans les prés. Il ne servait guère qu'à la jeune señora, et au milieu s'élevait une porte à claire-voie fermée à clef, pour empêcher les indiscrets de pénétrer dans l'enceinte du jardin.

A la lueur de la lune Carlos distinguait les poteaux et les barreaux de la porte, peints de couleur claire. La rivière lui était cachée par la hauteur des berges, et un rideau de peupliers argentés et d'arbres de Chine lui dérobait la vue du jardin.

Carlos mit pied à terre dans le petit bois, conduisit son cheval sous les plus épais ombrages, et l'y laissa sans l'attacher. Il se contenta de placer la bride sur le pommeau de la selle pour qu'elle ne traînât pas à terre. Nous avons déjà vu que le noble animal était accoutumé à être abandonné à lui-même. Ensuite Carlos s'avança sur la lisière des taillis et se tint aux aguets, les yeux fixés sur le pont du jardin. Ce n'était pas la première fois qu'il se trouvait dans une position semblable; mais jamais il n'avait éprouvé des émotions aussi vives et aussi singulières. C'était une entrevue décisive; il avait promis de s'expliquer franchement; il avait résolu de faire une proposition du rejet ou de l'acceptation de laquelle pouvait dépendre son avenir. Son cœur palpitait avec tant de force dans sa poitrine, que les battements arrivaient distinctement à ses oreilles. Un calme profond régnait à Saint-Ildefonse, tous les habitants étaient couchés, toutes les lumières éteintes, toutes les maisons fermées. On ne voyait dans les rues que les gardes de nuit, les *serenos*, enveloppés de leurs manteaux de couleur sombre; ils sommeillaient sous les portes, tenant en main leurs grandes hallebardes; leurs lanternes étaient déposées à leurs pieds sur le pavé.

La maison de don Ambrosio était silencieuse. Après avoir barré la grande porte qui menait au zaguán, le portier s'était retiré dans sa loge. Tout le monde devait être rentré et endormi; cependant un rayon de lumière filtrait à travers les rideaux de soie d'une porte vitrée et jetait un pâle reflet sur les dalles du patio. Cette lumière provenait de la chambre de Catalina.

Tout à coup le calme de la nuit fut interrompu par le tintement d'une grosse cloche; c'était l'horloge de la paroisse qui sonnait minuit. Avant que le dernier coup eût cessé de vibrer, la lumière s'éteignit, la porte vitrée s'ouvrit doucement, et Catalina sortit à la dérobée en prenant le côté le plus sombre du patio. Malgré l'ample manteau dont elle était enveloppée, sa taille noble et élégante se dessinait dans l'ombre, et la contrainte qu'elle s'imposait n'ôtait rien à la grâce de sa démarche. Elle s'arrêta devant la grosse porte qui séparait la maison du jardin, et l'ouvrit; mais ce ne fut ni sans difficulté ni sans bruit. La clef rouillée grinça dans la serrure, et Catalina ne put s'empêcher de tressaillir. Elle revint même sur ses pas pour s'assurer que personne n'avait entendu, et promena des regards inquiets autour du patio. Il lui semblait que, tandis qu'elle parcourait l'avenue qui menait du jardin à la cour, une des portes qui s'ouvraient sur cette dernière venait de se fermer; elle les examina les unes après les autres; mais toutes étaient closes, même la sienne, dont elle avait eu soin de tourner la clef. Toutefois, son imagination était troublée, et elle ne pouvait se défendre d'une certaine appréhension. Catalina retourna au jardin, dont elle gagna l'extrémité en se tenant dans l'ombre des bosquets, puis ses yeux se portèrent sur la prairie. On n'y distinguait que la masse du petit bois, sous lequel il eût été impossible de reconnaître une figure humaine à cette distance. Après être restée quelque temps en observation, Catalina vint se placer au point culminant du pont, près de la petite porte. Elle se dressa de toute sa hauteur, prit un mouchoir de batiste et le tint un moment au-dessus de sa tête. L'air était rempli de fulgores, dont l'obscurité des taillis faisait ressortir les lumières mouvantes, mais elles ne l'empêchèrent pas de distinguer une clarté plus vive, pareille à celle de la poudre brûlée. On avait répondu à son signal.

Quelques secondes après elle avait ouvert la poterne, et s'était retirée sous le berceau d'arbres de Chine. Ses joues se colorèrent, son cœur se remplit de joie, ses yeux étincelèrent du feu de l'ambur quand elle vit Carlos quitter le petit bois et s'avancer dans la direction du pont.

CHAPITRE XLV.

Vicenza.

Catalina n'avait pas été le jouet d'une illusion, lorsqu'en remontant l'avenue elle avait cru entendre fermer une porte. Si elle avait marché plus vite, elle aurait vu une femme traverser le patio et entrer dans la chambre à coucher des servantes; mais elle arriva trop tard. La porte s'était refermée et le silence rétabli.

— C'est une erreur, se dit-elle.

Malheureusement ce n'était pas une erreur. Avant l'heure du coucher Vicenza avait obtenu la permission de sortir. Conduite par le soldat José, elle avait eu une conférence avec Roblado, et un plan d'opérations avait été concerté entre eux.

— Vous surveillerez votre maîtresse, lui dit-il, et vous la suivrez jusqu'au lieu du rendez-vous. Dès qu'il vous sera connu, vous viendrez me retrouver dans le bois qui est hors de la ville, en face de la maison de don Ambrosio. De là vous me guiderez auprès des amants, et je me charge du reste.

La chambre à coucher de Vicenza était en face de celle de Catalina. Pendant toute la soirée la perfide cameriste, l'œil appliqué au trou de la serrure, avait observé la lumière qui brillait à travers la porte vitrée. Elle avait vu sortir la señora, et elle-même était sortie sans bruit pour la suivre. Elle attendait derrière un mur à l'entrée de l'avenue, lorsque, avertie par le bruit des pas que sa maîtresse revenait du côté du patio, elle jugea prudent de battre en retraite et de retourner dans sa chambre, qu'elle n'osa quitter pendant quelques instants.

Il fallait pourtant tenir ses engagements avec Roblado : en appliquant un œil au trou de la serrure, Vicenza constata que sa maîtresse n'était pas rentrée, et devait par conséquent être au jardin. L'espionne reprit courage et se glissa jusqu'à sur la pointe du pied jusqu'à l'avenue, qui était en ce moment éclairée en plein par la lune. La porte était ouverte, et il était vraisemblable que Catalina l'avait franchie; mais où était-elle allée? Elle avait la clef du pont, ne pouvait-elle l'avoir passé et s'être jetée dans la campagne? Comment retrouver ses traces?

Tourmentée par ces pensées, la métisse s'aventura dans les allées, en ayant soin de se baisser. Ne voyant personne, elle commençait à désespérer du succès de son entreprise, quand elle se rappela le berceau situé au bout du jardin. C'était un lieu propice aux rendez-vous, comme l'avait remarqué Vicenza, experte en pareille matière.

Toutefois une difficulté se présentait.

Entre les parterres et les massifs qui bordaient la rivière, s'étendait une pelouse qu'on ne pouvait traverser sans être aperçu.

Comment la franchir sans donner l'éveil à ceux qu'il s'agissait de surprendre?

La métisse eut d'abord envie d'attendre, comme l'avait fait sa maîtresse, que la lune fût voilée d'un nuage; mais les instants étaient précieux. Vicenza remarqua l'ombre que le grand mur d'adobes jetait sur un côté de la pelouse. Guidée par la ruse instinctive de sa race, elle se coucha à plat ventre, se traîna sur l'herbe, et parvint ainsi jusqu'à la lisière des massifs, précisément derrière le berceau sous lequel les amants devaient se trouver. Là elle leva la tête, écarta doucement le feuillage, et vit ce qu'elle désirait voir.

En ce moment Catalina était sur le pont, et ses contours se détachaient sur l'azur du ciel.

La métisse devina que le mouchoir blanc était un signal, et que la clarté qui s'allumait dans la prairie avait pour but d'y répondre. Quand la poterne eut été ouverte, l'espionne n'eut plus de doutes, et elle aurait pu s'en retourner; mais Roblado lui avait ordonné positivement d'attendre pour le prévenir la réunion des deux amants.

Après avoir aperçu le signal, Carlos murmura quelques mots auxquels son cheval était habitué, pour lui recommander de rester en place; puis il s'achemina vers le jardin. Cibolo le suivit jusqu'à la rivière et se coucha sur le bord; tandis que son maître passait le pont.

Aussitôt que Vicenza l'eut reconnu et qu'elle l'eut vu aborder Catalina, elle songea à la retraite; mais les deux amants avaient les yeux tournés de son côté, et se dirigeaient vers le berceau derrière lequel elle était blottie. Force lui fut donc de rester cachée en attendant une meilleure occasion.

CHAPITRE XLVI.

Conversation interrompue.

Carlos et Catalina s'assirent sur un banc, en proie à une émotion qu'il leur fut impossible de traduire par des paroles. La jeune fille rompit le silence.

— Qu'est devenue votre sœur?

— Elle est retournée au rancho, que j'ai fait recouvrir, et depuis qu'elle y est rentrée la raison lui est revenue comme par miracle. Ce n'est qu'à de longs intervalles que ses accès de délire la reprennent, et j'ai tout espoir qu'elle se rétablira bientôt complétement.

— Cette nouvelle me comble de joie. Pauvre enfant, comme elle doit avoir souffert entre les mains de ces sauvages impitoyables!

— Impitoyables, en effet, Catalina! Ils méritent votre indignation, quoique vous ne sachiez guère de qui vous parlez.

— Quoi! s'écria avec étonnement Catalina, qui avait jusqu'alors partagé l'opinion générale, est-ce que votre sœur n'a pas été prisonnière des Indiens?

— Non, et c'est surtout pour vous l'apprendre que j'ai sollicité cette entrevue. Il m'importait de vous expliquer ce que ma conduite devait avoir de mystérieux pour vous. Écoutez-moi.

Carlos révéla à sa belle compagne tous les détails du complot formé par les deux officiers.

— Les misérables! s'écria Catalina; qui aurait pu supposer une semblable atrocité? Je n'y croirais pas, Carlos, si vous ne me l'attestiez. J'avais déjà entendu parler de la scélératesse de ces hommes, mais ce dernier trait me confond!

— Vous voyez maintenant si je mérite la qualification d'assassin.

— O Carlos! je ne l'ai pas supposé un seul instant. Je savais que votre cause devait être celle de la justice; mais ne craignez rien, la lumière se fera, et les jugements du monde...

— Le monde, interrompit Carlos avec amertume, il n'existe plus pour moi. Je n'ai plus d'asile, plus de patrie. Pour ceux au milieu desquels j'ai grandi j'étais jusqu'à ce jour un étranger, un hérétique à peine toléré; maintenant je suis un proscrit, ma tête est mise à prix. En vérité, quand je songe aux sommes que promettent les proclamations, je m'étonne de valoir tant d'argent!

Cette idée arracha au cibolero un rire sarcastique.

— Vous êtes le monde entier pour moi, Catalina; mais vous ne l'êtes que dans mon cœur, car je suis forcé de vous quitter; la mort ou les supplices m'attendent ici; il faut que j'aille rejoindre les hommes de ma race, mes parents, dont je suis séparé depuis mon enfance. Peut-être trouverai-je une demeure et de nouveaux amis, mais sans vous je ne connaîtrai jamais le bonheur.

Catalina était tremblante et baissait vers la terre ses yeux humides de larmes. Elle n'osait exprimer les pensées qui lui venaient à l'esprit; mais l'hésitation, la fausse pudeur n'étaient point dans son caractère. Son avenir et son bonheur dépendaient d'un seul mot; elle mit de côté toute réserve, prit la main de Carlos et lui dit d'une voix douce et ferme:

— Voulez-vous que je parte avec vous?

Carlos la pressa dans ses bras.

— Ciel! s'écria-t-il, est-ce possible? ai-je bien entendu? c'est vous qui me proposez ce que je n'osais vous demander. Quoi, vous abandonneriez tout pour moi? De grâce, répétez-le encore. Consentez-vous à me suivre.

— Oui, répliqua-t-elle laconiquement, mais avec énergie.

— J'ai donc retrouvé cette félicité que huit jours de souffrances m'avaient fait perdre, car il y a huit jours j'étais heureux, Catalina, une étrange aventure m'avait mis sur la route de la fortune. J'avais l'espoir de vous conquérir, ou du moins de me faire agréer par votre père. Voyez, ajouta Carlos présentant sa main pleine d'un métal étincelant. C'est de l'or! j'en avais découvert une mine; je comptais parvenir aisément à égaler votre père en richesses et à obtenir son consentement. A présent, il me repoussera toujours, et pourtant vos paroles me rassurent. Ne vous occupez point de la fortune que vous abandonnez; j'ai les moyens de vous en offrir une autre, peut-être plus considérable. Plus tard je vous donnerai à ce sujet des détails circonstanciés. Cette nuit...

Il fut interrompu par la vigilante Catalina, qui venait d'entendre un léger frôlement au milieu des feuilles, derrière le berceau. Il n'y avait pas un souffle de vent; d'où donc pouvait provenir ce bruit? Tous deux se levèrent, examinèrent les buissons et ne virent rien qui fût de nature à les inquiéter. La lune était descendue à l'horizon, le ciel s'était assombri, mais il faisait assez clair pour distinguer les objets à quelque distance.

— Ne vous êtes-vous pas trompée? demanda Carlos.

— Non, j'ai positivement entendu remuer les feuilles. Peut-être n'est-ce qu'un oiseau, un serpent ou un lézard.

Carlos pensa à Cibolo, mais le chien fidèle était toujours au poste où on l'avait placé. Dans tous les cas, les deux amants jugèrent prudent de ne pas rester sous le berceau. Les inquiétudes de Catalina redoublaient, car elle se rappelait ce billet qu'elle avait perdu et la porte qu'elle avait entendu fermer. Elle se hâta de faire part de ses impressions à son compagnon, qui semblait attacher peu d'importance à un incident dont la cause pouvait être naturelle. Il changea d'avis après avoir reçu les confidences de Catalina. Accoutumé aux artifices des Indiens, il mit à profit la science qu'il avait acquise parmi eux; il inspecta attentivement l'herbe et les buissons.

Au bout d'un instant, il releva la tête en poussant un léger cri de surprise.

— Aussi vrai que je vis, Catalina, vous aviez raison. Il est venu quelqu'un ici, et il s'est couché à cette place même. Par le ciel, c'était une femme, voici l'empreinte de sa robe!

— Ce ne peut être que Vicenza, ma camériste. *Dios de mi alma*, elle a entendu notre conversation!

— Elle vous aura suivie depuis la maison; mais quels motifs peuvent la faire agir!

— Dieu le sait! j'ai déjà eu occasion de m'étonner de sa conduite. Cher Carlos, vous ne sauriez rester plus longtemps ici; elle va sans doute avertir mon père, peut-être même va-t-elle avertir son amant José, un soldat de la garnison. Partez donc, partez! il y va de votre salut.

— Je ne crains pas les satellites de Roblado, dit Carlos. Ils sont trop mauvais tireurs pour ajuster dans l'ombre, et leurs sabres ne m'atteindront jamais tant que mon bon cheval répondra à mon appel, mais votre conseil est sage; il n'est pas croyable que cette fille ait cédé à un simple mouvement de curiosité. Si elle a cherché à vous compromettre et à me perdre, son complot sera déjoué! Je pars.

Telle était la résolution de Carlos, mais il fallait échanger de nouveaux serments, fixer le jour d'un nouveau rendez-vous, qui serait peut-être le dernier avant leur fuite à travers les grandes plaines. Plusieurs fois le cibolero mit le pied sur le pont, mais il revenait sans cesse pour obtenir une douce parole, un baiser d'adieu. Enfin les amants se séparèrent. Catalina se dirigea vers la maison, et Carlos allait traverser le pont, lorsque Cibolo fit entendre un grognement sourd, suivi bientôt d'aboiements prolongés.

Son maître était menacé d'un danger. La première idée de Carlos fut de courir auprès de son cheval. Il aurait eu le temps de fuir, mais il voulut d'abord avertir Catalina, et il vint la rejoindre au milieu de la pelouse, où elle s'était arrêtée en entendant les aboiements du chien. Presque aussitôt des pas de chevaux retentirent en dehors des murs du jardin et sur les solives du grand pont qui menait à la prairie. Cibolo aboya avec fureur, et des cavaliers se montrèrent à travers les arbres de l'autre côté de la rivière. Le jardin était cerné!

CHAPITRE XLVII.

La fuite.

Couchée derrière le berceau, la métisse n'avait pas perdu un mot de l'entretien des deux amants. Toutefois elle avait été retenue moins par l'intérêt qu'elle y prenait que par la crainte d'être découverte; et elle n'aurait pu manquer de l'être en essayant de franchir la pelouse. Ce fut seulement quand la lune descendit qu'elle entrevit la possibilité de la retraite.

Profitant d'un instant où les amants n'avaient pas les yeux tournés du côté du jardin, elle sortit en rampant de sa cachette, se releva et s'éloigna d'un pas rapide. Ce n'était pas sa retraite qui avait produit le frôlement qu'avait remarqué la señorita: pour mieux se cacher, la perfide servante avait courbé des branches; une d'elles, cachée sous les autres, s'était relevée et avait repris sa position naturelle, mais quand le bruit qu'elle produisit en se redressant avertit les deux amants, Vicenza était déjà loin.

Sans retourner dans sa chambre, elle entra sous le *zaguan* et ouvrit la porte bâtarde, dont elle avait dérobé la clef.

Le portier dormait profondément, et Vicenza mit dans ses mouvements assez de circonspection pour ne pas le réveiller; mais dès qu'elle fut dehors, elle courut au bois où Roblado l'attendait. Il y avait conduit ses hommes par des chemins détournés, afin que personne ne pût les voir et empêcher par une indiscrétion la réalisation de ses projets. Vicenza n'eut pas le temps de lui dire ce qu'elle avait entendu, mais elle lui raconta ce qu'elle avait vu et par suite de quelles circonstances elle se trouvait en retard.

— Il n'y a pas une minute à perdre, dit le capitaine. L'entrevue peut finir, et notre proie nous échapperait. Si j'avais eu le temps, j'aurais fait traverser plus bas la rivière à quelques-uns de mes gens et ils seraient venus par la prairie se poster en face du jardin; mais il est trop tard. Agissons d'une manière expéditive, et profitons des instants qui nous restent.

D'après les ordres du capitaine, la troupe se divisa en plusieurs pelotons: Gomez, guidé par Vicenza, fut chargé d'occuper le *patio* et d'intercepter les communications de la maison avec le jardin. Deux autres pelotons se déployèrent le long des murailles, et Roblado, à la tête du quatrième, gagna la prairie par le grand pont. Ce plan était assez bien conçu. Roblado, qui s'était souvent promené dans ce jardin, en connaissait toutes les issues, et il était certain du succès, s'il parvenait à l'entourer avant que le cibolero en eût l'éveil.

C'était au moment où les lanciers approchaient des murs que le vigilant Cibolo donna l'alarme.

— Fuyez, dit Catalina à Carlos, ne songez pas à moi; on n'osera attenter à mes jours. Je vous en conjure, éloignez-vous! *Madre de Dios!* ils viennent de ce côté.

En effet, des lanciers avaient mis pied à terre dans le patio; les uns gardaient l'entrée de l'avenue, les autres entraient dans le jardin, et on entendait le cliquetis de leurs sabres. Carlos avait eu d'abord l'idée de s'échapper par la maison, et de regagner ensuite la prairie à la faveur des ténèbres. Cette chance de salut était perdue; les murs étaient trop élevés pour être escaladés; le pont était le seul passage qu'il pût tenter. Il reconnut qu'il avait commis une erreur en revenant sur ses pas. Rester auprès de Catalina, c'était s'exposer à soutenir une lutte inégale, à être pris, peut-être tué comme un chien; c'était mettre en danger la vie de Catalina; mieux valait tenter un effort désespéré pour retourner au petit bois où il avait laissé son cheval.

— Adios, querida, cria-t-il, ne perdez point courage; si je meurs, j'emporterai votre amour au ciel.

Catalina murmura quelques mots d'une voix éteinte, tomba à genoux, et joignant les mains, pria pour le salut de son amant.

En quelques bonds, Carlos fut au bout du jardin. Les ennemis occupaient déjà la rive opposée, et se communiquaient à haute voix des instructions. Roblado venait de descendre de cheval, et ordonnait à quelques hommes de mettre pied à terre pour le suivre. Carlos était dans la nécessité de forcer le passage du pont, de se faire jour à travers les soldats et de combattre jusqu'à ce qu'il pût appeler son cheval. C'était une entreprise hasardeuse; le succès en était presque impossible. La mort était au bout; mais elle était encore plus certaine si Carlos n'agissait pas.

Déjà plusieurs hommes à pied s'avançaient vers le pont; Carlos s'élança le pistolet au poing, et se trouva face à face avec Roblado, dont il n'était séparé que par les barreaux de la porte, qui était fermée. Ils n'échangèrent pas une seule parole. Roblado, qui tenait aussi son pistolet, tira le premier, mais il manqua son but, et pour éviter le feu de son adversaire, il recula en criant à ses gens de faire une décharge. Avant qu'ils eussent eu le temps d'obéir, le coup du cibolero partit, et le capitaine roula sur l'herbe.

Carlos ouvrit la porte et il allait prendre sa course lorsqu'à travers les ténèbres et la fumée il vit plusieurs carabines qui l'ajustaient. Une inspiration instantanée lui traversa l'esprit.

Les carabines partirent toutes à la fois, et lorsque la fumée se dissipa, Carlos n'était plus sur le pont. Etait-il rentré dans le jardin? Non, car la retraite lui aurait été coupée de ce côté.

— Nous n'avons pu le manquer, s'écrièrent les lanciers. Nous l'avons tué; mais où est-il?

— *Mira!* dit l'un d'eux, il est tombé à l'eau.

En effet, des bulles d'eau et des vagues circulaires annonçaient qu'un corps venait de tomber dans la rivière, mais on ne le voyait pas.

— Il est allé au fond, dirent quelques-uns des lanciers.

— Etes-vous sûr qu'il ne se soit pas sauvé à la nage?

— Impossible! il n'y a point de vagues.

— Il n'a pu passer par ici, dit un homme qui venait de se mettre en faction en aval du pont; j'ai constamment eu les yeux fixés sur la rivière.

— Il n'est pas de mon côté, dit un soldat qui était de garde en amont.

— Alors il est mort et coulé à fond.

— *Carrajo!* repêchons-le!

Ils allaient mettre ce projet à exécution, mais Roblado, qui n'était blessé qu'au bras, se releva pour les en empêcher.

— A quoi songez-vous? cria-t-il d'une voix de tonnerre : déployez-vous sur la berge, et vite! sans cela il peut encore nous échapper.

Les soldats obéirent; mais ceux qui descendaient le courant s'arrêtèrent comme pétrifiés. A environ deux cents pas de distance, un homme gravit la berge, et dès qu'il fut debout se mit à courir avec la vitesse de l'éclair du côté du petit bois.

— Le voilà, c'est lui, *per todos los santos!*

Plusieurs coups de feu partirent au hasard. On entendit un sifflement perçant; un cheval sortit comme un trait du petit bois et vint à la rencontre de Carlos. Celui-ci s'élança en selle, défia ses adversaires par un rire de dédain, et disparut dans les ténèbres.

La plupart des lanciers montèrent à cheval et se mirent à sa poursuite; mais ils y renoncèrent promptement pour revenir auprès de leur chef blessé.

Dire que Roblado était furieux ce serait donner une faible idée de l'état dans lequel il se trouvait; mais il avait une captive aux dépens de laquelle il pouvait assouvir sa vengeance. Catalina avait été prise dans le jardin au moment où elle priait pour le salut de son amant. Elle avait été confiée à José, qui ne se distinguait pas par un

excès de bravoure, et qui connaissait assez le cibolero pour n'avoir pas envie d'aider ses camarades à s'en emparer.

Effrayée d'abord par les cris et par les explosions, Catalina avait éprouvé un moment de joie en entendant le rire éclatant de Carlos. Les exclamations de ses ennemis et le ton avec lequel elles étaient prononcées lui apprirent qu'il était libre. Ce fut alors seulement qu'elle pensa à se dérober aux insultes brutales du capitaine; mais comment l'éviter?

— Je n'ai, se dit-elle, affaire qu'à José, qui doit avoir la conscience assez large. Serait-il insensible à l'offre d'une bourse bien garnie? Essayons.

Elle essaya et réussit. José savait qu'il ne courait pas grand risque à relâcher une captive qu'on pouvait toujours reprendre, et moyennant une forte somme, il consentit à braver la colère du capitaine qui avait ses raisons pour le ménager.

Au moment où Roblado traversait le pont pour entrer au jardin, José accourut hors d'haleine.

— Eh bien! qu'est-ce? demanda le capitaine.

— Ah! señor, balbutia José.

— Calmez-vous et parlez, *carrajo!*

— La señorita m'a échappé.

— Coquin, comment n'as-tu pas su la retenir?

— Excellence, elle a profité d'un moment où j'avais le dos tourné pour courir vers la maison. Si ç'avait été une prisonnière ordinaire, je lui aurais envoyé un coup de carabine; mais je n'ai pas osé. Je me suis mis à sa poursuite, et je suis arrivé près d'elle pour la voir rentrer dans sa chambre, dont elle a fermé la porte.

— Il ne manquait plus que cela! s'écria Roblado exaspéré.

Dans l'excès de sa rage, il se demanda s'il ne devait pas donner l'assaut à la maison. Il réfléchit néanmoins que ce procédé pourrait paraître aussi ridicule qu'inconvenant, et n'améliorerait pas sa position. D'ailleurs la douleur que lui causait sa blessure l'avertissait qu'il était temps de quitter le champ de bataille.

Il repassa le pont; on le hissa sur son cheval, et rassemblant autour de lui sa vaillante troupe, il retourna au presidio, sans s'occuper des habitants, qui, réveillés en sursaut, faisaient mille conjectures sur la cause de cette alerte.

CHAPITRE XLVIII.

Imprenable.

Le lendemain matin la ville fut remplie de *novedades.* On supposa d'abord qu'une attaque imprévue des Indiens avait été repoussée comme d'habitude par la garnison. Quels courageux défenseurs avait le peuple!

Le bruit courut ensuite qu'on s'était emparé de Carlos l'assassin et que le capitaine Roblado avait été tué. Suivant une autre version, Carlos n'avait pas été pris, mais il avait été pourchassé, et il s'en était fallu de bien peu qu'on ne l'eût pris. Roblado l'avait combattu corps à corps; l'avait blessé, et avait eu lui-même le bras traversé d'une balle, ce qui l'avait empêché de faire prisonnier l'assassin. Celui-ci s'était jeté dans la rivière et avait pu s'échapper à la nage.

Cette version avait été répandue par les soldats, qui, pour rehausser la gloire de leur chef, avaient imaginé la blessure de Carlos, qu'on sut plus tard s'être échappé sans la moindre égratignure.

La population s'étonnait que le proscrit eût osé s'approcher de Saint-Ildefonse, et se demandait quels puissants motifs pouvaient l'y avoir attiré. On ne tarda pas à les connaître, et la médisance eut lieu de s'exercer. Catalina était reconnue depuis quelque temps comme la beauté la plus remarquable de la colonie. Les femmes qui lui portaient envie, les hommes dont elle avait dédaigné les hommages furent sans pitié pour elle. Les gens du monde frémirent d'horreur à l'idée qu'elle avait pu accorder sa tendresse à un vagabond, à un mendiant, à un *lepero.* Les leperos eux-mêmes, qui poussaient la religion jusqu'au fanatisme, lui reprochèrent amèrement sa liaison avec un hérétique.

L'audace du cibolero excita une véritable panique. Sa tête fut enhaussée, les magistrats et les notables s'assemblèrent dans la casa del Cabildo, et augmentèrent à l'unanimité la récompense qu'ils avaient déjà fixée. En revanche, ils menaçaient des peines les plus sévères quiconque donnerait asile au proscrit. Ils défendaient, sous peine de confiscation et d'autres châtiments, s'il y avait lieu, de lui accorder des vivres et un logement. L'Eglise s'associa à cette manifestation et les bons pères frappèrent d'excommunication ceux qui déroberaient l'hérétique à la vengeance des lois.

Heureusement pour Carlos, il n'avait pas besoin d'un toit pour reposer sa tête. Il était habitué à vivre dans les plaines désertes, dans les ravins des montagnes, dans des sites sauvages, où ses ennemis seraient morts de faim et n'avaient aucun moyen de le poursuivre. S'il avait été forcé de demander sa subsistance aux colons, il eût été bientôt trahi et dénoncé. Mais il était aussi indépendant à leur égard que l'Indien des prairies. Il dormait sur l'herbe ou sur la roche nue; il trouvait de quoi se nourrir même dans les déserts arides du Llano Estacado.

Don Ambrosio ne parut pas au conseil : la douleur et la colère le tinrent renfermé chez lui. Il eut une scène orageuse avec sa fille, qui fut dorénavant gardée à vue, prisonnière dans la maison paternelle, et condamnée à faire pénitence jusqu'à ce qu'elle témoignât du repentir.

Il est impossible de décrire les sentiments de Roblado et du commandant. Le désappointement, l'humiliation, la douleur physique et morale, les jetaient dans une sorte de frénésie; et pendant toute la journée ils combinèrent des projets pour s'emparer de leur ennemi. Ce qui les désespérait, c'est que, sans être dangereuse, la blessure du capitaine l'obligeait d'avoir son bras en écharpe pendant plusieurs semaines, et le mettait hors d'état de diriger un cheval. L'exécution de ses plans stratégiques devait donc être confiée à des hommes qui ne désiraient pas aussi vivement que lui la capture du proscrit. La garnison n'aurait pas eu d'officiers en état de service sans l'arrivée de deux lieutenants envoyés du quartier général de Santa-Fé. Les nouveaux venus, Yañez et Ortiga, avaient du courage, surtout le dernier; mais ayant récemment quitté l'Espagne, ils n'entendaient rien à la guerre des frontières, et par conséquent ils étaient incapables de prendre le cibolero.

Les soldats étaient pleins d'un zèle qu'avait redoublé l'espoir d'une ample récompense. Ils ne demandaient pas mieux que d'entrer en campagne, à la condition d'être en force; mais aucun d'eux, même le fameux brigadier Gomez, ne se souciait d'approcher de Carlos à portée de carabine, et à plus forte raison de mettre la main sur lui. Sa dernière prouesse, dont les témoins oculaires avaient fait des récits exagérés, avait produit sur la garnison une telle impression, qu'il eût suffi au cibolero de se montrer pour mettre en fuite toute une escouade. Non-seulement on redoutait ses qualités réelles, sa force, son adresse, son audace, mais encore on commençait à croire qu'il était sous la protection de sa mère et du diable; en d'autres termes, qu'il était ensorcelé et par suite invincible. On affirmait que les balles s'aplatissaient, que les lances et les sabres s'émoussaient sur son corps, et c'était la conviction inébranlable de ceux qui avaient déchargé leurs carabines sur lui. Tous étaient prêts à jurer qu'ils l'avaient atteint et qu'ils l'auraient tué sans l'intervention d'une puissance surnaturelle.

Au bout de quelques jours, les histoires les plus étranges circulèrent dans la colonie. On voyait le cibolero partout, monté sur son cheval noir, qui était comme lui protégé par un charme. Tantôt il longeait au galop les précipices, si près du bord qu'il aurait pu laisser tomber le bout de son cigare dans la vallée; tantôt on le rencontrait la nuit dans le chaparral, et ceux qui l'avaient aperçu s'accordaient à dire que son visage et ses mains brillaient comme des charbons ardents; les *hateros* (bergers) l'avaient vu dans les hautes plaines, mais personne n'avait osé l'aborder; au contraire, on prenait la fuite à son approche.

Quelques médisants prétendirent qu'il avait paru un soir sur le petit pont qui menait au jardin de don Ambrosio, et de nouveaux cris d'indignation s'élevèrent contre l'infortunée Catalina. Malheureusement pour les fauteurs de scandale, on apprit que le pont n'existait plus, et que don Ambrosio l'avait fait détruire le lendemain du jour où il avait découvert l'inconduite de sa fille.

La superstition n'exerce nulle part plus d'empire que dans les établissements du Nouveau-Mexique. En greffant la religion romaine sur le culte de Quetzal-Coalt, les pères de la mission ont toléré une foule de pratiques païennes, et leurs sectateurs ignorants croient à la magie, à la sorcellerie et autres absurdités analogues aussi fermement qu'à Dieu lui-même. Il n'est donc pas étonnant que l'alliance de Carlos avec le diable fût acceptée comme article de foi. Ses exploits, ses évasions, avaient quelque chose de romanesque et de merveilleux, même quand on les considérait comme des faits de l'ordre naturel; mais la populace de Saint-Ildefonse n'en était plus là. Si le cibolero avait renversé des taureaux, couru le coq avec adresse, et conduit son cheval au bord de l'abîme; s'il avait échappé aux lances et aux carabines, c'était tout simplement parce qu'il avait fait un pacte avec le diable.

Nous venons de dire que le proscrit s'était montré plusieurs fois à des gens qui n'avaient aucune envie de le voir. Par un singulier contraste, ceux qui désiraient se trouver face à face avec lui ne pouvaient en découvrir la moindre trace. Les lieutenants Yañez et Ortiga battaient la campagne du matin au soir. La vallée et les environs étaient parsemés d'espions, et on ne trouvait point Carlos. Un jour il était ici, un autre jour il était là; mais en remontant à la source des rapports, on reconnaissait qu'on s'était trompé; qu'on avait pris pour lui quelque rancho dont le cheval était noir. Sur la foi de bruits mensongers, les lanciers allaient inutilement d'un lieu à l'autre; ils étaient épuisés de fatigue, ainsi que leurs chevaux, et cependant il fallait marcher. Le commandant avait pris la résolution de continuer cette chasse tant qu'un soldat resterait debout.

Le rancho de Carlos était surveillé jour et nuit tant par des soldats déguisés que par des espions chargés spécialement de ce soin. Les uns et les autres évitaient de se laisser voir, mais ils occupaient des positions d'où ils pouvaient observer tout ce qui se passait autour de la cabane. Ils se relevaient pour ne pas être détournés de leurs devoirs par l'excès de la fatigue. Dans le cas où le cibolero se montrerait, les espions avaient ordre de ne pas l'attaquer, mais d'avertir immédiatement la force armée, qui se tenait prête à marcher.

Les péons n'avaient pas eu de peine à réparer l'édifice, dont l'incendie n'avait atteint que la toiture. Il était aussi habitable qu'auparavant, et Rosita était venue y demeurer avec sa mère. Elles n'y étaient point inquiétées, et l'on supposait qu'elles ignoraient la surveillance à laquelle elles étaient soumises; mais cette tolérance avait un but. Tout en les laissant libres de leurs mouvements, on ne manquait pas de les suivre, et le chef de la troupe embusquée était averti de leur moindre sortie.

Carlos était condamné à mort, et ne pouvait reparaître dans la colonie sans être exposé à subir le dernier supplice. On présumait donc avec raison qu'il songeait à émigrer, à emmener sa famille, et à chercher un refuge au delà des grandes plaines; mais le commandant et Roblado avaient compris que tant qu'ils garderaient la mère et la sœur comme otages, il ne les abandonnerait pas, et qu'en rôdant autour d'elles il pouvait être pris un jour ou l'autre. Aussi avaient-ils recommandé, sous les peines les plus sévères, de ne jamais perdre de vue le rancho, où la mère et la fille étaient réellement prisonnières à leur insu.

Malgré cette active vigilance, malgré ce luxe d'espions et de sentinelles, malgré les promesses de récompense et les menaces de punition, les jours se succédaient et le proscrit restait libre.

CHAPITRE XLIX.

Le mulâtre et le zambo.

Le commandant et son complice commençaient à concevoir des inquiétudes, et à croire que le cibolero avait définitivement quitté la colonie. Les nombreux rapports de ceux qui prétendaient l'avoir vu se trouvaient tous inexacts après enquête. La disparition d'un rival et d'un ennemi eût été jadis agréable à nos deux officiers; mais leurs idées avaient changé depuis les derniers événements. La passion de la vengeance avait étouffé l'amour dans le cœur de Vizcarra, et la cupidité dans celui de Roblado, bien que celui-ci conservât l'espoir de posséder un jour la riche dot de l'héritière. Les compliments de condoléance que leurs mésaventures leur avaient attirés augmentaient leur animosité. Il eût suffi d'ailleurs au commandant de se regarder dans un miroir pour souhaiter ardemment la mort du cibolero.

Tous deux se promenaient sur l'azotea du presidio en s'entretenant du but constant de toutes leurs démarches.

— Il aime sa sœur et sa mère, dit le commandant; mais charité bien ordonnée commence par soi-même. Il sait qu'en restant ici il tombera dans nos mains un jour ou l'autre, et que nous n'épargnerons rien pour l'atteindre. Ses évasions miraculeuses ne sauraient toujours se renouveler; tant va la cruche à l'eau qu'à la fin elle se casse. Le rusé coquin doit le comprendre, et je commence à craindre qu'il ne se soit éloigné pour longtemps, sinon pour toujours. Peut-être reviendra-t-il; mais comment diable entretenir ce perpétuel espionnage? Je commence à être aussi las que pouvait l'être le bon roi Ferdinand du siége de Grenade.

— Voudriez-vous le laisser échapper, dit Roblado, pour moi je ne céderai pas tant qu'il me restera un souffle de vie.

— Ces sentiments sont les miens, capitaine; ne supposez pas que je me relâche un seul instant de notre système de surveillance. Si vous doutez de moi, regardez mon visage.

En pensant à la cicatrice qui le défigurait, le colonel fit une grimace qui augmenta sa laideur.

— Pourtant, reprit-il, après ce qui s'est passé, après les dangers qu'il a courus pour reconquérir sa sœur, il n'est pas naturel qu'il l'abandonne.

— Je suis de votre avis, dit Roblado, je m'étonne même qu'il ne l'ait pas emmenée le jour où vous l'avez remise aux environs, car d'après son billet, il se trouvait dans les environs. A la vérité, il faut quelque temps pour faire les préparatifs d'un voyage à travers les prairies, du moins quand on conduit des femmes. Pour lui, il n'est pas plus embarrassé au milieu du désert que le loup ou l'antilope.

— Nous avons manqué notre coup, Roblado. Nous aurions dû mettre nos hommes aux aguets le jour même où cette Rosita a été délivrée.

— Je l'aurais fait si j'avais craint qu'il s'éloignât.

— Comment! n'était-ce pas probable? s'écria le colonel.

— Pas le moins du monde.

— Je ne vous comprends pas, mon cher capitaine.

— Il y a dans la vallée un aimant qui l'attire avec plus de force que sa mère et sa sœur, et je savais cela.

— Je vois de qui vous voulez parler.

— Oui, continua Roblado en grinçant des dents, je parle de la beauté qui m'est destinée. Il ne pouvait fuir sans avoir une conférence avec elle. Il l'a eue, et peut-être ont-ils arrêté ensemble un autre rendez-vous; mais, avec l'aide de don Ambrosio, j'y ai mis bonne garde, et les sorties nocturnes seront désormais interdites à ma fiancée. Pourtant soyez sûr qu'il n'est pas encore parti. Avez-vous jamais aimé réellement, colonel?

— Moi ! je pense que j'ai été pris une fois.

— Vous devez donc savoir que lorsqu'un homme est réellement amoureux, il n'y a pas de corde assez forte pour l'arracher du lieu qu'habite l'objet de sa tendresse. Or ce misérable adore ma prétendue, et je crois que les plus grands dangers, la perspective même de la garrotte ne le décideront pas à quitter la colonie tant qu'il conservera l'espoir d'un autre tête-à-tête clandestin. Comme la belle est toute disposée à le lui accorder, cet espoir ne peut l'avoir abandonné.

— Vos raisonnements me semblent parfaitement justes, et notre surveillance doit s'exercer sur les abords de la maison de don Ambrosio aussi bien que sur le rancho.

— Ne négligeons point celui-ci. Comme vous me l'avez fait observer, il n'est pas vraisemblable qu'il abandonne ces deux femmes. Grâce à Dieu ou au diable, nous avons induit tout le monde en erreur; mais il n'est pas notre dupe, et, connaissant nos intentions bien arrêtées, il ne peut laisser sa mère et sa sœur en butte à notre vengeance; ce qui semble plus probable, c'est que l'adroit compère devine nos embûches, flaire le piége avec l'instinct d'un coyote, et ajourne jusqu'à nouvel ordre sa complète émigration ; en attendant, il est, par l'entremise de ses péons, en communication régulière avec les deux femmes.

— Que faire ?

— C'est à quoi je songe. Empêcher les péons d'aller et de venir, c'est leur inspirer de la méfiance.

— Gardons-nous-en bien, commandant, il importe qu'ils ne se doutent de rien.

— Avez-vous en tête quelque nouvelle combinaison ? demanda Vizcarra.

— Mon plan est encore vague.

— Donnez-m'en toutefois les prémices.

— Il est certain que les péons visitent Carlos dans sa retraite. Ils ont été épiés, mais inutilement, et on les a toujours trouvés vaquant à leurs occupations ordinaires. L'un d'eux, le plus hardi, est sorti plusieurs fois du rancho pendant la nuit. On a essayé de le suivre, mais il s'est perdu dans les sentiers du chapparal. Pour découvrir ses traces, il nous manque un homme exercé à ces sortes de chasses, nous n'en avons pas un seul dans la garnison.

— Alors, dit le commandant, adressons-nous à quelque autre cibolero.

— Voici sans doute ce qu'il y aurait à faire. Les chasseurs et les ciboleros de la vallée ne sont pas, dit-on, favorablement disposés pour Carlos, mais je doute qu'aucun d'eux réunisse l'adresse et le courage nécessaires au succès de cette entreprise. Ils détestent le proscrit, mais ils le craignent. Je connais cependant un individu qui serait capable de tenter l'aventure. Il est familiarisé avec toutes les ruses des Indiens ; il a même en ce genre une réputation qui dépasse celle de notre ennemi ; et non-seulement il ne craindrait pas une rencontre avec lui, mais au besoin il n'en éviterait pas une avec le diable en personne.

— Quel est-il ? demanda le colonel avec une vive curiosité.

— C'est un mulâtre qui a jadis été esclave aux Etats-Unis. Tout ce qui lui rappelle ses anciens maîtres lui est odieux, et je ne sais comment la famille de Carlos occupe une place dans ses souvenirs. Il a conçu pour lui une haine qu'augmente leur rivalité comme chasseurs. Le mulâtre a pour ami, pour *alter ego*, un homme d'une race analogue à la sienne, un zambo de la côte de Matamoras ou de Tampico. Comment il est venu ici, on l'ignore, mais depuis longues années le mulâtre et lui vivent ensemble, chassent ensemble, et se soutiennent mutuellement. Tous deux sont de haute taille, vigoureux, rusés, exempts de scrupules ; mais le mulâtre est supérieur au zambo en toutes choses, même en scélératesse.

— Bravo, s'écria le colonel, ce sont les gens qui nous conviennent, hâtons-nous de nous entendre avec eux.

— C'est assez difficile, car ils sont absents ; ils chassent pour les pères de la mission, qui les chargent assez souvent de leur rapporter du gibier ou de la venaison. Depuis quelque temps les compères ont pris goût à la langue de bison accommodée d'une certaine façon, mais elle n'est bonne que lorsque l'animal est fraîchement tué. C'est pour leur procurer ce mets délicat que nos chasseurs sont en campagne.

— Pouvez-vous me dire depuis combien de temps ils sont partis ?

— Depuis plusieurs semaines, longtemps avant le retour de notre cibolero.

— Reviendront-ils bientôt ?

— C'est probable. Au reste, je cours à la mission et je vous rapporte des renseignements.

— Allez, deux gaillards tels que vous me les dépeignez valent toute notre garnison. Ne perdez pas de temps.

— Pas une minute. Holà ! José, mon cheval, cria Roblado en s'appuyant sur le parapet.

Bientôt après un planton vint annoncer que le cheval était sellé. Roblado allait descendre, lorsqu'une tête ronde et tondue, ayant au sommet une place circulaire entièrement rasée, parut en haut de l'escalier. C'était celle du père Joaquin qui, souriant d'un air de mansuétude, vint présenter ses hommages aux deux officiers.

CHAPITRE L.

Les langues de bisons sont arrivées.

Le père Joaquin, que nous avons déjà vu figurer dans un dîner, dirigeait la mission presque depuis l'époque où elle avait été fondée; son second, le père Jorgé, ne lui avait été adjoint que récemment et n'exerçait pas, à beaucoup près, autant d'influence; anciennement domicilié dans la colonie, le père Joaquin connaissait l'histoire et le caractère de tous les habitants. Il avait pour la famille du cibolero une antipathie que nous lui avons entendu manifester le soir du dîner, mais dont il ne donnait pas les motifs. Ce ne pouvait être parce qu'il les regardait comme hérétiques, car, malgré ses déclamations bruyantes contre ceux qui étaient en dehors du giron de l'Eglise, le père Joaquin était indifférent en matière de religion. Sa dévotion apparente ne l'empêchait pas de s'abandonner à tous les vices. Il risquait de fortes sommes à la table du monté, corrigeait au besoin la fortune et était toujours le premier à parier des onces d'or aux combats de coqs. Il avait eu dans sa jeunesse des amourettes qu'il n'hésitait pas à raconter entre deux vins, et que par conséquent il racontait assez souvent. Il les avait continuées dans son âge mûr. Les néophytes de la mission auraient dû avoir tous la peau brune en leur qualité de Tagnos, et pourtant on remarquait parmi eux plusieurs métis des deux sexes qu'on désignait sous le nom de *sobrinos* et *sobrinas* du père Joaquin.

Ceci doit passer pour une exagération. On s'imagine difficilement qu'en menant une pareille conduite un révérend père puisse avoir droit au respect de ses ouailles. Telle était notre opinion avant d'avoir vu de nos propres yeux la vie du clergé mexicain. Loin d'être exceptionnelle, l'immoralité que nous reprochons au père Joaquin est commune et même universelle.

Ce n'était donc point par intolérance qu'il se prononçait contre la famille du pauvre cibolero. Il avait eu des discussions avec le père et voulait se venger sur le fils.

En paraissant sur l'azotea, Joaquin avait l'air affairé d'un homme qui apporte des nouvelles, et son sourire de triomphe annonçait qu'elles étaient bonnes.

— Salut à Votre Révérence, dirent simultanément le commandant et Roblado.

— *Buenos dias, caballeros.*

— Je suis enchanté de vous voir, mon bon père, dit le capitaine. Vous m'épargnez une course ; j'étais sur le point de partir pour vous rendre visite à la mission.

— Si vous étiez venu, capitaine, je vous aurais fait faire une excellente collation, car nous venons de recevoir nos langues de bisons.

— En vérité ! s'écrièrent Vizcarra et Roblado avec une précipitation dont le révérend ne put s'empêcher d'être surpris.

— Ah ! *ladrones*, dit-il ; je vois que vous avez envie que je vous en envoie quelques-unes; mais vous n'en aurez pas un morceau avant de m'avoir mis à même de débarrasser mon gosier de la poussière qui m'étouffe. J'ai ce matin une soif dévorante.

— On vous reconnaît bien là, dit en riant le colonel : que faut-il vous servir ?

— Un verre de ce bordeaux que vous avez reçu par le dernier navire.

On apporta une bouteille ; et Joaquin, dégustateur expert, savoura un verre de vin en faisant claquer ses lèvres et en levant les yeux vers le ciel, auquel sa profession l'obligeait à reporter toutes ses pensées.

— *Linda, lindissima !* dit-il après avoir vidé son verre jusqu'à la dernière goutte.

— Ainsi, dit l'impatient Roblado, vos langues de bisons sont arrivées et vos chasseurs sont de retour ?

— Oui, et c'est pour cela que vous me voyez ici.

— C'était précisément pour cet objet que j'allais me rendre à la mission.

— Parions une once que nous avons les mêmes idées.

— Je ne parie pas, mon père, vous gagnez toujours.

— Allons, exécutez-vous, mes nouvelles valent bien une once d'or.

— Quelles nouvelles ? demandèrent précipitamment les deux officiers.

— Encore un verre, ou j'étouffe ! la poussière de cette route est pire que le purgatoire.

On se hâta de servir au padré un grand verre de bordeaux en guise de rafraîchissement.

— Voyons maintenant vos nouvelles, mon révérend ?

— D'abord nos chasseurs sont revenus.

— Nous le savons, après ?

— Après, ils ont apporté des renseignements.

— Sur qui ?

— Sur notre ami le cibolero.

— Sur Carlos ?

— Précisément.

— Est-ce qu'ils l'ont vu ?

— Non, mais ils ont découvert sa piste, sa retraite, et savent où il est en ce moment.

— A merveille.

— Ils peuvent le trouver quand ils le voudront.

— C'est parfait.

— Voilà, *caballeros*, ce que j'avais à vous communiquer; profitez-en.

— Révérend père, dit Vizcarra, votre sagacité dépasse la nôtre, et vous savez aussi bien que nous l'état des choses. La vérité est que nos limiers sont incapables de s'emparer de l'ennemi. Que nous conseillez-vous ?

Flatté de cette confiance, le padré prit les mains des deux officiers :

— Amis, leur dit-il, je suis d'avis que vous vous passiez du secours de la garnison. Faites des ouvertures à nos chasseurs, sans toutefois les instruire de ce que vous désirez n'être pas connu; équipez-les, mettez-les sur la voie, et s'ils ne viennent pas à bout de l'hérétique, le père Joaquin ne connaît pas les hommes.

— Voilà le plan que nous avions conçu, dit Roblado.

— C'est le meilleur.

— Mais vos chasseurs consentiront-ils à nous suivre? Ils sont libres, et peuvent refuser de s'embarquer dans une entreprise aussi dangereuse.

— Loin de les rebuter, le danger les attire. Ils ont le courage des lions et l'agilité des tigres.

— Vous pensez donc qu'ils ne reculeront pas ?

— J'en ai la conviction, je les ai sondés, et vous les déciderez sans la moindre difficulté. Ils ont des raisons pour ne pas aimer le cibolero, et depuis qu'ils ont lu la dernière proclamation, ils ne font que rêver aux magnifiques promesses qu'elle contient. Donnez leur l'assurance qu'ils auront une bonne somme à toucher, et en moins de trois jours, à partir d'aujourd'hui, ils vous rapporteront les oreilles de Carlos, sa chevelure ou son corps tout entier si vous le préférez.

— Ne serait-il pas bon, demanda Vizcarra, de faire partir avec eux un détachement? Le cibolero peut n'être pas seul. Nous avons lieu de croire qu'il est accompagné d'un sang-mêlé, auxiliaire dévoué, qui pourrait donner du fil à retordre à vos chasseurs.

— Ils ne le craignent pas, ce sont de vrais démons. Au reste, vous pouvez leur demander à eux-mêmes s'ils ont besoin de renfort. C'est leur affaire.

— Devons-nous les envoyer chercher? dit Roblado.

— Il vaudrait mieux les aller trouver. S'ils se montrent ici, s'ils ont une entrevue avec vous, on soupçonnera vos intentions; on en instruira peut-être votre ennemi, et les chances de succès diminueront.

— Mais comment communiquer secrètement avec ces hommes?

— Rien de plus facile, capitaine. Ils vivent dans une espèce de tanière pratiquée au milieu des rochers, loin de toute route frayée, au bout d'un étroit sentier qui traverse le chapparal. Je vous donnerai un guide qui vous y conduira. Je présume qu'ils vous attendent, car je leur ai recommandé de rester chez eux en les avertissant qu'on aurait peut-être un service à leur demander.

— Quand pouvez-vous disposer de ce guide?

— A l'instant même. Il est dans la cour du presidio.

— L'occasion est favorable, dit le commandant; votre cheval est tout sellé.

— En avant ! s'écria Roblado.

— Holà ! Esteban, dit le père Joaquin en se penchant sur le parapet.

— *Aqui, señor.*

— *Sube, sube, anda !*

Bientôt après un jeune Indien parut sur l'azotea, et s'approcha respectueusement du padré.

— Tu conduiras le capitaine à la hutte des chasseurs, en traversant le chapparal.

— *Si, señor.*

— N'en dis rien à personne.

— *No, señor.*

— Dans le cas contraire, gare le fouet. *Vaya !*

Roblado descendit; on le mit à cheval, et il partit suivi de l'enfant.

Sur l'invitation de Vizcarra, le père Joaquin but un autre verre de bordeaux. Il dit ensuite à son hôte qu'il l'attendait à la maison pour goûter de la langue de bison, et lui souhaita le bonjour.

Vizcarra resta seul sur la terrasse. Ceux qui auraient pu l'observer auraient remarqué sur sa figure un trouble étrange toutes les fois que ses yeux se portaient accidentellement du côté de la Niña.

CHAPITRE LI.

La hutte des chasseurs de la mission.

Roblado entra dans le chapparal précédé par Esteban. Pendant un demi-mille, il suivit la route qui conduisait de la ville à l'une des passes du plateau supérieur; il prit ensuite un étroit sentier où ne s'aventuraient habituellement que les vaqueros et les chasseurs, et après avoir fait encore deux ou trois milles, il arriva à sa destination.

La cabane du mulâtre et du zambo était située à la base des collines. Le toit était appuyé contre les rochers et soutenu à sa partie antérieure par des troncs de yucca, arbre qui croissait en abondance autour de l'habitation. Ses feuilles servaient de couverture; des planches de son bois formaient la porte et les volets de la fenêtre, et elles étaient attachées aux parois avec de fortes lanières en cuir de bison. La construction de l'édifice n'avait été ni coûteuse ni difficile. Au fond, le roc vertical tenait lieu de muraille, et sur ses flancs une raie de suie marquait le passage de la fumée qui s'échappait non par un tuyau, mais par une ouverture du toit. Les trois autres murs se composaient de lianes et de branches entrelacées, négligemment enduites de boue. La porte était latérale, voisine du rocher; mais la fenêtre s'ouvrait dans la façade, afin de permettre aux chasseurs de voir quiconque approchait de leur repaire. Au reste, ils recevaient peu de visites, car ils ne connaissaient presque personne; et leur demeure, cachée d'un côté par les hauteurs et de l'autre par le chapparal, était éloignée de la route que suivaient les voyageurs.

Dans un petit corral attenant à la hutte et dont l'enceinte était grossièrement construite avec des quartiers de roches, paissaient trois mules efflanquées et deux mustangs qui n'étaient pas en meilleur état. Au corral était annexé un champ, ou plutôt un terrain qui avait été jadis un champ, mais qui, faute de soins, se couvrait de plantes parasites. Dans un coin, pourtant, se montraient quelques traces de culture, et des tiges de maïs, irrégulièrement espacées, dressaient la tête entre les vrilles sinueuses des melons et des calebasses.

Une demi-douzaine de chiens semblables à des loups rôdaient autour de la porte, et quelques bâts vermoulus gisaient à terre sous l'abri d'une saillie des rochers. A une perche horizontale pendaient confusément des quartiers de viande salée, deux brides, deux vieilles selles usées et des gousses de piment.

Dans l'intérieur de la maison, deux Indiennes d'une propreté suspecte pétrissaient un pain grossier et faisaient cuire du tasajo sur un feu qui brûlait entre deux pierres, au bas du rocher. Des pots de terre et des moitiés de gourdes servant d'assiettes formaient comme une litière sur le sol.

L'unique pièce de ce repaire était tapissée de peaux d'animaux, d'arcs et de carquois. Dans un coin étaient suspendus deux machetes ou coutelas, des poires à poudre, des carnassières et autres objets indispensables à un chasseur des montagnes Rocheuses. Au-dessous étaient déposées de longues lances, une carabine et une escopette espagnole. Aux deux autres coins s'élevaient deux remblais de pierres unies avec de l'argile. C'étaient les lits des propriétaires. Des filets de pêche et de chasse complétaient l'ameublement.

Roblado aurait pu se donner le spectacle de ces curiosités, s'il était entré dans la hutte; mais il n'y entra pas. Les hommes qu'il cherchait se trouvaient dehors; le mulâtre était nonchalamment étendu sur le sol; le zambo se balançait dans un hamac attaché à deux arbres, conformément aux habitudes de son pays natal, la côte de la *tierra caliente*.

Roblado examina avec complaisance ces deux individus, dont la physionomie aurait déplu à tout le monde; il avait eu occasion de les voir, mais il ne les avait jamais étudiés. En voyant leur face basanée et leur corps musculeux, il se dit : — Voilà les hommes qu'il nous faut!

Chacun d'eux, à en juger par l'apparence, pouvait aisément venir à bout d'un antagoniste tel que le cibolero, qu'il dépassait en grosseur et en corpulence. Le mulâtre était plus grand que son compagnon, auquel il était également supérieur par la vigueur, le courage et la sagacité; il avait le teint d'un jaune mat, la barbe cotonneuse et clair-semée, les lèvres épaisses et empourprées comme celle d'un nègre; ses larges dents ressemblaient à celles d'un loup; ses épais sourcils noirs, écartés l'un de l'autre, surmontaient des yeux enfoncés dans leurs orbites et dont le blanc était diapré de taches jaunâtres. Les narines de son nez large et plat étaient assez ouvertes pour former de chaque côté une protubérance. Ses grandes oreilles étaient cachées par des cheveux laineux et frisotants, sur lesquels était jeté en manière de turban un antique madras qui n'avait pas été depuis longtemps en contact avec le savon. De cette coiffure s'échappaient des boucles qui, en tombant sur le front, augmentaient l'expression farouche et sauvage de la figure. On lisait sur ses traits l'astuce, la témérité, l'inhumanité la plus complète. Il eût été difficile d'en trouver de plus repoussants, si on n'avait pas eu la possibilité de les comparer avec ceux de son camarade.

Le costume du mulâtre différait peu du vêtement ordinaire des chasseurs de la prairie; c'était un mélange d'étoffes de laine et de cuir. La coiffure originale que l'esclave marron avait adoptée était un souvenir des Etats de l'Amérique du Sud.

Le zambo n'avait pas l'air moins féroce que son compère, mais il s'en distinguait par la couleur. Né d'un Indien et d'une négresse, il réunissait les nuances des deux races: il était d'un noir cuivré; il avait les lèvres épaisses et le front fuyant du nègre; mais on retrouvait le type indien dans ses cheveux, qui pendaient en longues tresses sur son cou et sur ses épaules. Sa tournure était moins distinguée que celle du mulâtre. Son costume était celui des zambos de la côte: un large pantalon de coton, une chemise sans manches, une ceinture et un grossier sérapé. Sa poitrine et son dos étaient à moitié nus; ses gros bras cuivrés l'étaient complètement.

Roblado arriva juste à temps pour être témoin de la fin d'un incident qui mettait en relief le caractère du zambo.

A demi couché dans son hamac, il fumait avec délices un cigare roulé dans de la paille de maïs, et chassait de temps en temps les mouches avec un fouet de cuir cru. Il appela une des femmes, son épouse pour le moment :

— Niña, j'ai faim ; le *guisado* est-il prêt ?

— Pas encore, répondit l'Indienne.

— Alors apporte-moi une tortilla avec du chilé colorado (poivre (long.)

— *Querido* (mon cher), vous savez qu'il n'y a pas de chilé colorado à la maison.

— Niña, viens ici ; j'ai besoin de te parler.

La femme sortit et s'approcha du hamac, mais avec méfiance.

A environ deux cents pas de distance un homme gravit la berge, etc.

Le zambo demeura muet et immobile jusqu'à ce qu'elle fût à sa portée. Il cachait derrière lui son fouet ; mais dès qu'elle fut assez près, il le fit tomber de toute sa force sur le dos et les épaules de l'infortunée, qui n'étaient garantis que par une mince chemisette. La pauvre femme souffrit patiemment cette rude correction, et ce ne fut qu'après avoir été meurtrie de coups qu'elle osa battre en retraite.

— Maintenant, ma chère amie, la première fois que je te demanderai une tortilla avec du chilé colorado, tu auras soin de me le servir.

Et se renversant sur son hamac, le zambo fit entendre un éclat de rire qui ressemblait à un mugissement. Le mulâtre prit part à cette hilarité sauvage ; n'aurait-il pas traité sa femme de même en pareil cas ?

Ce fut à ce moment que Roblado se présenta. Tous deux se levèrent pour le recevoir et le saluèrent avec déférence : ils le connaissaient. Le mulâtre, en vertu de sa supériorité intellectuelle et physique, entama la conversation, laissant le zambo dans l'ombre du second plan.

On causa à voix basse, pour prévenir les indiscrétions des femmes ou d'Esteban. Les chasseurs s'engagèrent à traquer Carlos, à le tuer ou à le prendre vivant. Dans le premier cas, la récompense était déjà considérable ; mais dans le second, on l'augmentait presque du double.

Roblado proposa aux deux associés le concours de la garnison ; mais ils le refusèrent obstinément. Ils n'avaient nulle envie de partager avec des tiers l'excellente aubaine qui leur était promise.

Après avoir accompli sa mission, le capitaine reprit la route du presidio, tandis que les chasseurs, animés par l'appât du gain, se disposaient en toute hâte à partir.

CHAPITRE LII.
La chasse à l'homme.

Au bout d'une demi-heure, Manuel le mulâtre et Pépé le zambo furent en mesure. Il leur avait fallu moins de quinze minutes pour achever leurs préparatifs ; mais ils dînèrent et fumèrent des cigarettes de paille pendant que leurs chevaux broyaient quelques têtes de maïs vert. Immédiatement après, ils se mirent en route.

Manuel était armé d'une longue carabine et d'un de ces couteaux appelés *bowies*, dont l'épaisse lame à deux tranchants, à pointe acérée, est si terrible dans un combat corps à corps. Il avait apporté ces armes de la vallée du Mississipi, où il avait appris à en faire usage.

Pépé le zambo portait une escopette attachée obliquement le long du quartier de sa selle. Il avait sur la cuisse un machete, et sur le dos un arc et un carquois rempli de flèches. Pour tuer les bisons, ou dans le cas où une détonation offrirait des dangers, l'arc est préférable aux armes à feu. Les flèches sont plus rapides que les balles, et, si l'on manque son coup, la victime qu'on désire atteindre peut n'être pas avertie de la présence de son ennemi.

Les chasseurs avaient en outre des pistolets à la ceinture et des lazos roulés autour de leurs arçons ; ils portaient en croupe leurs provisions, composées de tasajo et de tortillas froides, et enveloppées dans un morceau de peau de daim. Une calebasse double contenant de l'eau, des cornes à poudre, des carnassières et des sacs complétaient leur équipement : derrière eux trottaient un chien-loup du pays et un limier d'Espagne, dont la mine était aussi sauvage et aussi féroce que celle de leurs maîtres.

— Quelle route suivre ? demanda le zambo ; faut-il descendre au Pecos ?

— Non, Pépé, grimpons et prenons un détour ; si l'on nous voit au bas de la vallée, on devinera le but de notre expédition, et nous serons exposés à manquer l'affaire : montons par notre chemin habituel, et nous redescendrons au Pecos ; c'est le plus long, mais aussi c'est le plus sûr.

Manuel le mulâtre.

— Carrambo ! s'écria Pépé : c'est une montée infernale ! ma pauvre bête est si lasse d'avoir couru le bison, qu'elle peut à peine lever les pieds. Carrai !

Après avoir longé les hauteurs à travers les broussailles, ils arrivèrent au bas d'un ravin dont la pente escarpée descendait du plateau supérieur entre deux murailles de rochers. C'était une passe difficile, presque verticale, inaccessible à d'autres chevaux qu'à des mustangs ; mais ces animaux, élevés dans les montagnes, grimpent pour ainsi dire comme des chats. Les chasseurs mirent pied à terre et tirant les chevaux après eux, ils ne tardèrent pas à atteindre le plateau. Ils prirent un instant du repos ; puis, se dirigeant vers le nord, ils s'élancèrent rapidement dans la plaine.

— Maintenant, Pépé, murmura le mulâtre, si par hasard nous rencontrons des bergers allant à la chasse de l'antilope... Tu m'entends ?

— Oui, Manuel, je comprends.

Ce furent les seuls mots qu'ils échangèrent pendant l'espace de plusieurs milles : ils marchaient en ligne ; le mulâtre tenait la tête

e zambo le suivait; le chien-loup suivait le zambo, et le limier
enait à l'arrière-garde.

Le lit desséché d'une rivière leur barra le passage; c'était celui où
Carlos et don Juan avaient marché le jour de leur fuite, après les
événements du presidio. Les chasseurs y entrèrent, et de même que
Carlos, le descendirent jusqu'à son confluent avec le Pecos. Sur les
rives de ce fleuve était un petit bois, où ils pénétrèrent. Ils s'éten-
dirent sur l'herbe pour se reposer, et attachèrent leurs chevaux à des
arbres. Ces animaux, qui, en revenant d'un long voyage, avaient été
condamnés à faire plus de trente milles au grand trot, ne paraissaient
pas abattus. Malgré leur maigreur, ils possédaient cette force de résistance, ce tempérament de fer qui caractérisent leur race, et ils
auraient pu faire cent milles encore sans broncher. Leurs maîtres le
savaient, autrement ils n'auraient pas entrepris leur chasse à l'homme
avec autant de confiance dans le succès.

— Sais-tu, dit le mulâtre en examinant les mustangs, que ces bêtes
sont de force à dépasser le beau cheval noir à la course?

— *Chinga!* fit le zambo.

— Ce sont des rosses, mais elles se fatigueraient moins vite que lui.

— *Chinga!* j'en suis convaincu.

— Au reste, ami Pépé, nous n'avons pas besoin de tenter l'épreuve; notre besogne est plus facile.

— Je l'espère bien, Manuel.

— Le cibolero est dans la caverne; c'est le seul endroit où il puisse se cacher, les soldats ne l'y attraperont jamais, ils ne sont bons qu'à se promener dans la ville; mais, en dépit des espions, Carlos va et vient, comme si de rien n'était: c'est à la caverne que ses traces doivent aboutir; c'est là qu'il est caché, bien sûr, avec son cheval; mais quand s'y trouve-t-il? voilà ce qui nous embarrasse.

— *Es verdad!* si nous savions quand il rentre ou quand il sort?

— Nous pourrions tendre notre piége sans la moindre difficulté!

— Il doit se réfugier là le jour.

— J'en ai l'idée, Pépé; il ne sort que la nuit, c'est tout clair, pour aller, non pas au rancho, mais aux environs, où il retrouve Antonio, car il est trop fin pour lui donner rendez-vous dans la caverne.

— Si nous suivions les traces d'Antonio?

— Ce ne serait pas avantageux, Pépé, nous aurions affaire aux deux à la fois; d'ailleurs le sang-mêlé est un ami auquel je ne veux pas de mal. Ne nous occupons provisoirement que du guero, et n'oublions pas qu'il vaut mieux le prendre que le tuer; le commandant et le capitaine veulent se réserver le plaisir de le voir à la garrotte.

— Je ne me rappelle plus cette caverne, Manuel; peut-on approcher en plein jour?

— A un mille de distance, et pas plus près, à moins qu'il ne soit endormi. Mais quand dort-il; peux-tu me le dire, Pépé?

— Et s'il est réveillé?

— En ce cas il nous verra entrer dans le cañon, montera dans la plaine, et nous passerons trois jours avant de le retrouver, si toutefois nous le retrouvons.

— Eh bien, Manuel, il me vient une idée. Approchons-nous de l'entrée du cañon et avançons à la faveur de la nuit; mettons-nous en embuscade, et lorsque Carlos entrera, envoyons-lui une balle.

— Fi donc, Pépé, peux-tu t'exposer à perdre la moitié de la récompense en tuant notre ennemi, ou à la perdre tout entière en lâchant au hasard un coup dans les ténèbres. Tàchons de le prendre vivant.

— S'il en est ainsi, repartit le zambo, j'ai une autre idée; laissons Carlos sortir du cañon, et quand il sera loin, marchons droit à la caverne, où nous attendrons son retour. Qu'en dis-tu?

— Te voilà raisonnable! épier sa sortie, en profiter pour s'introduire dans sa retraite, c'est le meilleur moyen de le prendre. Le soleil est près de se coucher; il est temps de partir, allons.

— *Vamos!*

Tous deux remontèrent à cheval et firent route vers le Pecos. Il n'y avait point de gué dans cet endroit, mais ils n'en avaient pas besoin. Sans hésitation ils traversèrent le fleuve à la nage avec leurs chevaux et leurs chiens. La soirée était glaciale, mais peu leur importaient le froid et la chaleur. Sans s'inquiéter de leurs habits mouillés, ils se dirigèrent vers la ceja du Llano Estacado, prirent à droite et longèrent la base des collines.

Au bout d'une demi-heure, ils approchèrent d'un contre-fort qui faisait saillie dans la plaine et diminuait d'élévation à mesure qu'il s'en éloignait. Il aboutissait à des groupes de rochers isolés, mais rapprochés les uns des autres : les crevasses qui les séparaient étaient assez profondes pour permettre à des hommes et à des chevaux de s'y cacher. L'extrémité de ce promontoire formait la lisière septentrionale d'un cañon, qu'un escarpement analogue bordait au sud. C'était dans ce ravin que les bestiaux de don Juan avaient été massacrés; on voyait encore au fond leurs ossements blanchis, dépouillés de leur chair par les loups, les vautours et les ours. Les chasseurs s'arrêtèrent, placèrent leurs chevaux entre deux quartiers de roche, et allèrent se poster sur le promontoire qui dominait le ravin. On n'en pouvait sortir que par une issue étroite, sur laquelle ils tinrent les yeux fixés; ils avaient sujet de croire que le cibolero habitait une grotte qui s'ouvrait dans le ravin, qu'il la quittait la nuit pour se rapprocher de la colonie, et qu'il se rendait dans un lieu désigné, où Antonio lui apportait des provisions et des nouvelles. Leur intention était d'attendre son départ, d'occuper la caverne et de le surprendre à son retour. C'était un plan arrêté dans l'esprit de Manuel longtemps avant que le zambo le lui eût suggéré.

CHAPITRE LIII.

La caverne.

Comme les chasseurs l'avaient pressenti, Carlos était en ce moment même dans la caverne, dont il avait fait sa demeure depuis qu'il était proscrit. C'était une retraite sûre, à une distance convenable de la vallée. Il lui était facile de quitter le ravin à la nuit tombante et de revenir avant l'aurore. Il dormait pendant la journée. Il n'avait pas la crainte d'être poursuivi par les lanciers, qu'il aurait pu d'ailleurs voir venir de loin, puisque de l'entrée de la grotte la vue embrassait le ravin et ses alentours. Dans le cas où la troupe se serait aventurée dans le chemin de la caverne, il restait au cibolero pour s'évader la passe escarpée qui menait à la plaine. Le cheval noir était capable de l'escalader, quoiqu'elle parût au premier abord presque inaccessible, et une fois dans les déserts du Llano Estacado, le fugitif bravait ses persécuteurs.

C'était seulement après la chute du jour ou pendant les heures de repos qu'on aurait pu le surprendre; mais il n'était pas plus inquiet que s'il eût été environné de gardes du corps. Il se fiait à la vigilance de Cibolo, dont la peau avait été entamée par les lances dans sa dernière lutte, mais qui n'avait pas de blessures sérieuses. Pendant le sommeil de son maître, l'intelligent animal se tenait à l'entrée de la caverne, prêt à faire entendre un grognement d'alarme à l'aspect lointain d'un ennemi. Dans l'obscurité même, personne n'aurait pu approcher sans éveiller l'attention du chien, qui aurait donné à son maître le temps de prendre des mesures de sûreté.

La caverne était spacieuse. Au fond, une eau cristalline suintait

Et lâchant son coutelas et son fusil, il tomba dans le feu la tête la première.

4

travers les roches et tombait dans un bassin naturel tellement régulier qu'il semblait avoir été taillé par la main des hommes. Les formations de ce genre ne sont pas rares au Mexique, et l'on trouve des
réservoirs d'eau de source dans les grottes des montagnes de Waco
et de Guadalupe, qui sont situées beaucoup plus au sud.

C'était un refuge merveilleusement approprié à la situation de
Carlos. Il l'avait depuis longtemps découvert. Les chasseurs de
bisons et les Indiens sauvages le connaissaient aussi; mais aucun co-
lon de la vallée ne s'était hasardé dans ces lieux désolés.

Seul et livré à des réflexions souvent amères, Carlos avait pour
distraction les visites d'Antonio, qui lui apportait des nouvelles. Le
métis avait judicieusement pensé qu'on pourrait le suivre s'il se
rendait régulièrement à la grotte : aussi ses conférences avec son
maître avaient-elles lieu sur les bords du Pecos.

Joséfa tenait le messager au courant de ce qui se passait dans la
maison de don Ambrosio. Elle leur apprit que Catalina était enfermée, que Roblado était en voie de guérison, et que deux nouveaux
officiers dirigeaient des détachements à la poursuite de l'assassin.

Carlos avait été prévenu depuis longtemps de la surveillance active qu'on exerçait sur le rancho, et il en était vivement contrarié,
car elle l'empêchait de voir sa mère et sa sœur. Il entretenait toutefois, par l'entremise d'Antonio, des correspondances presque
journalières avec elles. Au reste, les lenteurs de la convalescence de
Vizcarra le rassuraient momentanément sur les dangers auxquels
Rosita était exposée, et il espérait la faire disparaître avant que le
colonel fût rétabli. Il n'attendait qu'une occasion favorable. Malgré
toutes les précautions prises par ses ennemis, il avait la certitude de
réussir à leur enlever un jour sa mère et sa sœur; mais une personne
qui lui était aussi chère et qui était gardée avec plus de soin devait
être la compagne de leur fuite.

C'était sur les moyens de la sauver qu'il méditait pendant ses longues heures de solitude. Elle lui avait déclaré qu'elle était prête à le
suivre. Pourquoi n'avait-il pas profité immédiatement de son bon
vouloir? La perte d'un moment précieux pouvait retarder longtemps
encore la réalisation de ses vœux. Comment la soustraire à une captivité dont les rigueurs redoublaient chaque jour? C'était la préoc-
cupation constante de Carlos. Il s'inquiétait peu de la fureur de ses
ennemis et de l'indignation populaire. Toutes ses veilles étaient consacrées à chercher les moyens non pas d'assurer son propre salut,
mais de délivrer sa maîtresse.

Il n'était pas étonnant que, dans cette disposition d'esprit, Carlos
attendît la nuit avec impatience, et courût avec un empressement
fiévreux au rendez-vous du Pecos.

La nuit était revenue; il conduisit son cheval par la bride jusqu'au
bas de la pente qui s'étendait en face de la caverne, puis il monta
en selle et s'achemina vers l'entrée du cañon. Le chien Cibolo le
précédait.

CHAPITRE LIV.

Excursion de Carlos.

Les chasseurs n'eurent pas longtemps à attendre. L'état du ciel
favorisait leurs projets. La lune brillait par intervalles et se cachait
ensuite derrière de sombres nuages. L'air était d'un calme absolu.
L'atmosphère de ce pays élevé est si pure qu'elle vibrait au moindre
ébranlement. On aurait entendu le plus léger bruit à une grande
distance. Manuel et Pépé, tapis entre les rochers, se taisaient ou ne
parlaient qu'à voix basse. Ils avaient rassemblé près d'eux leurs
chiens et leurs chevaux, dressés depuis longtemps à garder le silence quand la circonstance l'exigeait. La tranquillité profonde de la
nuit n'était troublée que par le grognement de l'ours gris, l'aboiement du coyote, les cris du hibou, du vampire ou de la chauve-sou-
ris géante.

A défaut de leurs langues, les chasseurs exerçaient activement
leurs yeux et leurs oreilles. Ils regardaient tantôt la plaine, tantôt le
cañon, tout en achevant de mûrir leur plan. Ils avaient prévu le cas
où, contrairement à leur attente, le cibolero consacrerait la nuit au
repos et sortirait pendant le jour. Manuel se proposait alors de s'approcher de la caverne à la faveur des ténèbres, d'attendre le guero
jusqu'au matin, et de le blesser d'un coup de carabine, arme qu'il
maniait avec habileté.

Un autre projet consistait à tuer ou à mutiler le cheval; ce qui eût
amené infailliblement la capture du proscrit.

Il y avait encore un plan non moins infaillible et beaucoup plus
simple; c'était de conduire un détachement de lanciers à l'entrée du
cañon, et d'en faire garder toutes les issues. A la vérité, il aurait
fallu que les soldats fissent de longs détours pour occuper la plaine
sans passer par le ravin même. Mais ni Vizcarra ni Roblado n'auraient reculé devant une perte de temps pour rendre leur succès
certain, et Carlos se serait trouvé cerné entre deux précipices im-
praticables.

Les avantages de ce plan n'échappèrent pas aux deux chasseurs,
mais il ne faisait pas leur compte. S'il les exposait à moins de dangers, il les obligeait, d'un autre côté, à partager avec les lanciers la
récompense promise; ils aimaient mieux courir des risques et gagner

plus. Il était juste que le profit leur revînt en entier, puisque c'é
leur intelligence qui avait tout conçu.

Une demi-heure après s'être mis en observation sur le rocher
entendirent rouler sous les pieds d'un cheval les cailloux et les pie
qui garnissaient le fond du ravin, amoncelés par les pluies torr
tielles de l'hiver.

— Le guero! murmura Manuel.

— Tu es un devin, répondit le zambo. Tu ne t'étais pas tro
quand tu m'as fait remarquer les traces pour la première fois. La
verne est bien son lieu de refuge, et nous sommes sûrs de l'attr
quand il reviendra. Carrai! le voici.

La lune, qui éclairait le ravin, permettait d'apercevoir au loin
cavalier.

— Frère Manuel, reprit le zambo, s'il passe près de nous po
quoi ne pas abattre le cheval, que nous pouvons ajuster sans pei
Après cela nous aurons raison du guero.

— Non, Pépé, il se cachera au milieu des roches et nous donr
de l'embarras. Tenons-nous-en à ce qui a été décidé.

— Mais...

— Pas de mais! tu es toujours pressé, ami Pépé. Aie donc d
patience et regarde!

Cette exclamation avait pour but de consoler le zambo du refu
sa proposition, en lui montrant qu'elle était inexécutable, car le
valier ne passait pas à portée de carabine. Il se tenait à égale
tance des deux flancs du cañon, à deux cents pas de l'embuscade
chasseurs. Ils ne songèrent donc pas à faire usage de leurs arm
restèrent immobiles, et firent coucher leurs chiens au fond d'
crevasse en leur ordonnant par gestes de ne pas bouger.

Le cavalier s'avançait lentement. Son équipement et ses ar
étincelaient à la clarté de la lune, qui faisait ressortir la blanc
de son teint.

— C'est bien lui, murmura Manuel.

— Ne vois-tu pas quelque chose devant lui? demanda le zambo

— En effet, malraya! c'est un chien. Que le diable l'empo
Heureusement le vent porte de l'autre côté.

En ce moment le cavalier s'arrêta et jeta des regards soupçon
sur l'éminence où les chasseurs étaient blottis. Cibolo grommelai

— Maudit chien! répéta le mulâtre.

Cibolo n'aurait pas manqué de les sentir si la faible brise qui
tait l'air n'était venue du côté opposé à leur cachette. Ils failli
toutefois être découverts. Carlos n'avait rien entendu, mais un b
vague, peut-être celui des pieds des chevaux sur le sol, avait éve
les soupçons de Cibolo.

Au reste, il n'était pas sûr de son fait, car au bout d'une mi
il baissa la tête et se remit en marche. Carlos le suivit et disp
dans la plaine.

— Tout va bien, Pépé! maintenant à la caverne!

— Vamos!

Tous deux descendirent du haut des précipices, montèrent à c
val au milieu des roches dont le sol était couvert, et prirent le
tier que venait de suivre Carlos, en tenant les yeux fixés vers l
carpement de droite. C'était de ce côté que s'ouvrait la caverne
n'avaient pas à craindre qu'on distinguât leurs traces, même en p
jour, car elles se confondaient avec celles que le guero avait pu l
ser sur un sol ferme et rocailleux. Pourtant le mulâtre était inqu
il répétait par intervalles, en se parlant à lui-même, de manièr
être en même temps entendu de son compagnon :

— Diable de chien!...

Lorsque l'entrée de la caverne se dessina devant eux comme
tache noire dans les parois des rochers blancs, les chasseurs mir
silencieusement pied à terre. Pépé se chargea de garder les chev
tandis que Manuel s'avançait en rampant pour reconnaître
abords de la place. L'habile chasseur prévoyait tout et prenait
précautions en conséquence. Il était probable que la grotte é
vide, mais il était possible que Carlos y eût laissé quelqu'un.
chiens l'ayant parcourue et revenant sans avoir aboyé, le mulâtr
conclut qu'il pouvait se risquer. Il entra, alluma une torche
une inspection rapide de la localité, en ayant soin de se tenir
manière à empêcher la lumière d'être aperçue du dehors. Satisfait
son examen, il invita par signes son camarade à amener les chev
Un coin de la grotte leur servit d'écurie, et quand ils furent instal
leurs maîtres poursuivirent leurs investigations. Ils trouvèrent
un quartier de roche du pain et des morceaux de viande séchée
soleil, une marmite en terre, une hachette à fendre le bois, un
râpé et quelques tasses. Après s'être assurés que c'était le seul in
lier de la caverne, ils éteignirent la lumière et, comme des anim
de proie, ils se disposèrent à tomber sur leur victime.

CHAPITRE LV.

Conférence avec Antonio.

Carlos, en quittant sa retraite, mettait ordinairement dans
marche toute la prudence nécessaire; mais cette nuit il redo
d'attention. Tous les buissons, toutes les pierres qui pouvaient à

ter un ennemi furent de sa part l'objet d'un examen. D'où provenait cet excès de méfiance? De ce qu'il avait conçu des soupçons, et ils s'étaient portés précisément sur les individus qui étaient en embuscade si près de lui.

Depuis quelque temps il réfléchissait à la haine qu'il leur avait inspirée, et présumait qu'on les enverrait à sa poursuite. Ils étaient plus dangereux pour lui que toute la garnison conduite par des chefs expérimentés. Il savait que si le chasseur jaune et le zambo se mettaient à ses trousses, ses communications avec la colonie deviendraient moins faciles, et qu'il n'avait plus d'asile sûr. Ces idées l'auraient vivement tourmenté s'il n'avait cru les chasseurs absents. Il avait espéré pouvoir terminer ses affaires et s'éloigner avant leur retour; mais le matin même il avait perdu cette illusion.

La nuit précédente, Antonio, surveillé par les espions, n'était arrivé au rendez-vous qu'à une heure avancée, et l'aurore avait paru quand le cibolero s'était mis en route pour la caverne. Chemin faisant il avait reconnu des empreintes de pas de chevaux, de mules et de chiens, qui venaient de l'extrémité septentrionale du Llano Estacado. Les animaux dont il constata le passage étaient en nombre égal à ceux que possédaient le mulâtre et le zambo.

— Quoi! se dit Carlos, seraient-ils déjà revenus de leur chasse dans les prairies?

Il regarda minutieusement les empreintes. Celles de l'un des chiens différaient sensiblement des marques que laissent sur le sol les pieds du chien-loup indigène, et il savait que le chasseur jaune avait acquis récemment un limier d'Espagne. Carlos avait suivi les traces jusqu'auprès d'un sentier qu'il prenait quelquefois pour rentrer dans le cañon.

À sa grande surprise, il remarqua que l'un des cavaliers, accompagné de plusieurs chiens, s'était détaché, et avait poussé une reconnaissance dans la direction du ravin. Plus de doute, le mulâtre et le zambo avaient songé à lui! Cependant le cavalier, après s'être écarté de sa route, n'avait pas tardé à la reprendre, et la caravane s'était acheminée vers Saint-Ildefonse. C'était ce qui avait empêché Carlos d'étudier plus complétement la piste qu'il avait découverte. Comme le jour était venu, il n'avait osé s'aventurer du côté de la colonie. Il était donc rentré dans sa caverne; mais il n'y avait pas trouvé le repos. Le retour des chasseurs lui avait causé une anxiété insurmontable.

Nous avons dit comment Cibolo avait donné l'alarme en face de l'embuscade, et comment Carlos s'était arrêté pour chercher les motifs de l'inquiétude passagère du chien. Ne voyant rien de suspect, il avait remis son cheval au trot.

— C'est quelque bête fauve, pensa-t-il.

Quand il fut en plaine, il hâta le pas, et au bout d'une heure de marche, il était sur les bords du Pecos. Il descendit le courant, et s'arrêta à peu de distance d'un petit bois d'arbres peu élevés. Cibolo fut envoyé à la découverte, explora les massifs, et retourna auprès de son maître, qui, sans autre précaution, vint descendre de cheval sous l'épais feuillage des arbres, pour y attendre Antonio.

Son attente ne fut pas de longue durée. Au bout de quelques minutes, un homme à pied, qui marchait courbé, parut dans la plaine, et fit entendre un sifflement auquel le cibolero répondit. C'était Antonio, qui fut bientôt à côté de son maître.

— T'a-t-on suivi, amigo? demanda Carlos.

— Comme à l'ordinaire, mi amo; mais je n'ai pas eu de peine à dérouter les espions.

— Dorénavant ce ne sera pas aussi facile.

— Comment cela, maître?

— Je sais quelles nouvelles tu m'apportes. Le chasseur jaune et le zambo sont de retour.

— Carrambô! c'est vrai. Comment l'avez-vous su?

— Ce matin, en te quittant, j'ai reconnu des traces encore fraîches, et ce doit être les leurs.

— Ils sont revenus hier au soir; mais j'ai quelque chose de pire à vous annoncer.

— Quoi donc?

— Ils vous poursuivent.

— Déjà j'avais pensé qu'ils mettraient leur haine au service de mes ennemis; mais je ne croyais pas que ce fût sitôt. Comment le sais-tu, Antonio?

— Par Joséfa, dont le frère, Esteban, fait les commissions du père Joaquin. Le matin même, le padré l'a chargé de conduire le capitaine Roblado à la cabane du chasseur jaune, en lui recommandant de se taire sous peine du fouet. À son retour, il a montré à sa mère une pièce d'argent, ce qui a semblé suspect à Joséfa. Elle a interrogé l'enfant et lui a tiré les vers du nez. Il n'a pas entendu la conversation de Roblado avec les chasseurs, mais il lui a semblé que ceux-ci se disposaient à partir immédiatement pour un voyage. En rassemblant ces renseignements, j'en conclus, mon cher maître, qu'ils sont sur vos traces.

— Je n'en doute pas un seul instant; je m'attends à être obligé de quitter ma retraite, qu'ils doivent déjà connaître. Bah! j'en trouverai une autre; maintenant que je suis prévenu, ces coquins ne me surprendront pas comme ils s'en flattent. Qu'as-tu encore à me dire?

— Rien de particulier. Hier au soir, Joséfa a vu la fille Vicenza en compagnie de José, par l'intermédiaire duquel elle correspond avec le capitaine. La señorita est toujours gardée à vue et soumise aux pénitences les plus sévères; mais nous espérons en avoir des nouvelles. Joséfa doit rendre visite à la femme du portier.

— Bon Antonio, dit Carlos en lui mettant une pièce de monnaie dans la main, donne ceci à Joséfa, et recommande-lui la plus grande activité. Tout mon espoir est en elle.

— Ne craignez rien, maître, répondit le métis, Joséfa se mettra en quatre pour nous servir. Elle m'est toute dévouée, ajouta-t-il en souriant, car j'ose me flatter que tout son espoir est en moi.

— Il y a peut-être dans cette persuasion un peu de fatuité, dit Carlos d'un ton enjoué.

Il interrogea ensuite le métis sur Rosita et sa mère, sur les lanciers et les espions. Antonio ne savait rien de nouveau.

— Et don Juan, que devient-il?

— Il est toujours en prison sous bonne garde.

— Mais de quoi l'accuse-t-on?

— D'être votre complice. Il a été arrêté, comme je vous l'ai dit, quelques jours après l'affaire du presidio, et on attend pour lui faire son procès que vous ayez été pris.

— On attendra longtemps, je l'espère.

— Et moi aussi.

— Le chasseur jaune et le zambo sont d'adroits coquins, mais je saurai les déjouer. Il importe pour cela que je sois de bonne heure à la caverne. Donne-moi mes provisions, et séparons-nous. Tu me retrouveras ici demain soir. Si quelque circonstance m'empêchait de paraître, ne cesse pas néanmoins de revenir régulièrement au rendez-vous. Buenas noches, amigo.

— Buenas noches, mi amo.

Les deux amis, car ils l'étaient réellement, se séparèrent après cet adieu.

CHAPITRE LVI.

Cibolo.

Le cibolero était inaccessible à la crainte, mais le rapport d'Antonio était de nature à lui causer de sérieuses alarmes. Depuis qu'il savait à quoi s'en tenir, il employait toutes ses facultés à chercher les moyens de se soustraire aux deux associés. S'il avait fallu les combattre loyalement, malgré leur force herculéenne, il aurait compté davantage sur une victoire; mais il savait que ces misérables le prendraient au dépourvu, et c'était de leurs ruses qu'il s'agissait de se garder.

— Oui, pensa-t-il, puisqu'ils ont suivi ma trace hier, il est possible qu'ils connaissent la caverne. Quelque hatero des plaines leur aura probablement raconté mes aventures; la haine et l'amour du gain les ont amenés à la mission, et ils ont sans doute proposé aux révérends pères de se charger de moi. Autrement pourquoi Joaquin serait-il venu de bonne heure au presidio? Il apporte de leurs nouvelles, et Roblado court traiter avec eux. Il est clair qu'ils n'ont pas agi sans indices, et qu'ils connaissent ma retraite. Peut-être même y sont-ils déjà. S'ils sont partis immédiatement après leur entrevue avec le capitaine, comme le suppose Esteban, ils ont eu le temps d'arriver au ravin. Par le ciel! il n'est pas trop tôt pour prendre mes précautions.

Telles étaient les pensées qui passaient dans l'esprit du cibolero. Il s'arrêta, pencha la tête, et regarda par-dessus le cou de son cheval l'entrée du cañon, près de laquelle il se trouvait alors. Mais la lune était cachée par d'épais nuages, et les ténèbres étaient complètes.

— Peut-être, se dit-il, sont-ils embusqués dans la partie la plus étroite du ravin. En ce cas, ils auraient beau jeu pour me surprendre... Avançons toujours! Cibolo va battre les buissons en éclaireur; et s'ils sont cachés quelque part, il faudra qu'ils soient bien malins pour m'échapper. Une fois qu'il les aura fait lever, je serai bientôt hors de leur portée. Ici, Cibolo.

Le chien, qui était en avant, revint sur ses pas, et regarda son maître en face. Carlos lui fit un signe en murmurant ce seul mot: Anda!

L'animal s'éloigna et se mit à explorer le terrain. Carlos le suivit à quelque distance avec une extrême circonspection. Il approchait de l'endroit où les deux murailles du cañon se rapprochaient et rétrécissaient l'espace. Des rochers épars des deux côtés au pied des hauteurs étaient assez élevés pour abriter plusieurs hommes avec leurs chevaux.

— S'ils voulaient me tuer lâchement, se dit Carlos, c'est le lieu qu'ils choisiraient. D'un côté ou de l'autre, ils m'auraient à demi-portée; mais Cibolo se tait... Ah!

Cette dernière exclamation était causée par un aboiement du chien. L'animal avait trouvé la piste du chasseur jaune et de son compagnon à l'endroit où ils avaient mis le milieu du ravin. La lune venait de se dégager des nuées, et Carlos vit Cibolo courir rapidement sur les cailloux en se dirigeant vers la caverne. Il fut tenté de le rappeler, car il importait à sa sécurité que les roches éparses au bas des flancs du cañon fussent inspectées avant qu'il continuât sa route; mais la vitesse avec laquelle le chien s'élança prouvait que son instinct lui avait révélé quelque chose d'extraordinaire. Il ne tarda pas à disparaître dans l'obscurité.

— Ils sont dans la caverne! s'écria le cibolero.

Au moment où il était frappé de cette idée, Cibolo aboya à plusieurs reprises. Carlos n'osa le rappeler, de peur d'avertir ses ennemis de sa présence.

— Il vaut mieux, se dit-il, attendre qu'il revienne, ou qu'il attaque l'objet qu'il poursuit. Après tout, ce n'est peut-être qu'un coyote ou un ours gris.

Le cibolero demeura immobile, dans un profond silence, mais prêt à se défendre au besoin. Sa bonne carabine pendait le long de sa cuisse, et il en avait déjà examiné la pierre et l'amorce.

Il écoutait les moindres bruits, et ses yeux essayaient de sonder les sombres profondeurs du ravin. Pendant quelques instants il fut en proie à l'attente et à l'incertitude; mais il tressaillit tout à coup en entendant sortir du fond du gouffre un bruit qui ressemblait à celui d'une lutte d'animaux.

Cibolo était-il aux prises avec un ours gris?

Telle fut la question que s'adressa notre héros; mais il reconnut promptement les voix de plusieurs chiens, et parmi elles le grave et sonore aboiement d'un limier d'Espagne.

La situation s'éclaircissait. Manuel et Pépé étaient dans la caverne, d'où partaient positivement les sons.

A un premier mouvement Carlos tourna bride; cependant, avant de remonter dans la plaine, il s'arrêta encore pour écouter.

Les aboiements se succédaient avec fureur; mais ils n'empêchaient point de distinguer des voix d'hommes, qui se parlaient l'un à l'autre ou cherchaient à imposer silence aux chiens. Ceux-ci se turent subitement, à l'exception du limier espagnol, qui gronda pendant quelques instants encore.

Ou Cibolo avait été tué sur la place, ou il avait battu en retraite. Dans l'un ou l'autre cas, il était inutile d'attendre son retour. Certain de revoir le chien s'il était vivant, Carlos sortit au galop du cañon.

CHAPITRE LVII.

La motte.

Le fugitif fit une halte, non pas au milieu de la plaine, mais à l'ombre des rochers, où les chasseurs s'étaient mis en embuscade quelques heures auparavant. Il resta en selle, les oreilles au guet, les yeux fixés sur le cañon.

Une masse noire qui se traînait sur le sol s'approcha lentement de lui. Quelle fut sa joie en reconnaissant Cibolo! La pauvre bête avait reçu plusieurs blessures, une entre autres à l'épaule, d'où pendait un lambeau de chair, et d'où le sang s'échappait à flots. L'animal affaibli chancelait.

— Ami, dit Carlos, tu m'as sauvé la vie: c'est à mon tour à sauver la tienne, si c'est possible.

Il mit pied à terre pour prendre le chien dans ses bras, et le plaça devant lui sur sa selle, où il resta en observation, s'attendant d'un moment à l'autre à être poursuivi.

Il était convaincu que ses antagonistes occupaient la caverne. Comme il n'y avait pas dans toute la colonie d'autre limier espagnol que celui du mulâtre, la présence du chien indiquait celle du maître, et par conséquent de l'inséparable zambo.

— Je vais me rendre au bois, se dit-il après quelques instants de réflexion, et j'y resterai caché jusqu'à l'arrivée d'Antonio. Ils ne peuvent me traquer cette nuit; il fait trop sombre, et les nuages s'épaississent. Demain je passerai la journée dans le bois s'ils ne me poursuivent pas; dans le cas contraire, je les verrai venir d'assez loin pour les éviter. Mon pauvre Cibolo, comme tu saignes! Quelle plaie! Mais patience, mon brave ami, tu seras bientôt pansé... Oui, c'est vers le petit bois que je dois me diriger, et comme il me rapproche de Saint-Ildefonse, ils n'iront pas me chercher de ce côté. D'ailleurs ils ne peuvent suivre ma piste dans les ténèbres... Mais que dis-je? j'oubliais le limier! Que Dieu me préserve, ces coquins peuvent me suivre au milieu de l'obscurité la plus profonde!

L'angoisse se peignit sur sa physionomie. Fatigué du poids qu'il soutenait, accablé de pénibles pensées, il s'affaissa avec les symptômes d'un profond abattement. Pour la première fois le proscrit était découragé. Il resta un instant la tête penchée en avant, la poitrine courbée sur le cou du cheval; mais il ne cédait pas encore au désespoir. Son énergie se réveilla tout à coup. L'espérance lui revint, et une idée nouvelle qu'il avait conçue lui fit entrevoir des chances de succès dans la lutte inégale de laquelle dépendait son existence.

— Oui, reprit-il, ce bois sera mon refuge; on vante votre habileté, mulâtre altéré de sang. Eh bien! je la mettrai à l'épreuve. Si vous gagnez la récompense que vous ambitionnez, au moins elle vous coûtera cher, et ce ne sera pas sans peine que vous scalperez Carlos le cibolero.

En murmurant ces mots, il reprit la bride qu'il avait lâchée, assujettit son chien sur le pommeau de sa selle et partit au galop, sans jeter un regard derrière lui. Il semblait pressé d'arriver à sa destination. Il gardait le silence; seulement il adressait de temps en temps quelques paroles bienveillantes au pauvre Cibolo, dont le sang coulait le long des flancs du cheval. En moins d'une heure il était de retour à l'endroit où il venait d'avoir une conférence avec Antonio.

Dans cette partie du Llano Estacado, le Pecos coule entre deux lignes verticales au milieu d'une grande plaine dont la superficie ne s'élève qu'à quelques milles plus loin en amont et en aval. Çà et là la rive est frangée de saules, à travers lesquels on aperçoit l'eau. De distance en distance croissent des massifs qu'on désigne sous le nom de mottes. Elles se composent de chênes verts et de peupliers argentés sous lesquels poussent des taillis d'acacias, et dont la lisière est souvent formée de cactus. Ces mottes, largement espacées et de dimensions médiocres, offrent un avantage à l'homme qui s'y cache; sa vue n'est pas interceptée par les ombrages, et il peut sans peine voir venir l'ennemi en plein jour. La nuit, sa sécurité est naturellement plus certaine et dépend de l'épaisseur des ténèbres.

La motte qu'avait choisie le cibolero dominait une vaste étendue de la plaine. Elle n'avait que quelques acres, mais elle était comme prolongée par les saules qui la bordaient du côté du Pecos. Au centre était une clairière assez spacieuse, dont le sol était couvert d'un tapis de *chondrosium fœneum*. D'un côté cette clairière touchait presque au Pecos, de l'autre une sorte d'avenue s'ouvrait dans la plaine. En réalité, la motte était coupée en deux parties à peu près égales par un espace découvert.

Le bois était hérissé de broussailles, et particulièrement des tiges du mezquite, arbre de la famille des acacias. Des guirlandes de vigne et de lianes s'entrelaçaient autour des chênes verts. Le tout formait un labyrinthe impénétrable en apparence, où des chasseurs expérimentés pouvaient seuls trouver moyen de se glisser.

Dans un coin de la clairière où le sol était sec et sablonneux poussaient une douzaine de pitabayas ou cactus chandeliers. Quelques-uns étaient de la plus haute taille, et leurs tiges cylindriques se mesuraient fièrement avec le tronc des chênes verts.

Un observateur peu familiarisé avec ces candélabres gigantesques n'aurait pu découvrir à quel règne de la nature ils appartenaient, tant ils s'écartaient des formes ordinaires des végétaux.

CHAPITRE LVIII.

Diable de chien!

Carlos avait dit vrai en attribuant à Cibolo l'honneur de lui avoir sauvé la vie, ou pour le moins la liberté. Si l'intelligente bête ne l'avait précédé, il serait entré dans la caverne, où sa perte était certaine. Ses adversaires avaient pris des mesures presque infaillibles pour s'emparer de lui. Après avoir placé leurs chevaux au fond de la cavité, ils s'étaient postés de chaque côté de l'entrée, derrière des rochers en saillie, pour s'élancer sur leur proie comme des tigres; leurs chiens veillaient auprès d'eux et devaient les seconder dans l'attaque. Tout concourait à leur succès: le mystère dont leur départ avait été entouré, la patience avec laquelle ils avaient surveillé les mouvements de Carlos et la manière adroite dont ils avaient pris possession de la caverne; comment le cibolero aurait-il même soupçonné leur présence? Ils étaient revenus à la mission pendant la nuit, et avaient reçu du père Joaquin l'ordre de ne pas se montrer dans la ville.

Quelques domestiques étaient seuls instruits du retour des deux associés. Le cibolero ne pouvait donc être averti de leurs projets; quant aux traces qu'ils avaient laissées sur les sentiers raboteux du cañon, elles devaient lui échapper, puisqu'elles étaient à peine visibles en plein jour.

— Nos affaires marchent à merveille, murmura le zambo. Nous allons le voir approcher sans défiance, tirant son cheval par la bride. Nous sauterons sur lui, et nous le garrotterons avant qu'il ait le temps d'armer un pistolet.

— Oui, reprit Manuel; mais ce diable de chien m'inquiète. J'en ai souvent entendu parler, et je crois qu'il mérite sa réputation.

— Carrajo! s'écria le zambo pour toute réponse.

— S'il entre le premier dans la caverne, ajouta le chasseur jaune, il avertira son maître, et nous en serons pour nos frais d'embuscade; s'il reste en arrière, à la bonne heure! Dans le cas où il arriverait en même temps que son maître et sans avoir donné l'alarme, nous pourrons encore réussir.

N'entendant au dehors aucun bruit qui leur signalât l'approche du cibolero, les chasseurs quittèrent un moment leur position pour se réconforter en consommant les chétives provisions qu'il avait laissées dans la grotte. Le mulâtre, pour se garantir du froid, s'appropria une couverture et la jeta sur ses épaules. Le zambo chercha dans ses bagages une gourde remplie de cette eau-de-vie de qualité inférieure qu'on appelle *chingarito*. Tous deux en arrosèrent leur maigre repas et ils trompèrent assez gaiement les heures de l'attente. Leur satisfaction n'était troublée que par le souvenir du chien Cibolo, qui leur revenait sans cesse à l'esprit.

De temps en temps l'un ou l'autre s'approchait de l'entrée de la caverne et promenait les yeux sur le ravin.

— Je ne vois rien, dit Manuel au retour d'une de ces excursions. Nous sommes encore bien loin de minuit; ainsi nous avons du loisir. Le cibolero va sans doute aller rôder autour de la colonie. Il y sera retenu par ses affaires, et ne rentrera probablement pas avant le point du jour.

En formant cette conjecture, le mulâtre jeta un dernier coup d'œil au dehors. Soudain il tressaillit et tira son compagnon par le bras.

— Regarde là-bas, ami Pépé : voici le guero!

Le zambo suivit ce conseil, et quoique l'obscurité fût presque complète, il distingua dans la partie la plus étroite du cañon un cavalier qui venait de la plaine.

— Carraï, c'est lui!

— A ton poste, ami Pépé! Mets le chien-loup derrière toi et reste caché; je veille sur le dehors.

Pépé obéit, tandis que le chasseur jaune, tenant son limier en laisse, retournait à l'entrée de la caverne.

Peu d'instants après il recula précipitamment et ne put retenir un cri d'alarme.

— Nous sommes perdus, Pépé! Je l'avais pressenti : le chien est sur notre piste!

— Carrajo! Que faire?

— Rentrons vite : nous le tuerons dans la caverne.

Tous deux se retirèrent derrière les rochers avec l'intention de se jeter sur Cibolo et de l'étrangler au moment où il pénétrerait dans l'intérieur; mais le prudent animal, auquel son instinct révélait un danger, s'arrêta à l'entrée et se mit à aboyer. Désappointé et furieux, le mulâtre, son couteau à la main, s'avança à la rencontre de Cibolo, sur lequel le limier se rua simultanément. Une lutte acharnée s'engagea entre les deux chiens, et elle se serait terminée au désavantage du limier, si le mulâtre, le zambo et le chien-loup n'étaient venus à son secours. Voyant qu'il avait affaire à trop forte partie, percé de plusieurs coups de couteau et déchiré par les dents de ses adversaires quadrupèdes, Cibolo battit en retraite.

Il ne fut pas suivi; les chasseurs espéraient encore que Carlos, ne comprenant rien à ce qui se passait, n'hésiterait pas à s'approcher. Quand ils le virent galoper vers la plaine, ils firent retentir les voûtes de la caverne de blasphèmes et d'imprécations.

Devenus plus calmes à la longue, les dignes satellites du père Joaquin se décidèrent à conduire leurs montures dehors; mais avant de se hasarder dans le cañon, ils s'arrêtèrent pour délibérer.

— Si nous poursuivions le guero? dit Pépé.

— A quoi bon? il sera loin avant que nous ayons eu le temps d'arriver dans la plaine.

Cette pensée renouvela leur douleur, et ils se lamentèrent, en mêlant à leurs jérémiades des anathèmes contre Cibolo. Enfin, las de se plaindre inutilement, ils se remirent à réfléchir sur ce qu'ils avaient à faire.

— Mon avis, dit le zambo, est de rester tranquilles jusqu'à demain. Nous n'avons aucune chance de retrouver le cibolero cette nuit, et quand il fera jour nous reconnaîtrons plus aisément ses traces.

— Que tu es bête, ami Pépé! le traquer en jour, nous laisser voir, ce serait temps perdu!

— Alors quel parti prendre, frère Manuel?

— Si nous le faisions suivre par le limier, il l'aurait vite découvert!

— Mais, frère Manuel, le guero ne s'arrêtera que lorsqu'il sera au moins à dix lieues d'ici. Est-ce que nous pouvons le rattraper ce soir?

— Tu es de plus en plus bête, ami Pépé! le guero, qui ne pense pas au limier, et ne suppose pas qu'on puisse le faire suivre à la piste, s'arrêtera bien certainement près d'ici. Ah! le maudit chien! quel tour il nous a joué!

— Malraya! il ne nous en jouera plus.

— Qui te le fait supposer, ami Pépé?

— Je lui ai planté mon coutelas dans le ventre, et je parie qu'il ne se traînera pas loin.

— Si je pouvais en être sûr, je donnerais deux onces d'or. Si ce chien est mort, nous tenons le guero, qui doit être dans les environs; nous l'atteindrons avant le coucher du soleil, car il ne nous soupçonne pas.

— Comment, frère Manuel, tu crois qu'il n'est pas allé loin?

— J'en suis persuadé. Où irait-il? Nous allons le faire suivre par notre bon limier d'Espagne. Nous le surprendrons endormi, sans défense, pourvu qu'il n'ait pas de chien.

— Ne t'inquiète pas de ce chien : après le coup que je lui ai donné il ne peut pas vivre plus de vingt minutes.

— En ce cas le maître nous appartient. Marchons!

En disant ces mots, le chasseur jaune aida son cheval à descendre dans le ravin, où il fut suivi par le zambo.

CHAPITRE LIX.

L'homme endormi.

En arrivant à l'endroit où Carlos avait disparu, le mulâtre appela son limier, lui adressa quelques paroles d'encouragement et lui fit signe de se mettre à quêter. L'animal comprit ce qu'on exigeait de lui, inclina le nez vers la terre et s'éloigna en silence. Manuel et son compagnon purent l'accompagner d'assez près, quoique la lune ne brillât plus dans les cieux. La robe du chien, d'un rouge clair, contrastait avec la verdure de la plaine; les herbes étaient trop courtes pour le cacher; En outre, le limier avait été dressé à suivre une piste lentement pendant la nuit et à ne pas faire entendre l'aboiement particulier à sa race.

Au bout de deux heures, les chasseurs se trouvaient en vue de la motte où le cibolero s'était arrêté.

— Ami Pépé, murmura Manuel, notre chien se dirige vers l'île de verdure. Je parie une once que le guero est là.

Le temps s'assombrissait; cependant on apercevait encore vaguement les chênes verts et les peupliers.

Le chasseur jaune rappela son chien et lui commanda de se tenir derrière lui.

— Pourquoi le déranges-tu? demanda le zambo.

— Imbécile, le guero est là ou il n'y est pas.

— C'est tout clair.

— S'il y est, nous n'avons plus besoin du limier, dont la présence pourrait l'avertir. S'il n'y est pas, nous retrouverons toujours ses traces et nous aviserons ensuite aux mesures que nous aurons à prendre.

— Tu es plus fort que moi, dit Pépé; je m'abandonne à tes conseils.

Le chasseur jaune, au lieu d'aller droit en avant, fit un circuit qui le mena en face de l'avenue.

— Que vois-je? s'écria-t-il tout à coup en retenant son cheval.

Un grand feu brillait au centre de la clairière.

— Hein? reprit le mulâtre; te l'avais-je dit? le maladroit s'est endormi là bas; il ne se doute pas qu'on puisse le traquer cette nuit! il se croit en sûreté, et comme les nuits sont fraîches, il s'est permis d'allumer du feu. Il n'a pas songé, l'imprudent, que ce feu pourrait être vu de deux côtés : Ah! voilà son cheval!

A la lueur du foyer se dessinaient les formes élégantes du mustang de Carlos.

— Ma foi! reprit le mulâtre, je lui supposais plus d'esprit. Dieu puissant! regarde!... il s'est endormi là-bas!

En effet, le corps d'un homme était nonchalamment étendu près du feu.

— Santissima! c'est lui! s'écria le zambo. Il n'est pas possible d'être plus bête! Il est vrai qu'il n'a pas deviné que nous pourrions le suivre par une nuit aussi noire.

— Chut! le chien n'est pas là, le guero est à nous! Tais-toi, ami Pépé, et marchons.

Le mulâtre dirigea son cheval vers la rive du Pecos, à quelque distance au-dessous de la motte. Le zambo le suivit. Tous deux observaient le silence, mais ils s'avançaient d'un pas rapide, car, trouvant leur victime dans une position favorable à leur dessein, ils avaient hâte d'en profiter. Comme ils avaient chassé le daim dans le voisinage, le terrain leur était connu. En arrivant sur la berge, ils attachèrent leurs chevaux et leurs chiens à des saules et s'approchèrent lentement du petit bois. C'était à peine s'ils daignaient prendre des précautions, tant ils étaient sûrs de trouver Carlos endormi. Comment aurait-il soupçonné leur présence? Les croyant loin, il était naturel qu'il eût cédé à la fatigue. La nuit était d'une froideur glaciale; il n'était pas moins naturel qu'il eût allumé un feu sans lequel il eût été impossible de dormir.

Ils s'aventurèrent sans hésitation sous les taillis. Le temps était calme; la brise agitait à peine les feuilles. On n'entendait que le murmure des vagues, le bruit d'une chute d'eau lointaine, les hurlements du loup des prairies et les cris plaintifs des oiseaux de nuit. Il était donc assez difficile aux chasseurs de dissimuler leur marche à travers d'épais fourrés; mais ils avaient une telle habitude des bois, qu'ils évitaient, sans même y penser, de faire craquer le bois mort, de casser les branches ou de remuer le feuillage. Ils glissaient dans l'herbe comme des serpents. Le silence le plus profond régnait dans la clairière. Les brillantes clartés du feu qui flamboyait au centre permettaient de distinguer le cheval du cibolero et son maître endormi près de lui. Un lasso passé au cou de l'animal se rattachait sans doute par l'autre extrémité autour du bras de Carlos. Celui-ci s'était couché avec ses bottes, sa manga et son sombrero.

Le cheval tressaillit, frappa le sol de son sabot, et redevint ensuite immobile. Avait-il entendu une bête fauve? Non, c'était pire que cela. Une figure humaine venait de se montrer sur la lisière des taillis. A son teint jaune, qu'illuminaient les reflets du foyer, on pouvait aisément reconnaître la figure de Manuel le mulâtre.

Il resta quelque temps en observation, ainsi que son camarade. Leurs yeux étincelaient d'une joie maligne; le triomphe leur paraissait infaillible, leur victime était enfin en leur pouvoir!

Au bout d'un moment, les chasseurs se retirèrent, pour reparaître sur un autre point, par lequel la clairière était plus accessible. Ils s'avancèrent à plat ventre, pareils à d'énormes lézards. Le mulâtre, qui tenait la tête, avait son coutelas dans la main droite et son fusil dans la main gauche, prêt à se ruer sur Carlos.

Celui-ci dormait toujours, et son corps projetait une ombre sur le gazon. Manuel se traîna de ce côté pour être moins facilement aperçu. Quand il fut à trois pas de son ennemi, il se releva brusquement sur les genoux, exposant ainsi son visage aux vives clartés du foyer.

Son heure était venue.

La détonation d'une carabine retentit dans le bois; un éclair partit en même temps de la cime d'un chêne situé à l'entrée de l'avenue, le mulâtre fit un bond, étendit les bras en poussant un cri terrible, chancela pendant une seconde; et lâchant son coutelas et son fusil, il tomba dans le feu la tête la première.

S'imaginant dans son trouble que le coup avait été tiré par l'homme endormi, le zambo se précipita sur lui, et lui enfonça son couteau dans les flancs avec fureur; mais presque aussitôt il recula en poussant un cri d'épouvante, et sans prendre la peine de relever son camarade, il disparut sous les taillis.

La figure couchée était toujours immobile; mais tout à coup un homme descendit des branches d'un chêne. Un sifflement résonna dans la clairière, et un cheval traînant après lui son lasso vint au galop se poster sous l'arbre. Un homme demi-nu, portant une longue carabine, se laissa tomber en selle; puis il s'éloigna rapidement dans la direction de la plaine.

CHAPITRE LX.

Du haut d'un arbre.

Qui donc était couché près du feu? C'est ce que nous allons expliquer à nos lecteurs, qui ont déjà deviné le stratagème imaginé par Carlos.

En arrivant dans la clairière, son premier soin avait été de déposer doucement Cibolo sur l'herbe, mais avant de panser ses blessures, il songea à exécuter le dessein qu'il avait mûri pendant la marche.

Il alluma un feu avec des branches sèches, et ses yeux se fixèrent sur les pitahayas, auxquels la lumière du foyer donnait l'aspect de colonnes de pierre. Il coupa l'un des plus grands, divisa le tronc et les branches en morceaux de différentes longueurs, et les traîna près du feu. Il n'avait certes pas l'intention d'y ajouter ce bois vert et onctueux qui aurait éteint les flammes au lieu de contribuer à leur éclat. Il tailla les morceaux de manière à imiter autant que possible la forme d'un corps humain, les disposa dans une attitude convenable, et les recouvrit de son ample manga. Avec de l'herbe réunie en bottes, il fit une tête sur laquelle il posa son chapeau, comme pour garantir le dormeur de la rosée ou des moustiques.

L'habitude des chasseurs étant de dormir les pieds du côté du feu, il importait de mettre une grande exactitude dans la contrefaçon des membres inférieurs. Il adapta ses grandes bottes de cuir aux morceaux cylindriques qui formaient les cuisses, et rabattit sur elles le bout de son manteau. Les bottes restèrent garnies de leurs éperons, que l'on pouvait voir étinceler d'assez loin à la lueur du foyer. Quand il eut perfectionné son mannequin, il l'examina de différents points de la clairière, et parut satisfait de son œuvre.

Carlos revint ensuite près du feu et fit entendre un signal auquel son cheval accourut. Il tendit la bride en la nouant au pommeau de la selle; c'était avertir l'animal qu'il devait cesser de paître, et rester tranquille à la même place, jusqu'à injonction contraire. Le lasso attaché au mors fut déroulé et son extrémité cachée sous les plis de la manga, comme si le dormeur l'eût tenue à la main.

Le cibolero parcourut de nouveau la circonférence de la clairière en regardant le groupe central. Ses dispositions avaient été si habilement prises, que le plus fin des observateurs s'y serait trompé. Après avoir amassé une provision de bois mort pour entretenir le feu, Carlos inspecta les arbres, et son choix se fixa sur un chêne dont les rameaux s'étendaient horizontalement à une assez grande distance du tronc. Des pampres et des tillandsias serpentaient autour des branches et augmentaient l'épaisseur du feuillage toujours vert.

— Ce vieil arbre me convient, murmura Carlos; il est à trente pas, c'est juste la portée. Ils n'entreront point par l'avenue. Si pourtant... mais non, ils suivront les rives du Pecos, à couvert sous les saules... Maintenant occupons-nous de Cibolo.

Carlos examina le chien, qui était toujours couché à la place où il l'avait mis; il reconnut que les blessures n'étaient point mortelles, et que le sang commençait à se coaguler autour des plaies.

— Pauvre bête! dit-il, il portera toute sa vie la marque de leurs couteaux; mais du moins il sera vengé! que vais-je faire de lui? je n'ai pas de temps à perdre; avec leur limier à longues oreilles, ils auront bientôt retrouvé mes traces. Puisse-t-il les bien conduire! Je suis prêt à les recevoir! Mais que vais-je faire de Cibolo? Si je le mettais au pied de cet arbre, il ne bougerait pas; mais dans le cas où ils arriveraient de ce côté, ce que je ne suppose pas, ils le verraient et seraient capables de l'achever. D'ailleurs sa présence leur inspirerait des soupçons; ils seraient sur leurs gardes et n'auraient qu'à lever les yeux pour me découvrir.

En disant ces mots, il examinait l'arbre avec attention. Du côté opposé à l'avenue s'étendait une branche où il entrevit la possibilité de faire un lit avec des lianes et des pampres. Il en prit quelques-uns qu'il entrelaça et qu'il recouvrit de paquets de tillandsias aux hampes filiformes. Il déposa l'animal sur cette espèce de plate-forme, puis il grimpa sur une branche supérieure, où il s'installa solidement. Il avait les pieds sur une seconde branche et la fourche qu'une troisième formait avec le tronc soutenait le canon de sa longue carabine. Elle était chargée; mais de peur que l'amorce n'eût été mouillée par la rosée de la nuit, il la renouvela. Il referma ensuite le hassinot, et s'assura que la pierre était en état de service. Sa vie dépendait de cette carabine, ce qui explique les précautions minutieuses qu'il crut devoir prendre.

La position qu'il avait choisie dominait toute la clairière.

Il attendit avec anxiété pendant près d'une heure, et lorsque la figure fauve sortit enfin des taillis, il la coucha en joue; mais comme elle disparut subitement, il réserva son coup pour une prochaine occasion.

Au moment où le mulâtre, se levant sur ses genoux, eut le visage en pleine lumière, Carlos pressa la détente, et sa balle traversa la cervelle de son perfide ennemi.

CHAPITRE LXI.

Mort du zambo.

Le zambo s'était enfui dans les fourrés. Il ne restait dans la clairière que le corps du mulâtre, aussi immobile que l'image informe près de laquelle il était tombé. La flamme ardente qui consumait un de ses bras ne pouvait plus lui arracher de cris de douleur. Bien que le poids de sa masse inerte eût en partie étouffé le feu, de vives clartés se reflétaient encore sur son visage livide, souillé de larges taches rouges.

En proie à une terreur insurmontable, le zambo avait traversé les taillis sans s'inquiéter du frôlement des feuilles et du craquement des branches sèches. Ses forces étaient paralysées; tout son courage l'avait abandonné. Carlos le devinait: aussi n'avait-il pas l'intention de fuir. Il voulait seulement tromper son dernier adversaire. Il prévoyait que Pépé, trop épouvanté pour affronter une lutte, tenterait de s'échapper dans les ténèbres, et il voulait lui couper la retraite.

Quand il fut en plaine, Carlos tourna à droite et se rapprocha de la rivière, afin d'intercepter les communications du zambo avec ses chevaux. Il s'occupa préalablement de recharger sa carabine; mais, à son vif regret, il ne retrouva plus sa poudrière. La courroie qui la tenait suspendue avait été accrochée par une branche, au moment où il sautait du haut du chêne vert. Il allait retourner sur ses pas pour chercher l'objet qui lui manquait, quand il vit entre les saules le zambo se glisser le long du Pecos.

Carlos hésita. — Avant que je retrouve ma poudrière, se dit-il, avant que j'aie rechargé mon arme, le zambo aura le temps de monter à cheval, et je ne pourrai l'atteindre dans l'obscurité. Pourtant, il ne faut pas qu'il m'échappe: tant qu'il vivra, j'aurai un ennemi dangereux; il doit mourir!

Outre que la prudence lui faisait désirer la mort de Pépé, le cibolero avait une vengeance à exercer sur le bandit à gages qui l'avait traqué avec tant d'acharnement. Sans tarder davantage, il jeta sa carabine, galopa vers la rivière, et au bout de quelques secondes se trouva en face de son antagoniste. Celui-ci eut un moment l'envie de combattre; mais encore sous l'impression de la terreur, il changea de résolution et se jeta brusquement à l'eau.

Carlos n'avait point prévu cet incident, et il eut un moment de stupeur; mais voyant Pépé atteindre la rive opposée, il craignit de perdre une occasion qu'il ne retrouverait pas. La berge était trop haute et l'eau trop profonde pour qu'il fût possible de traverser le Pecos à cheval.

— Il me défie à la course, se dit Carlos; eh bien, nous allons voir si je cours aussi vite que lui.

Aussitôt il mit pied à terre, plongea dans le courant, qu'il traversa en quelques brassées, et se mit à la poursuite de son ennemi.

Le zambo avait deux cents pas d'avance, mais Carlos les eut promptement regagnés.

La fuite était impossible et le combat inévitable.

Pépé le comprit et s'arrêta comme une bête fauve aux abois.

Les deux adversaires furent bientôt en face l'un de l'autre, tous deux armés de longs coutelas dont les lames étincelaient malgré l'obscurité. Après avoir échangé quelques paroles de défi, ils s'attaquèrent avec fureur et semblèrent un moment enlacés; mais la lutte fut de courte durée, et l'un des combattants tomba lourdement sur le sol.

C'était le zambo.

Il se débattit pendant quelques instants, essaya de se relever, et se tordit dans les convulsions de l'agonie.

Après s'être bien assuré que la mort était empreinte sur la figure hideuse de Pépé, le vainqueur s'éloigna, repassa la rivière, et alla chercher sa poire à poudre.

Dès qu'il eut rechargé sa carabine, il fit justice du limier et du chien-loup en leur envoyant à chacun une balle dans la tête. Quand aux chevaux, il les détacha et les laissa en liberté. Il rentra ensuite dans le petit bois pour y prendre Cibolo.

Les flammes du foyer étaient plus brillantes que jamais, car elles étaient alimentées par de la chair humaine. Détournant la vue de cet affreux spectacle, Carlos ramassa ses vêtements et prit la route du ravin.

CHAPITRE LXII.
Capture de Carlos.

Trois jours s'étaient écoulés depuis le départ du chasseur jaune et de son compagnon, et ceux qui les avaient envoyés commençaient à s'impatienter de ne pas avoir de nouvelles. Ils ne doutaient pas du zèle intéressé des deux bandits. Ils comptaient toujours sur un succès, mais il leur tardait d'apprendre que Carlos avait été pris ou du moins qu'il était sur le point de l'être.

Roblado, Vizcarra et le père Joaquin avaient ensemble de fréquents conciliabules, dans lesquels ils se communiquaient leurs inquiétudes.

Le padré les rassura en leur remontrant que les chasseurs étaient occupés à traquer jour et nuit l'hérétique.

— Comment voulez-vous, ajouta-t-il, qu'ils vous fassent parvenir des renseignements sur leurs opérations? Vous n'en aurez que lorsqu'ils reviendront triomphalement, amenant avec eux le captif.

Quel coup terrible pour le trio des conspirateurs! Un hatero vint annoncer à la colonie qu'il avait vu deux cadavres près des bords du Pecos, et que c'étaient ceux de Manuel et de Pépé! Il déclara qu'ils étaient déchirés par les loups et les vautours, mais qu'à leur costume et à leur équipement il avait positivement reconnu les chasseurs de la mission.

On supposa d'abord qu'au retour d'une chasse ils étaient tombés entre les mains des Indios bravos, qui les avaient assassinés. Sous la conduite du hatero, un détachement de lanciers fut envoyé à la découverte, et il fut constaté que les chasseurs avaient été tués non par des flèches indiennes, mais par la balle d'un homme blanc.

En outre, on avait mis les chevaux en liberté, et on avait tué les chiens, dont on retrouva les squelettes sur les bords du Pecos. Les Indiens n'étaient donc pas les auteurs de ce meurtre mystérieux, car ils n'auraient pas manqué d'emmener tous les animaux, et de dépouiller les morts de leurs habits, et surtout de leur attirail de chasse, qui avait quelque valeur.

On fit des recherches, et à côté des traces qu'avaient laissées les chevaux du mulâtre et du zambo on reconnut celle du fameux mustang, qui était ferré d'une manière toute particulière. C'était donc Carlos qui avait assassiné les chasseurs de la mission. D'après la version qui circula dans la colonie, il avait dû les surprendre endormis près du feu de leur campement, frapper le mulâtre sur le lieu même, et poursuivre l'infortuné zambo pour assouvir sa soif de sang.

Ce fut un redoublement d'imprécations contre le proscrit. Les mères prononçaient son nom pour effrayer leurs enfants, les hommes eux-mêmes se signaient en en parlant. On lui supposait plus que jamais une puissance surnaturelle, et l'on attribuait sa longue impunité aux sortiléges de sa mère. Comment le prendre ou le tuer, puisqu'il avait fait un pacte avec le diable? Le seul moyen de le mettre entre les mains de la justice, c'était de le priver de son principal appui, en arrêtant sa mère pour la brûler en place publique. Quelques notables le proposèrent, avec la haute adhésion des pères de la mission. Toutefois l'opinion publique n'était pas encore suffisamment préparée à une mesure aussi violente, lorsqu'un accident imprévu changea la face des choses.

C'était un dimanche matin, au moment où la foule sortait de la messe: un cavalier couvert de sueur et de poussière arriva tout à coup sur la place: c'était le brigadier Gomez.

— Mes amis, s'écria-t-il, Carlos le cibolero est arrêté.

Cette nouvelle fut accueillie par de bruyantes acclamations. Les chapeaux s'agitèrent en l'air, les vivats se prolongèrent pendant plusieurs minutes, et le brigadier Gomez eut beaucoup de peine à se soustraire aux honneurs du triomphe.

Carlos était en effet entre les mains des soldats, qui n'avaient eu besoin de recourir ni à la force ni à la ruse; il avait été trahi par un des siens.

Désespérant de pouvoir communiquer avec Catalina, il avait formé la résolution d'éloigner sa mère et sa sœur de la vallée. Il leur avait préparé dans les plaines un asile où elles pouvaient être momentanément en sûreté, jusqu'à ce qu'il trouvât l'occasion d'enlever la fille de don Ambrosio.

Avec la surveillance qu'on exerçait sur le rancho, il n'était pas facile de l'évacuer clandestinement. Cependant les mesures de Carlos avaient été si bien prises, qu'il aurait réussi, sans la trahison d'un péon qui l'avait accompagné dans sa dernière expédition, et en lequel il avait toute confiance.

Carlos avait caché son cheval dans le chapparal, et déménageait à la hâte le rancho. Malheureusement pour lui, le fidèle Cibolo, toujours souffrant de ses blessures, n'était pas là pour l'avertir par ses aboiements.

Le péon qui veillait au dehors avait été acheté par Roblado et

Vizcarra. Il s'empressa de prévenir l'escouade qui rôdait aux environs; le rancho fut cerné, et Carlos accablé par le nombre, quoiqu'il eût tué de sa main plusieurs des assaillants.

Après l'apparition de Gomez sur la place, le clairon se fit entendre, et le détachement victorieux défila aux applaudissements des spectateurs. Le prisonnier était entre les rangs, solidement attaché sur le dos d'une mule de somme.

La multitude, empressée de voir le fameux cibolero, l'escorta jusqu'aux portes de la prison.

La curiosité publique allait encore se repaître d'un autre spectacle: la mère et la sœur du proscrit étaient également arrêtées. A l'aspect de la sorcière, les assistants frémirent d'indignation et de terreur. Pendant le court trajet de la place au *calabozo* ou prison de ville, ce fut un concert de vociférations.

— Mort à la sorcière, qu'elle muere! (*Muera la hechicera, muera!*)

Les cheveux épars et les larmes de Rosita ne parvinrent pas même à toucher les cœurs de ces fanatiques, et plusieurs crièrent:

— Qu'elles meurent toutes deux, la mère et la fille! (*Mueran los dos, madre y hija!*)

L'exaspération était si grande que les gardes chargés de conduire les deux femmes en prison furent obligés de hâter le pas pour les dérober à la vindicte publique.

Carlos ne vit rien de cette manifestation, il ignorait même que sa mère et sa sœur fussent prisonnières. Il croyait qu'il les avait laissées tranquilles au rancho, et que la vengeance de ses ennemis s'assouvirait sur lui seul. Il ne savait pas jusqu'où pouvait aller leur barbarie.

CHAPITRE LXIII.
Visite au prisonnier.

Les femmes restèrent au calabozo; mais, pour plus de sûreté, on conduisit Carlos dans la prison du presidio.

Le soir même il y reçut des visites. Le commandant et Roblado ne purent se refuser le plaisir d'une ignoble vengeance. Après avoir bu largement, ils entrèrent dans la geôle avec de gais convives, et s'amusèrent à défier le captif enchaîné. On lui prodigua toutes les injures, toutes les grossièretés qu'on put imaginer. Pendant longtemps il s'y soumit sans murmurer; mais, exaspéré par un sarcasme de Vizcarra, il répondit en faisant allusion au changement qu'il remarquait dans les traits du colonel. Ce dernier, furieux, se rua sur Carlos, un poignard à la main, et lui aurait ôté la vie, sans l'intervention de Roblado et de ses compagnons.

— Y songez-vous? lui dit le capitaine; il est réservé au supplice; ne nous privez pas de la satisfaction de le voir à la garrotte.

Cette réflexion seule retint Vizcarra; mais il eut l'infamie de frapper au visage à plusieurs reprises ce prisonnier sans défense.

— Que le misérable vive! En attendant que son tour vienne, nous lui ménageons un beau spectacle.

Là-dessus cette bande d'ivrognes sortit en chancelant, laissant Carlos rêver au spectacle qu'on lui promettait. Quelle devait en être la nature? Il savait qu'il était lui-même destiné à mourir en place publique, que les yeux de la foule se repaîtraient de ses tourments, qu'il n'aurait aucune pitié à attendre des juges civils et militaires; mais ce n'était pas de lui qu'il s'agissait. Celles qui lui étaient chères étaient sans doute menacées Il y rêva toute la nuit; il y rêvait encore lorsque le jour pénétra par l'étroit soupirail de son cachot. On le laissa presque toute la matinée sans eau et sans nourriture. Ses geôliers le traitaient avec brutalité, ne lui adressaient aucune parole de consolation. Aucun ami ne semblait s'intéresser à son sort; il était comme abandonné du monde entier.

A midi, on l'arracha de sa prison, et il sortit entouré d'une forte garde. Etait-ce pour aller au supplice?

On lui fit traverser la place, qui était remplie d'une affluence inusitée. Tous les habitants de la colonie étaient réunis à la ville, haciendados, rancheros et mineurs. Les azoteas étaient encombrées de même que les rues. Pourquoi ce concours? La population paraissait s'attendre à voir un spectacle extraordinaire. Etait-ce celui qu'avait annoncé Roblado? En quoi consistait-il? Voulait-on soumettre Carlos à la torture en présence de la multitude? Ce n'était pas invraisemblable.

Les gardes l'entraînèrent à travers la foule, qui l'accueillit par des imprécations et le conduisit au calabozo.

Une grossière banquette régnait autour de son nouveau cachot. Le malheureux s'y étendit, car les liens qui lui serraient les jambes l'empêchaient de rester debout.

On le laissa seul, mais deux sentinelles veillèrent au dehors, et quelques autres soldats se tinrent aux alentours, tandis que le reste allait grossir la foule qui ondulait sur la place.

Carlos demeura quelques minutes sans mouvement, presque sans pensée. Le malheur l'accablait, et pour la première fois de sa vie son abattement était complet. On prétend que l'espérance ne s'éteint qu'avec la vie, mais c'est un paradoxe. Carlos vivait encore et l'espérance était morte dans son cœur. Il n'avait pas à compter sur le cours régulier de la justice, et toute évasion était impossible. Ses ennemis, dont il entendait les sabres résonner sur le sol des couloirs, le gardaient avec une vigilance proportionnée aux difficultés de sa capture.

Toutefois il est naturel qu'un homme sur lequel se ferment les verrous d'un cachot en examine les murs pour s'assurer qu'il est réellement prisonnier. Par un mouvement instinctif, Carlos promena ses regards autour de lui.

Le jour lui venait du haut d'une embrasure assez élevée, mais à laquelle il aurait pu atteindre en montant sur la banquette. Les murailles, dont cette ouverture lui permettait de mesurer l'épaisseur, étaient en briques d'adobes. On aurait pu les percer aisément avec du temps et un outil pointu, mais Carlos n'avait ni l'un ni l'autre. Il avait la conviction que dans quelques heures, peut-être dans quelques minutes, il serait conduit à l'échafaud.

— Oh! s'écria-t-il douloureusement, je ne crains pas la mort, je ne crains même pas la torture qu'on va probablement me faire subir.

Le cavalier s'avançait lentement.

La pensée qui m'anéantit, c'est celle d'être à jamais séparé de ma mère, de ma sœur, de la jeune fille que j'aime! Au moins si je pouvais communiquer avec elles une dernière fois, si j'avais un ami pour leur transmettre mes derniers vœux; mais non, je suis condamné à périr sans les revoir!

L'embrasure était extérieurement à quelques pieds au-dessus des têtes des passants; mais par intervalles quelque lepero se faisait faire la courte échelle par ses camarades pour jeter un coup d'œil curieux sur le prisonnier, et le cachot s'obscurcissait brusquement. Alors Carlos prêtait l'oreille, et au milieu des injures qu'on lui adressait, il en distinguait d'autres qu'on prodiguait à sa mère et à sa sœur. Pourquoi leur nom revenait-il si souvent?

Il était couché depuis une heure sur la banquette, lorsque Vizcarra et Roblado, accompagnés de Gomez, entrèrent dans la prison. Le cibolero pensa que son heure était venue, mais il se trompait. L'intention de ses adversaires était seulement d'insulter à sa misère.

— Mon brave, lui dit Roblado, nous vous avons promis un spectacle pour aujourd'hui : nous sommes des hommes de parole. Nous venons vous avertir qu'il va commencer. Montez sur cette banquette et regardez la place. Vous pouvez l'embrasser tout entière d'un seul coup d'œil, et vous êtes assez près pour n'avoir pas besoin de lunette. Allons, debout, ne perdez pas de temps, vous allez voir ce que vous allez voir.

Le capitaine termina par un bruyant éclat de rire; le commandant et le brigadier firent chorus, et tous trois se retirèrent en ordonnant qu'on fermât les portes avec soin.

Carlos se demanda quel était le sens des paroles de Roblado, et après quelques instants de réflexion, il crut avoir trouvé le mot de l'énigme.

— C'est cela, murmura-t-il, ils ont condamné mon pauvre ami don Juan, et il va mourir avant moi. C'est le spectacle de son sup-

plice qu'on m'invite à voir. Eh bien, non! je ne satisferai point fantaisie de ces misérables.

Il s'étendit de nouveau sur la banquette, avec la résolution rester.

— Pauvre don Juan! murmurait-il, c'est pour moi qu'il me pour moi et pour Rosita!

Tout à coup l'embrasure s'assombrit, la face d'un lepero s'y m tra, et une voix rauque cria :

— Holà! Carlos, boucher de bisons, remuez-vous donc un peu voyez quelle figure fait votre vieille sorcière de mère!

La morsure d'un reptile venimeux n'aurait pas arraché plus r dement Carlos à son apathie. Il se leva, oubliant qu'il avait les p enchaînés, et après avoir chancelé quelques secondes, il tomba les genoux. Par un second effort mieux combiné, il parvint à se t sur ses pieds, à monter sur la banquette, et à se placer en obse tion devant l'embrasure.

Au spectacle qu'il eut devant les yeux, le sang se glaça dans veines, la sueur ruissela sur son front, et il lui sembla qu'une m de démon lui tordait le cœur avec des doigts de fer.

CHAPITRE LXIV.

Le Cuarto.

La foule s'était écartée; elle était rangée le long des maisons, pendue aux balcons ou entassée sur les terrasses. L'espace libre é gardé par des haies de soldats. Au centre étaient réunis les offici l'alcade, les magistrats et les notables. La plupart étaient vêtu leurs costumes officiels, et en toute autre circonstance ils aura concentré tous les regards; mais on ne s'occupait point d'eux. L tention se fixait exclusivement sur un groupe qui stationnait dans

Les deux amis, car ils l'étaient réellement, se séparèrent après adieu.

coin de la place, en face du calabozo. Ce fut ce groupe que Car aperçut tout d'abord, et dès ce moment il ne vit plus ni la foule, les soldats, ni le brillant cortège des autorités.

Il avait reconnu sa mère et sa sœur; chacune d'elles était attach sur un âne à longs poils bruns, caparaçonné d'une couverture de ser noire, qui lui descendait jusqu'aux sabots. Les âniers étaient deux peros, également affublés de serge noire. Deux autres, dans le mê costume fantastique, tenaient à la main des cuartos ou longs fouets peau de bison. A côté de chaque âne, on voyait un père de la missio portant un livre, un rosaire et un crucifix.

Les deux femmes avaient les pieds attachés avec des cordes sous ventre de leurs montures, les mains retenues autour du cou des â par une espèce de joug de bois. Toutes deux étaient nues jusqu'à ceinture. Les longs cheveux blonds de Rosita lui cachaient à moitié visage, et elle exposait aux regards ses épaules blanches et rondé

Le dos amaigri de la mère avait des formes anguleuses, mais sa che-velure grise était aussi longue et presque aussi épaisse que celle de sa fille.

Lorsque Carlos les reconnut, un cri étouffé lui échappa, et ce fut le seul signe qu'il donna d'une souffrance plus vive que si une flèche lui eût traversé la poitrine. A partir de ce moment, il resta muet, immobile, et sa respiration précipitée indiquait seule qu'il vivait. Il ne quitta pas la fenêtre, mais appuyant sa poitrine contre le mur, il se maintint dans la position qu'il avait prise, inanimé comme une statue, les yeux fixes et vitreux. Du milieu de la place, Roblado et Vizcarra le virent, et s'abandonnèrent secrètement à leur joie cruelle. Ils ne les vit pas, il avait momentanément oublié qu'ils existaient.

A un signal donné, la cloche tinta dans la tour de la paroisse. Les leperos prirent leurs ânes par leurs licous de cuirs et les rapprochè-rent du centre de la place. Chacun des padrés s'avança vers une des victimes, lui murmura des paroles inintelligibles, et s'éloigna après

Pépé.

avoir donné des ordres aux deux leperos qui devaient servir de bour-reaux. Ceux-ci roulèrent autour de leurs poings l'extrémité la plus épaisse de leurs cuartos, et commencèrent à frapper sur le dos nu des femmes. Les coups étaient mesurés; on les comptait. Chacun d'eux laissait un sillon séparé. Les lignes rouges étaient à peine mar-quées sur le dos décharné de la pauvre vieille; mais elles se dessi-naient avec une effrayante netteté sur la peau plus blanche, plus fine et plus délicate de la jeune fille.

Chose étrange! ni l'une ni l'autre ne jetaient de cris. La vieille était impassible; aucun signe extérieur ne trahissait les atroces souf-frances qu'elle devait éprouver. Rosita se tordait convulsivement, et poussait des gémissements si faibles que les bourreaux eux-mêmes ne les entendaient pas.

Lorsqu'ils eurent administré six coups, une voix s'écria du milieu de la place:

— *Basta por la niña!* (assez pour la fille).

La foule répéta ce cri, et l'homme qui fouettait Rosita pelotonna son cuarto. Quant à son camarade, il devait compter vingt-cinq coups.

Des musiciens exécutèrent un air, et les ânes furent conduits au bruit des instruments à l'angle de la place opposé à celui d'où ils étaient partis.

La musique s'arrêta. Les pères recommencèrent à murmurer des prières, et la jeune fille ayant reçu sa grâce, un seul bourreau reprit son œuvre. Il donna vingt-cinq coups de cuarto à sa victime; puis les deux ânes se dirigèrent, toujours au son des instruments, vers le troisième angle de la place. L'horrible torture fut répétée; mais ce ne fut qu'au quatrième angle que fut complété le nombre total de cent coups, auxquels la sorcière était condamnée.

La cérémonie étant terminée, les autorités et les bourreaux s'éloi-gnèrent, et la foule se réunit autour des victimes, mue par la curio-sité plutôt que par la sympathie. Malgré ce qui s'était passé sous ses yeux, elle n'éprouvait aucune commisération pour la sorcière et pour l'hérétique, car le fanatisme étouffe tous les sentiments humains. Cependant quelques personnes se décidèrent à délier les cordes qui attachaient les femmes, à mouiller d'eau leurs lèvres desséchées, et à jeter des rebozos sur leurs épaules meurtries. Toutes deux étaient évanouies, et Rosita, quoique exempte du reste de la peine, avait été maintenue jusqu'à la fin dans son humiliante posture.

La nuit arrivait; les curieux avaient hâte de rentrer chez eux pour se refaire d'un long jeûne. Aussi ne firent-ils pas attention à une char-rette qui venait d'avancer à l'improviste. Elle était conduite par un Indien basané qui, avec l'aide de deux autres, transporta dans la voiture les victimes inanimées. Sur l'ordre que lui donna une jeune fille, il partit et prit la route des faubourgs. Ses compagnons le sui-virent à pied ainsi que Joséfa, car c'était elle qui venait encore au secours de Rosita.

Après avoir traversé le chapparal, la charrette s'arrêta à la porte du rancho isolé où la sœur de Carlos avait déjà reçu l'hospitalité. On reconnut bientôt que la mère avait cessé de souffrir. Ce fut en vain qu'on lui pressa les mains, qu'on lui bassina les tempes. Son âme avait passé dans un autre monde, d'où ne la rappelèrent pas les cris plaintifs de sa fille, qui ne reprit ses sens que pour se voir or-pheline.

CHAPITRE LXV.

Moyens d'évasion.

De l'embrasure de sa prison, Carlos avait suivi toutes les péripé-ties de cet affreux drame. De temps en temps, lorsque la lanière en-sanglantée tombait plus lourdement, il laissait échapper un gémisse-ment sourd, mais ses yeux plutôt que sa voix décélaient le feu qui le

Ils s'attaquèrent avec fureur et semblèrent un moment enlacés, etc.

consumait. Ceux qui le regardaient par hasard ou par curiosité étaient épouvantés de l'expression terrible de sa figure. Ses muscles étaient gonflés, ses yeux injectés, ses dents fortement serrées; son visage avait la pâleur et l'immobilité du marbre, rien n'indiquait que le sang y circulât.

De la position qu'il occupait, le cibolero ne pouvait voir que deux angles de la place; au troisième il perdit de vue la lugubre proces-sion, mais il n'éprouva aucun soulagement, il savait que le supplice continuait.

Il descendit de la banquette avec la résolution de se tuer. Son dés-espoir devenait intolérable, et la mort seule pouvait l'en affranchir; mais quel moyen avait-il d'accomplir son funeste projet? Il manquait d'arme, et quand même il en aurait eu, enchaîné comme il l'était, il ne pouvait en faire usage.

Il eut l'idée de se briser la tête contre le mur; mais en examinant cette frêle maçonnerie en adobes, il se convainquit de l'impossibilité d'une pareille tentative. Il pouvait s'étourdir, mais il reviendrait à la vie.

Il chercha de tous côtés un moyen de suicide. Une poutre traversait le cachot, et en y attachant une corde, il était facile de s'y pendre. La corde ne lui manquait pas, mais il n'avait point les mains libres.

Son attention se porta sur ses liens de cuir non corroyé, et il reconnut, à sa grande surprise, qu'ils s'étaient relâchés, saturés par la sueur qui coulait en abondance de ses mains. Dans les mouvements involontaires qu'il avait faits sous l'influence d'une douleur poussée jusqu'au délire, il avait étendu ses liens de quelques pouces, et il entrevit la possibilité de s'en débarrasser. Il se mit à l'œuvre avec la vigueur et l'énergie d'un homme au désespoir.

De tous les peuples du monde, ce sont peut-être les Hispano-Américains qui savent le mieux employer les cordes. Ils l'emportent en ce genre sur les Indiens, et même sur les plus habiles matelots. Ils font des nœuds inextricables, et parviennent à attacher un prisonnier sans se servir de chaînes.

Carlos avait été lié de la manière la plus solide, les mains derrière le dos, afin qu'il ne fît pas usage de ses dents pour se délivrer ; mais quels cordages de chanvre ou de peau résisteraient à un homme d'une force et d'une résolution supérieures ? Donnez-lui le temps d'agir, et il est certain qu'il se dégagera ; Carlos n'avait besoin que de temps. Le cuir humide était devenu si extensible, qu'en moins de dix minutes les mains glissèrent entre les courroies. Il les tendit et passa ses doigts dessus pour les aplanir, fit un nœud coulant à l'une des extrémités, et attacha l'autre à la poutre en montant sur la banquette.

Il passa ensuite ce nœud coulant autour de sa gorge nue, et calcula la hauteur à laquelle il serait suspendu quand ses membres seraient roidis par leur propre poids. Se plaçant sur le bord le plus élevé de la banquette, il allait prendre son élan quand une idée le saisit.

— Que je les regarde encore une fois avant de mourir ; pauvres victimes !

Se trouvant près de l'embrasure, il n'eut qu'à se pencher pour jeter un coup d'œil sur la place. Il ne vit ni sa mère ni sa sœur ; mais l'attention de la foule se portait vers l'angle de la place voisin du calabozo. L'horrible cérémonie s'achevait ; peut-être les suppliciées allaient-elles passer devant lui.

— Attendons, se dit-il.

Un profond silence régnait dans la multitude. Carlos entendit le sifflement du cuarto dans l'air.

— Dieu de miséricorde, il n'y a donc point de miséricorde ! Dieu de vengeance, écoute-moi ! Insensé, je médite le suicide quand mes mains sont libres, quand je puis tenter une dernière lutte contre ces barbares ! Si je ne brise point la porte, la serrure, au moins que je meure sous leurs coups après avoir défendu ma vie avec courage.

Au moment où il ôtait le nœud coulant qu'il avait jusqu'alors gardé autour de son cou, un objet pesant vint par l'embrasure le frapper au milieu du front. Il crut d'abord que c'était une pierre lancée par quelque vil fanatique, mais l'objet rendit un son métallique en tombant sur la banquette. Il se précipita dessus avec avidité. C'était un paquet enveloppé dans un morceau d'écharpe de soie. Il contenait un rouleau d'onces d'or, un couteau à longue lame et un billet.

Le billet attira d'abord son attention. Le soleil se couchait, mais il restait encore assez de jour pour qu'en se rapprochant de l'étroite fenêtre il pût lire la note suivante :

« Votre exécution est fixée à demain. Je n'ai pu savoir si on avait » l'intention de vous reconduire au presidio, ou de vous garder toute » la nuit au calabozo. Dans ce dernier cas, vous avez des chances de » salut. Je vous envoie une arme avec laquelle vous pouvez percer la » muraille. Vous trouverez dehors des gens qui vous mèneront en » lieu de sûreté. Si on vous conduit au presidio, tâchez de vous échap- » per en route ou vous êtes perdu.

» L'or pourra vous servir à corrompre vos gardes. Je n'ai pas be- » soin de vous recommander le courage et la résolution. Rendez-vous » au rancho de Joséfa, vous y trouverez une personne qui est prête » à partager vos périls et à vous suivre où vous voudrez. Adieu, mon » héros, adieu. »

Il n'y avait point de signature ; mais Carlos savait de qui était le billet.

— Brave et noble fille ! murmura-t-il en cachant le papier dans sa poitrine, la pensée de vivre pour vous ranime mes espérances et me donne de nouvelles forces ! Si je meurs, ce ne sera point sous les coups du garotero. Mes mains ne seront plus enchaînées tant qu'il me restera un souffle de vie. Je ne me rendrai qu'à la mort.

Assis sur la banquette, le cibolero se hâta de dénouer les courroies qu'il avait laissées autour de ses pieds ; puis il se leva, saisit le couteau d'une main ferme, et se promena de long en large dans le cachot, les yeux fixés sur la porte. Il était déterminé à attaquer le premier soldat qui se présenterait, et pendant plusieurs minutes il arpenta sa prison comme un tigre en cage ; mais tout à coup il changea d'avis, ramassa les courroies qu'il avait dédaigneusement jetées, et les attacha autour de ses pieds, mais de manière à pouvoir s'en débarrasser par une seule secousse. Après avoir caché ses pièces d'or et son couteau sous sa chemise de chasse, il reprit les lanières de cuir qui

pendaient à la poutre, se mit les mains derrière le dos, et réussit à donner aux liens dont il les entoura une apparence de solidité. Ensuite il s'allongea sur la banquette le visage tourné vers la porte, et feignit d'être endormi.

CHAPITRE LXVI.

Catalina de Cruces.

Dans nos régions tempérées où le calcul se mêle aux plus vives tendresses, où l'intérêt combat les penchants, où les passions sont attiédies, nous ne comprenons guère, nous nions même les résolutions téméraires que l'amour inspire en d'autres climats. Il chez les Espagnoles une énergie sublime, complètement inconnue dans les pays qui le subordonnent à des considérations commerciales. C'est alors une passion aveugle, ardente, prête à tous les sacrifices : elle remplit l'âme, elle absorbe les facultés. Affections de famille, liens domestiques, devoirs de la société, enseignements de la morale, l'amour fait tout oublier.

C'était un amour de ce genre qui brûlait dans le cœur de Catalina de Cruces. Elle avait mis dans la balance la tendresse filiale, le rang, la fortune, les engagements qu'elle avait envers le monde, le respect qu'elle se devait à elle-même ; mais l'amour l'avait emporté. Le reste n'était rien pour elle.

Il était près de minuit ; le silence et les ténèbres enveloppaient la maison de don Ambrosio.

Il était absent. Vizcarra et Roblado l'avaient invité à un grand banquet qu'ils donnaient au presidio à tous les grands personnages notables de la compagnie. C'était une fête improvisée par les officiers et les prêtres pour dissiper les émotions diverses qu'avaient pu produire les événements de la journée.

Les habitants du logis paraissaient endormis. Le portier, en attendant le retour de son maître, était couché près de la grande porte sur la banquette du zaguan. Les écuries (caballerizas) étaient ouvertes, et sous le linteau de leur porte se tenait le valet Andrès. S'il avait eu de la lumière dans l'intérieur, on aurait vu quatre chevaux sellés et bridés, et l'on aurait observé une particularité plus étrange : leurs sabots étaient enveloppés de drap grossier, solidement attaché autour de leurs chevilles.

La porte de la caballeriza n'était pas visible du zaguan, et le portier, qui sommeillait sous la voûte, ne s'inquiétait guère des chevaux. Toutefois il était surveillé de près par Andrès, qui de temps en temps s'avançait à pas de loup, écoutait et retournait à son poste.

Pendant toute la soirée un mince rayon de lumière glissant à travers les rideaux avait indiqué la chambre de la señorita. Il s'éteignit tout à coup. Catalina ouvrit la porte sans bruit, longea le mur jusqu'aux écuries, et appela Andrès à voix basse.

— Andrès !

— Aqui, señorita.

— Les chevaux sont-ils sellés ?

— Oui, señorita.

— Vous avez enveloppé leurs sabots ?

— Avec le plus grand soin.

— Mais que faire du portier ? reprit Catalina d'un ton de désespoir. Il va rester en faction jusqu'au retour de mon père, et alors il sera trop tard. Santissima !

— Avec votre permission, señorita, si je traitais le portier comme Vicenza.

— Où l'avez-vous mise ?

— Dans la serre, où elle est enfermée, liée, avec un bâillon entre les dents. Je puis vous certifier qu'elle ne bougera pas avant que quelqu'un la découvre... Dites un mot, et je me charge aussi du portier.

— Non, non. Qui ouvrirait à mon père ? Mais pourtant si Carlos sort de prison avant que les chevaux soient prêts, on aura le temps de s'apercevoir de sa disparition, de se mettre à sa poursuite et de l'atteindre. Il sortira, j'en suis sûre ; il se débarrassera aisément de ses liens. Déjà peut-être il est libre. Il m'attend ! Comment faire ? Ah !...

Cette exclamation subite annonçait un nouveau plan.

— Écoute, Andrès : les chevaux peuvent-ils traverser la rivière à la nage ?

— Rien de plus facile.

— En ce cas, fais-les passer le jardin... Un moment !

Catalina jeta les yeux sur la longue allée qui conduisait au jardin et qui était directement en face du zaguan. Malgré l'obscurité de la nuit, le portier, s'il n'était pas endormi, ne pouvait manquer de voir passer quatre chevaux. Comment surmonter cette difficulté ?

Après quelques instants de réflexion, la jeune fille reprit brusquement :

— C'est moi qui conduirai les chevaux. Va hardiment trouver le portier. S'il est endormi, tant mieux ; s'il ne l'est pas, lie conversation avec lui, et prie-le de t'ouvrir la poterne. Attire-le dehors sous un prétexte quelconque, et tâche de le retenir quelques moments...

Ce projet était praticable, et Andrès se prépara à une rencontre stratégique avec le portero.

— Lorsque tu jugeras que j'ai eu le temps d'arriver aux peupliers, dit Catalina, viens me rejoindre sans bruit. Montre de l'adresse et sers-moi bien, je doublerai ta récompense. Comme tu pars avec moi, tu n'as rien à craindre.

— Señorita, je suis prêt à risquer ma vie pour vous.

L'intérêt plus puissant que l'amitié assurait la fidélité d'Andrès. Il avait été séduit par l'appât du gain. Pour un peu d'or, il eût étranglé le portero.

Celui-ci était plongé dans l'état de somnolence si ordinaire aux portiers espagnols.

Andrès lui offrit un cigare, en l'invitant à venir le fumer devant la porte. Catalina jugea de leur situation par le murmure de leurs voix; elle entra dans la caballeriza, prit un des chevaux par la bride et le conduisit au bout du jardin, où elle le laissa attaché à un arbre. Elle fit de même pour les trois autres. Puis elle retourna au patio, afin de fermer la porte des écuries et celle de sa propre chambre. Tout en jetant des regards inquiets du côté du zaguan, elle rentra furtivement dans le jardin, où elle attendit, montée sur son cheval et en tenant un autre par la bride.

Cinq minutes plus tard Andrès rentra avec le portier, qui ne soupçonnait absolument rien, lui souhaita le bonsoir et feignit d'aller se coucher. Mais il eut bientôt rejoint sa maîtresse.

Le stratagème avait admirablement réussi. Don Ambrosio pouvait rentrer quand il lui plairait. Comme il avait l'habitude de se retirer immédiatement dans sa chambre, il ne pouvait connaître que le lendemain la perte cruelle qu'il avait faite. Les chevaux furent mis à l'eau avec le plus de précaution possible, après qu'on eut débarrassé leurs pieds de leurs enveloppes.

Quand ils eurent gravi la rive opposée, ils prirent la route des hauteurs; mais ce n'était pas là le but de leur voyage. Ils entrèrent tout à coup dans un sentier du chapparal, qui conduisait au rancho de Joséfa.

CHAPITRE LXVII.

Le serment.

Carlos, que nous avons laissé couché sur la banquette, étudiait de là les murs d'adobes, et cherchait l'endroit où ils étaient le plus faciles à percer. Armé d'une bonne lame, il calculait que deux heures suffiraient à son œuvre. Mais comment travailler deux heures sans être interrompu ou découvert? Tel était le problème qui occupait l'esprit du captif.

Il était imprudent de commencer ses opérations avant que la garde fût relevée. Jusqu'à ce moment le cibolero résolut de rester en repos, et d'attendre l'inspection que ne pouvaient manquer de faire les nouveaux hommes de faction. La seule crainte qu'il avait, c'était qu'on le reconduisît au presidio, dont les murailles étaient en pierre. Dans ce cas, comme Catalina le lui avait suggéré, il comptait essayer de s'évader pendant la route.

— Mais pourquoi ne me laisseraient-ils pas ici? se dit-il. On me croit enchaîné, sans armes, et je suis entouré de sentinelles vigilantes. Non, on ne songera pas à me déplacer. D'ailleurs il est plus commode de me garder ici toute la nuit. Je suis près du lieu du supplice.

En effet, on dressait déjà la garrote en face de la prison.

— Enfin, reprit-il, si par hasard il leur prend fantaisie de m'emmener au presidio, je me sens de force à lutter contre eux. J'ai sur eux l'avantage de la taille. Quant à leur courage, j'ai eu occasion de le mettre à l'épreuve. Quand ils me verront libre et armé, ils s'écarteront de tous côtés. Je n'aurai à redouter que leurs balles; mais ils sont si maladroits...

Il fut interrompu dans ses méditations par le bruit de la garde montante dans le corridor. L'inquiétude précipita les battements de son cœur. Allait-on le conduire au presidio? Il écouta attentivement la conversation des soldats.

— On le laisse donc au calabozo? dit l'un d'eux.

— Oui, dit un autre; il se trouvera tout transporté demain matin. Est-ce que tu n'as pas vu la garrote en passant?

— Mais, dit le premier, la route eût été plus longue, et le peuple aurait eu plus de temps pour voir le brigand.

— Tu as, ma foi, raison. C'est une réflexion que les autorités auraient dû faire; mais elles sont trop occupées en ce moment pour songer à ce détail. Il y a grande fête au presidio. Au reste, ici ou là-bas, ce cibolero sera bien gardé. Tu vas voir que ce coquin ne peut s'échapper.

La porte de la prison s'ouvrit. Plusieurs hommes, dont l'un portait une lanterne, vinrent regarder Carlos, et s'assurèrent qu'il était toujours lié.

Après lui avoir adressé quelques paroles insultantes, ils le laissèrent seul dans l'obscurité. Craignant leur retour, Carlos resta dans la même attitude, et il eut la joie d'entendre la garde s'éloigner après avoir posé des sentinelles à la porte. Aussitôt il se débarrassa de ses cordes, prit son couteau et attaqua le mur d'adobes.

Il avait choisi le coin le plus éloigné de la porte, celui qui devait être vraisemblablement du côté de la campagne. Le calabozo était une prison provisoire, où les autorités municipales déposaient les malfaiteurs sans importance. Les murailles ne résistaient pas au couteau. L'adobe n'est qu'un mélange de boue sèche et de gazon; et quoiqu'il y eût au centre quelques briques cuites, Carlos parvint en une heure à ouvrir un trou assez large pour y passer la tête. Il aurait pu obtenir en moins de temps le même résultat s'il n'avait été dans la nécessité de travailler avec précaution et sans bruit.

Il craignait d'être surpris par les factionnaires. Deux fois il s'imagina qu'ils tournaient la clef dans la serrure, et, le couteau à la main, il se tint prêt à les recevoir. S'ils s'étaient présentés, il aurait tenté de se frayer un passage au milieu d'eux.

Heureusement personne ne le troubla; ses gardiens ne donnaient pas signe de vie.

Quand il sentit l'air frais pénétrer à travers l'ouverture, il s'arrêta pour écouter les bruits du dehors. Tout se taisait. Il avança la tête et vit au pied du mur des cactus, des aloès, des plantes parasites où il pouvait se cacher après sa sortie.

La nuit était sombre et la rue déserte.

Carlos élargit l'ouverture et s'y glissa lentement. Pendant l'espace de cinquante pas environ, il se traîna à travers les hautes herbes, et quand il se releva, il avait dépassé les dernières maisons. Il était libre !

Au moment où il gagnait la campagne, en se tenant sous l'ombre des buissons, une figure humaine qui semblait sortir de terre se dressa tout à coup devant lui, et une douce voix prononça son nom. Il reconnut Josafé, échangea quelques mots avec elle et la suivit en silence. Ils tournèrent la ville, entrèrent dans le chapparal, et arrivèrent en moins d'une demi-heure au rancho.

Un instant après, Carlos s'inclinait sur le cadavre de sa mère; il s'était attendu à la perdre. D'ailleurs, le spectacle qu'il avait eu sous les yeux avait épuisé sa sensibilité. Il peut arriver qu'une douleur en chasse une autre; mais les souffrances qu'il avait éprouvées ne pouvaient être effacées par de plus cruelles.

Carlos serra dans ses bras celle qui l'avait sauvé, et sa sœur, qui versait des larmes abondantes; mais ils n'avaient pas le temps de s'abandonner à la tristesse.

— Où sont les chevaux? demanda-t-il.

— Près d'ici, sous les arbres.

— Allons ! il ne faut pas perdre un instant, sortons d'ici.

A ces mots il enveloppa le cadavre dans un sérapé, le prit entre ses bras et quitta le rancho. Ses compagnes le précédèrent à l'endroit où les chevaux étaient cachés.

Il eut un éclair de joie en trouvant, à côté de ceux qu'avait amenés Catalina, son beau mustang, qu'Antonio était parvenu à reconquérir.

Tous furent bientôt en selle. Les quatre chevaux étaient montés par Catalina, Rosita, Antonio et Andrès. Le cibolero, sans quitter son triste fardeau, s'élança sur le dos de son fidèle coursier.

— Maître, demanda le métis, faut-il descendre la vallée? Carlos hésita un moment.

— Non, répondit-il enfin; nous serions poursuivis de ce côté. Prenons la passe de la Niña, ils ne se douteront pas que nous sommes aventurés dans cette route fréquentée. Marche en avant, Antonio, par le sentier du chapparal : tu le connais ?

La cavalcade s'ébranla. Au bout de quelques minutes, elle avait dépassé les limites de la ville, et les chevaux, rangés en file, s'avançaient sous les broussailles. Les fugitifs n'échangèrent pas une seule parole avant d'avoir atteint le sommet du ravin. Alors Carlos ordonna au métis de les guider en ligne droite à travers le plateau, et resta seul en arrière.

Il se dirigea vers le promontoire de la Niña perdida, et s'arrêta à un point d'où l'on apercevait toute la vallée. Au milieu des ténèbres de la nuit, elle ressemblait au vaste cratère d'un volcan éteint, et les lumières qui brillaient dans la ville et dans le presidio étaient comme les dernières étincelles d'une lave qui n'était pas encore refroidie.

Le cheval demeura immobile, le cavalier souleva le cadavre, dont il découvrit le visage.

— Ma mère ! s'écria-t-il d'une voix étouffée, que n'est-il donné à vos yeux de s'ouvrir, à vos oreilles d'entendre, ne fût-ce que pour un moment ! je pourrais vous prendre à témoin de mon vœu. Je jure ici que vous serez vengée. A partir de cette heure, je consacre ma vie, ma force, mon âme et mon corps à l'accomplissement de votre vengeance. Mais pourquoi me servir de ce mot ? Ce que je veux, c'est la justice, c'est le châtiment exemplaire des plus infâmes assassins. Esprit de ma mère, écoutez-moi ! Ils seront punis ! votre mort, vos tortures, seront vengées ; réjouissez-vous, misérables, prolongez vos fêtes, car l'heure des larmes viendra bientôt, plus vite que vous ne le supposez. Je pars, mais je reviendrai. Patience, vous me reverrez : oui, vous vous rencontrerez encore face à face avec Carlos, le cibolero !

Il leva le bras droit, le tendit avec un geste menaçant, et sa physionomie prit une expression de triomphe et de défi. Comme s'il eût partagé ses sentiments, son cheval hennit avec force; puis, obéissant à un signal du cavalier, il galopa loin de la Niña perdida.

CHAPITRE LXVIII.

Triste fin d'un joyeux repas.

Après avoir assisté à l'horrible cérémonie, les officiers étaient rentrés au presidio, où, comme nous l'avons dit, un banquet était servi en l'honneur de la circonstance. Les principaux fonctionnaires et dignitaires de la place, y compris le curé, l'alcade et les pères de la mission, jugeaient à propos de se réjouir, tant de la punition des hérétiques que de la captivité du cibolero. La perspective de son supplice les remplissait de joie. Ils s'entretenaient gaiement du plaisir qu'ils auraient à le voir mourir.

Vizcarra s'était déjà vengé des dédains de Rosita, car c'était lui qui avait crié du milieu de la place : *Basta por la niña*. Cette intervention n'était pas due à la pitié. Loin d'être guidé par des motifs d'humanité, il n'avait que d'ignobles desseins. Encore un jour, et la jeune fille qu'il convoitait allait être privée de son unique protecteur. A la vérité, ce succès était chèrement acheté, et quand le colonel voyait dans une glace sa figure balafrée, d'amères réflexions détruisaient l'heureux effet des mots joyeux, des plaisanteries, de la musique et du vin.

Roblado goûtait un bonheur sans mélange. — Soyez tranquille, disait don Ambrosio, que l'ivresse rendait communicatif, ma fille se repent de sa folie, et envisage avec indifférence le sort du guero; soyez tranquille, elle vous appartiendra. Vous n'avez pour tout bien que vos épaulettes, mais ma fortune suffit à deux, et après vous avoir éconduit, Catalina finira par devenir fière d'être la femme d'un vaillant officier.

Don Ambrosio était de bonne foi. Il est probable que Catalina lui avait donné à entendre qu'elle se résignait, afin de mieux cacher son projet désespéré.

Le vin coulait en abondance. Les santés, les chansons, les harangues se succédaient, et on était encore à table à minuit. Au milieu de l'orgie, un des convives s'écria : — Messieurs, il manque quelque chose à cette fête. Pour la compléter, je propose qu'on amène ici Carlos le cibolero.

— Appuyé, appuyé, s'écrièrent plusieurs des assistants.

— Je ne l'ai pas vu, dit un autre, et je ne serais pas fâché d'examiner de près un personnage devenu si fameux.

— Je suis curieux, dit l'alcade, de savoir quelle figure il va faire. Allons, commandant, cela dépend de vous ; donnez des ordres.

Vizcarra ne fit aucune objection. Il approuvait une idée qui ajoutait à l'humiliation de son ennemi.

— Holà! brigadier Gomez, cria-t-il en ouvrant la porte de la salle.

Gomez accourut, et s'arrêta devant son colonel, auquel il fit un salut respectueux.

— Prenez quelques hommes avec vous, allez chercher le prisonnier et amenez-le ici. En attendant, messieurs, buvons!

L'orgie continua, mais elle ne dura pas longtemps. Gomez reparut dans la salle et cria d'une voix retentissante : — Le prisonnier s'est évadé!

Un obus tombant au milieu de l'assemblée ne l'aurait pas dispersée plus complétement. Tous se levèrent en renversant les chaises et les tables; les bouteilles et les verres jonchèrent le parquet de leurs débris. Les convives sortirent dans le plus grand désordre, les uns pour s'assurer que l'évasion était réelle, les autres pour aller défendre leurs maisons, qu'ils croyaient menacées par le redoutable bandit. Vizcarra et Roblado avaient perdu la tête; ils vociféraient, ils juraient, ils donnaient des ordres contradictoires. Cependant ils conservèrent assez de présence d'esprit pour faire mettre toute la garnison sous les armes. Au bout de quelques minutes, les lanciers, guidés par leur chef, entraient au galop dans la ville et cernaient le calabozo. On découvrit sans peine le trou par lequel le captif s'était enfui. Mais comment s'était-il débarrassé de ses liens? Qui lui avait fourni l'arme avec laquelle il avait percé le mur? Les factionnaires furent accablés de questions et de coups, sans pouvoir donner d'explications satisfaisantes. Ils avaient cru le cibolero endormi jusqu'à l'arrivée de Gomez.

On envoya des éclaireurs dans toutes les directions; mais que pouvaient-ils pendant la nuit? On fit des visites domiciliaires dans toutes les maisons; mais à quoi bon? Il n'était pas probable que Carlos fût resté dans la ville; il était sans doute parti pour les plaines.

A l'aube du jour, un détachement explora le bas de la vallée, sans trouver la moindre trace de Carlos, de sa mère ou de sa sœur. On savait que la sorcière était morte la veille au soir, mais qu'était devenu son cadavre? Etait-elle ressuscitée pour favoriser la fuite de son fils? Telle était la conjecture que la superstition suggérait à la plupart des habitants.

A une heure plus avancée de la matinée, cette mystérieuse affaire commença à s'éclaircir. Don Ambrosio, qui n'avait pas voulu en rentrant chez lui troubler le repos de sa fille, l'attendait dans la salle à manger, et elle ne paraissait pas.

— Qui peut la retenir? se demanda le père alarmé. Serait-elle indisposée? Qu'on aille lui dire que je m'impatiente, et qu'il est temps de se lever.

On frappa à la porte de la chambre de Catalina, sans recevoir de réponse. Don Ambrosio, inquiet, se décida à faire enfoncer la porte. Le lit n'avait pas été dérangé; évidemment la señorita s'était enfuie.

— Qu'on la poursuive, s'écria le père au désespoir. Il faut trouver ses traces et la ramener ici. Où est Andrès? Dites-lui de seller les chevaux.

On courut à la caballeriza, elle était vide. On chercha vainement Andrès, mais on découvrit dans la serre Vicenza demi-morte, qui raconta comment le valet s'était jeté sur elle à l'improviste, lui avait mis un bâillon et l'avait laissée seule, les pieds et les mains attachés.

Ces nouvelles se répandirent rapidement dans la ville. Quel affreux scandale! Non-seulement la fille du riche mineur avait aidé le condamné à s'échapper, mais encore elle l'avait suivi. *Huyeron* (ils se sont enfuis)! Tel fut le cri universel.

On retrouva la trace des chevaux, et des lanciers se mirent en route accompagnés d'un grand nombre de volontaires. Ils suivirent la piste jusqu'aux bords du Pecos, mais ils la perdirent au delà de ce fleuve. Les cinq chevaux s'étaient séparés, prenant chacun une direction différente, et d'ailleurs leurs sabots ne laissaient aucune empreinte sur le sol caillouteux.

Après plusieurs jours de courses inutiles, le détachement mixte revint à Saint-Ildefonse. Il fut relevé par un autre, qui n'obtint pas plus de succès. On visita les bords du Pecos, le ravin, la caverne, sans découvrir de traces des fugitifs; et on en conclut qu'ils avaient passé les frontières de la colonie.

Le rapport de quelques Comanches alliés, qui vinrent à Saint-Ildefonse, confirma les conjectures. Ils déclarèrent qu'ils avaient vu le cibolero traverser le Llano Estacado; qu'il était accompagné de deux femmes et de plusieurs hommes ; que des mules de somme, portant des provisions, faisaient partie du convoi.

Carlos avait dit aux Indiens qu'il allait accomplir un long voyage, de l'autre côté des Grandes Plaines.

Ces renseignements devaient être exacts. On avait entendu le cibolero manifester à plusieurs reprises l'intention de se rendre aux Etats-Unis; c'était là qu'il était probablement allé, pour se fixer sur les bords du Mississipi. Il était désormais hors d'atteinte, et il était vraisemblable qu'il ne se montrerait plus dans les établissements du Nouveau-Mexique.

Des mois s'écoulèrent. Ce furent les Comanches qui donnèrent les derniers des nouvelles de Carlos. On ne l'oublia pas, mais on cessa d'en parler. La haine impuissante de Vizcarra, de Roblado et des pères de la mission dut se résigner à n'être jamais satisfaite ; mais des affaires importantes vinrent les distraire et détourner l'attention des habitants de Saint-Ildefonse. La colonie fut menacée d'une invasion des Yutas, auxquels la garnison n'était guères en état de résister. Par bonheur pour elle, au moment où ils marchaient en force sur la ville, les Yutas furent attaqués et battus par une autre tribu de sauvages. Ils renoncèrent momentanément à leur incursion, mais leur attitude excitait des craintes pour l'avenir.

Autre sujet d'alarmes : les Tagnos, Indios mansos (Indiens soumis) qui formaient la majorité de la population, se soulevèrent dans plusieurs localités et secouèrent le joug espagnol. Il était naturel à ceux de Saint-Ildefonse de chercher à les imiter. Ils conspirèrent, mais la vigilance des autorités déjoua leurs complots. Les chefs furent arrêtés, jugés, condamnés et fusillés, et l'aspect de leurs chevelures, qui séchaient au-dessus de la grande porte du presidio, retint leurs compatriotes dans l'obéissance.

Ces événements tragiques effacèrent le souvenir du cibolero. A l'exception des individus qui avaient de bonnes raisons pour penser à lui, tout le monde finit par ne plus s'en occuper. On croyait généralement qu'il avait traversé les Grandes Plaines, et qu'il était en sûreté au milieu des hommes de sa race, sur les bords du Mississipi.

CHAPITRE LXIX.

Les Wacos.

Qu'était-il devenu? Avait-il réellement traversé les Grandes Plaines? Ne reparut-il jamais? Quel fut le sort de Saint-Ildefonse?

Telles furent les questions adressées au Mexicain qui racontait cette histoire par les étrangers qui l'écoutaient.

Il gardait le silence, en proie à une forte émotion. Ses yeux erraient de la ville au promontoire de la Niña, et s'arrêtaient avec tristesse sur les ruines ensevelies dans les herbes.

Ses auditeurs, qui pressentaient comment avait péri la ville de Saint-Ildefonse, attendaient impatiemment qu'il achevât son récit.

Il le reprit aussitôt qu'il sortit de ses mélancoliques rêveries.

— Carlos reparut. Ce que devint Saint-Ildefonse, vous le voyez; vous avez devant vous les décombres informes de la cité détruite; mais vous désirez savoir comment elle périt? Oh! c'est une histoire terrible, une histoire de sang et de vengeance, et Carlos fut le vengeur.

Oui, le cibolero rentra dans la vallée de Saint-Ildefonse, mais il n'y revint pas seul. Sous ses ordres marchaient cinq cents Peaux rouges, cinq cents guerriers qui reconnaissaient le chef blanc. C'étaient les braves de la tribu des Wacos. Ils savaient combien il avait souffert, et avaient juré de punir l'iniquité.

On était à la fin de l'automne, la plus riante saison de l'année américaine. Les forêts vierges sont peintes alors de couleurs variées. La nature se repose de son travail, toutes les créatures, après avoir savouré l'ample festin qu'elle leur a offert avec tant de prodigalité, ont l'air heureux et content.

Il faisait nuit, et la lune brillait dans son plein. Cet astre, dont les poëtes des pays cultivés ont tant de fois célébré les rayons d'argent, n'éclaire pas d'un moins doux éclat les solitudes où l'on ne moissonna jamais, les plaines du Llano Estacado.

Un hatero solitaire, couché auprès de son troupeau, fut réveillé par le grognement de son chien. Il se leva et promena autour de lui des regards inquiets. Etait-ce un loup, un puma rouge ou un ours gris? Non! ce qu'il aperçut dans la plaine était de nature à l'effrayer davantage.

C'était une longue file de chevaux montés par leurs cavaliers, qui marchaient de l'est à l'ouest. Ils allaient un par un; les naseaux de chaque cheval touchaient à la croupe de celui qui le précédait. La tête de la colonne était déjà près du gardeur de moutons, mais la queue se perdait au loin dans les ténèbres.

La troupe, silencieuse et morne, défila à deux cents pas de lui. Il n'entendit ni le froissement du mors, ni le cliquetis des éperons. Si parfois quelque coursier impatient hennissait, ou frappait le sol de ses sabots sans fers, son cavalier le gourmandait à voix basse.

Les noirs guerriers passaient comme des spectres. La lune qui les éclairait ajoutait à leur aspect surnaturel. Sans être tourmenté de craintes superstitieuses, le hatero trembla de tous ses membres à leur approche. Il savait à quelle race, à quelle classe d'hommes ils appartenaient.

Tous étaient nus jusqu'à la ceinture; leurs bras et leurs poitrines étaient peints; ils portaient des arcs, des carquois et des lances. C'étaient des Indiens marchant sur le sentier de la guerre!

La vue de leur chef remplit le hatero de stupeur. Il différait de ses compagnons par le costume, les équipements, la couleur de la peau. C'était un blanc!

Le hatero était un des plus intelligents bergers de Saint-Ildefonse. C'était lui qui avait découvert les restes du chasseur jaune et du zambo. La surprise qu'il éprouva d'abord à la vue du chef blanc ne fut pas de longue durée. Il se rappela ce qui s'était passé, et arriva à cette conclusion judicieuse que ce chef ne pouvait être autre que Carlos le cibolero. Son premier mouvement avait été de rester immobile pour éviter un danger, mais d'autres idées lui vinrent à l'esprit, quand il réfléchit aux tragiques aventures du proscrit. Les Indiens étaient sur le sentier de la guerre; ils s'avançaient en ligne droite du côté de la colonie; évidemment, si Carlos les conduisait, c'était pour tirer vengeance de ses ennemis.

Influencé par le patriotisme et par l'espoir d'une récompense, le hatero résolut de le prévenir, de courir à la vallée et d'avertir la garnison. Dès que la colonne eut défilé, il se leva pour se mettre en route, mais il avait méconnu l'intelligence du chef blanc. Depuis longtemps déjà les éclaireurs qui rôdaient sur les flancs de la petite armée avaient cerné le berger et son troupeau. Avant qu'il eût fait un pas, le hatero était prisonnier et ses moutons servirent au souper de ceux qu'il voulait trahir.

Le chef blanc et ses compagnons avaient suivi jusqu'alors le chemin bien connu que prenaient les chasseurs et les marchands. Ils s'en écartèrent, et la colonne, sans avoir reçu d'ordre verbal, s'étendit obliquement dans la plaine. Au bout d'une heure, elle arriva à la ceja du plateau principal, sur la crête du ravin où le chef blanc avait si souvent trouvé un refuge. La lune, quoique resplendissante, était près de l'horizon et ses clartés ne pénétraient pas dans l'immense abîme. Il était difficile d'y descendre, mais non pour de tels hommes et sous la conduite d'un tel chef. Après avoir murmuré quelques mots à celui qui le suivait immédiatement, il dirigea son cheval dans une crevasse entre les rochers. L'Indien qui marchait après lui répéta l'ordre qu'il avait reçu et disparut dans le gouffre. Le troisième l'imita, et enfin les cinq cents cavaliers descendirent les uns après les autres au fond du cañon. On distingua pendant quelque temps les piétinements de leurs chevaux sur les roches et les cailloux, mais bientôt le silence se rétablit. Rien n'annonça la présence des hommes et des chevaux dans le ravin. On n'entendit que les aboiements du loup de prairie, les cris effarés de l'aigle et les hurlements des bêtes fauves dont on avait envahi la retraite.

CHAPITRE LXX.

L'attaque.

Un autre jour se passe. La lune se lève de nouveau dans le ciel sombre; le gigantesque serpent qui est resté roulé au fond du ravin se glisse en silence dans la plaine, où il étend ses longues vertèbres.

Les guerriers arrivent au bord du Pecos. Chacun d'eux lance son cheval dans le fleuve, dont il fait jaillir l'écume et en sort ruisselant d'une eau qui étincelle à la clarté de la lune.

La troupe franchit les bas-fonds, et gravit le plateau qui domine la vallée de Saint-Ildefonse. Là elle fait une halte, envoie en avant des éclaireurs, et ne se remet en marche qu'à leur retour. Ses pas se ralentissent. Les ténèbres sont nécessaires au succès de son entreprise, et le chef blanc veut attendre que la lune soit couchée; c'est au moment où elle disparaît au sommet nuageux de la sierra Blanca qu'il arrive au promontoire de la Niña.

Après une reconnaissance préalable, il guide ses compagnons dans la passe, et au bout d'une demi-heure les cinq cents cavaliers ont disparu dans le labyrinthe du chapparal. Au centre des fourrés, le métis Antonio trouve une clairière où la troupe met pied à terre. Les chevaux sont attachés aux arbres, l'attaque doit se faire à pied.

Il est une heure après minuit, la lune est couchée, et les nuages qui réfléchissaient encore ses rayons finissent par s'assombrir; on ne distingue plus les objets à vingt pas. L'énorme masse du presidio se dessine en noir sur un ciel de plomb. On ne peut voir les sentinelles sur les remparts, mais on les entend pousser par intervalles leur cri accoutumé : *Sentinela, alerte.* La garnison se livre au repos; les hommes de garde eux-mêmes, étendus sur la banquette de pierre du zaguan, dorment profondément, le presidio ne craint point de surprise. Il n'est pas question d'invasion; toutes les tribus voisines sont en paix avec la colonie, et les Tagnos rebelles ont cessé de vivre. Une plus grande vigilance serait superflue. Une sentinelle sur l'azotea, une autre près de la porte sont jugées suffisantes pour la sécurité de la garnison. Les habitants du presidio ne se doutent guère que l'ennemi approche.

— Sentinela, alerte! crie de nouveau le factionnaire de la terrasse.

— Sentinela, alerte! lui répond d'en bas son camarade.

Ni l'un ni l'autre ne sont assez attentifs pour apercevoir les noires figures qui rampent sur le sol au milieu des herbes et s'avancent sans bruit vers la porte du presidio.

Une lanterne brûle auprès du factionnaire; mais bien qu'elle rayonne à quelque distance, elle lui est inutile. Il ne voit rien.

Enfin un vague frôlement frappe ses oreilles. Le *quien viva?* est sur ses lèvres; mais il n'a pas le temps de le prononcer. Une demi-douzaine d'arcs se tendent à la fois; six flèches s'enfoncent dans sa chair. Il a le cœur traversé, et tombe sans pousser même un gémissement.

Les Indiens se précipitent sous le zaguan. La garde, à moitié endormie, est massacrée avant d'avoir pris les armes.

Le cri de guerre des Wacos retentit; les guerriers cuivrés pénètrent comme un torrent dans le patio. Ils assiégent les casernes. Les soldats sortent en chemise et se défendent avec autant d'énergie que leur en laisse la terreur. Des coups de carabine et de pistolet partent de toutes parts, mais ceux qui les tirent ne vivent pas assez longtemps pour recharger leurs armes.

La lutte est courte, mais terrible. Les cris, les détonations, les gémissements se confondent; le bois des portes arrachées de leurs gonds craque avec fracas; les épées et les lances se croisent; au cri de guerre des Indiens se mêle la voix retentissante du chef vengeur.

Tout rentre dans le silence. Les casernes sont vides; le sang ruisselle dans le patio, encombré de monceaux de cadavres. On n'a point fait de quartier; tous ont été tués sur la place, tous, excepté deux, dont on a épargné la vie, le colonel Vizcarra et le capitaine Roblado.

On entasse des matériaux combustibles contre les piliers de l'édifice, et on y met le feu. Des volutes de fumée tourbillonnent dans l'air, mêlées à des jets de flamme rougeâtre. Les solives de sapin qui soutenaient l'azotea s'embrasent, craquent, tombent dans l'intérieur, et le presidio n'est bientôt qu'un amas de ruines fumantes.

Les guerriers rouges n'assistent pas à ce spectacle; ils se sont dirigés vers la ville. Ce ne sont pas seulement les soldats qu'ils veulent frapper. Leur chef implacable a juré la destruction de toute la colonie.

Ce serment fut bien gardé, car, avant le lever du soleil, la ville de Saint-Ildefonse était la proie de l'incendie; la flèche, la lance, le tomahawk avaient accompli leur œuvre de carnage. Hommes, femmes, enfants, avaient péri sous leurs toits enflammés.

Les Indiens tagnos furent épargnés; mais les Wacos furent sans pitié pour la population blanche; quelques créoles seulement parvinrent à s'enfuir, ou obtinrent grâce de la vie. De ce nombre était don Ambrosio, auquel il fut permis d'aller se créer ailleurs une existence avec ce qu'il put emporter de ses trésors.

Dans l'espace de douze heures, la ville de Saint-Ildefonse, le presidio, la mission, les haciendas, les ranchos avaient cessé d'exister : la riante vallée était un désert.

CHAPITRE LXXI.

Représailles.

Il est midi; les ruines de Saint-Ildefonse fument encore, ses habitants ne sont plus; mais la grande place est encore encombrée d'une foule nombreuse. Les guerriers indiens sont rangés le long des murailles dévastées, pour assister à une scène bizarre, à un nouvel acte de ce drame de vengeance.

Deux individus sont attachés sur des ânes, nus jusqu'à la ceinture, exposés aux regards des spectateurs silencieux. Bien que ces hommes soient dépouillés de leurs robes flottantes, il est facile de les reconnaître à leur tournure : ce sont les padrés de la mission !

Le cuarto creuse profondément leur peau, ils se débattent avec d'effroyables contorsions, poussent des cris, supplient leurs persécuteurs de mettre un terme au supplice; on est sourd à leurs instances.

Deux hommes blancs président à l'exécution; ce sont Carlos le cibolero et don Juan le ranchero.

Les padrés s'efforcent vainement de les émouvoir ; le souvenir des tortures imposées à l'innocence les rend insensibles.

— Rappelez-vous, ma mère, ma sœur, murmure Carlos.

— Oui, ajoute don Juan, indignes ministres d'un Dieu de paix, rappelez-vous vos victimes !

Comme elles, les padrés sont fouettés aux quatre coins de la place publique; puis on les conduit devant l'église, que les flammes ont atteinte et dont le toit s'est abîmé. Les ânes sont attachés l'un près de l'autre, la tête tournée du côté du portail.

Des guerriers se rangent à quelque distance, ils bandent leurs arcs : à un signal donné, leurs flèches sifflent dans l'air... les souffrances des padrés sont finies.

Nous arrivons au dernier acte de ce drame terrible; les paroles nous manquent pour en exprimer les horreurs. Le lieu de la scène est la Niña perdida, la cime de l'escarpement où, le jour de la Saint-Jean, Carlos donna une preuve si éclatante de ses talents d'écuyer.

Il s'agit encore d'un spectacle équestre; mais les acteurs et le public sont loin d'être les mêmes.

Sur la saillie du promontoire sont deux hommes à cheval; leurs mains ne tiennent pas de bride, ils les ont liées derrière le dos; leurs pieds, rapprochés sous le ventre de leurs montures, sont serrés avec des lanières de cuir pour les empêcher de tourner en selle ; d'autres courroies partent de leur forte ceinture de cuir, en se rattachant au pommeau et à la croupière. Leurs chevaux ne pourraient les désarçonner qu'en se débarrassant en même temps de la selle, qui est retenue par une sangle des plus solides. Il ne faut pas que les condamnés quittent la selle avant d'avoir achevé ce qu'ils ont à faire, ce que personne n'a fait avant eux.

Ce sont les deux principaux officiers du presidio, Vizcarra et Roblado, en grand uniforme. Ces hommes, qui insultaient avec tant de barbarie un prisonnier sans défense, tremblent maintenant qu'ils sont en son pouvoir; leurs traits expriment ce que l'effroi a de plus hideux, ce que la lâcheté a de plus vil, ce que le désespoir a de plus sombre.

Mais pourquoi sont-ils ainsi montés? Dans quelle grotesque comédie vont-ils jouer un rôle ?

Que parlez-vous de scène grotesque? Ne remarquez-vous pas que leurs chevaux sont des mustangs sauvages dont on a bandé les yeux?

Dans quel but? Vous l'allez voir.

Ces mustangs, retenus avec peine par de robustes Tagnos, ont la tête tournée vers le versant à pic du promontoire. Derrière eux sont placés en ligne les Indiens, sombres et taciturnes. Leur chef, monté sur son coursier noir, est au premier rang, pâle, mais impassible; il n'a pas encore complété sa vengeance.

Il n'échange aucune parole avec ses victimes, et celles-ci ne peuvent songer à désarmer sa colère; d'ailleurs elles ne le voient pas.

Les Tagnos observent attentivement les mouvements du chef blanc. Il donne un signal, et les mustangs sont lâchés. Sur un autre signal, les Indiens partent au galop en poussant un cri farouche; leurs lances aiguillonnent les flancs des chevaux sauvages, qui s'avancent rapi ment vers l'abîme. Les gémissements que la terreur arrache aux v times se perdent au milieu des clameurs des Indiens.

En un instant tout est fini; les mustangs se sont précipités d' effrayante hauteur, et emportent leurs cavaliers dans l'éternité.

Les guerriers rouges s'arrêtent près du bord et se regardent a effroi.

Un cavalier pousse son cheval jusqu'à l'extrême limite du prom toire. C'est le chef blanc; il se penche vers le gouffre, et c temple quelques instants les hommes et les chevaux broyés, mui qui ne sont plus qu'une masse informe. Un profond soupir échappe comme s'il était soulagé d'un grand poids, et se retourn il dit à son ami :

— Don Juan, j'ai tenu mon serment, elle est vengée.

CHAPITRE LXXII.

Conclusion.

Au soleil couchant les guerriers indiens quittèrent la vallée p traverser le Llano Estacado. Ils rentrèrent dans leur pays cha de butin, enrichis par le pillage de Saint-Ildefonse, que leur leur avait permis sans y prendre part. Il marchait toujours à tête, et avait auprès de lui don Juan le ranchero. Tous deux ava l'air morne, et quoiqu'à leurs yeux la population fanatique de vallée n'eût mérité aucune merci, quoique les officiers et les p de la mission fussent de grands coupables, ils se demandaient si vengeance n'avait pas dépassé les bornes prescrites par l'human Toutefois leurs fronts se déridèrent peu à peu, ils ne s'occupè plus que du bon accueil qui les attendait à la fin de leur voyage.

Carlos ne fit pas un long séjour parmi ses amis les Indiens. Il r d'eux les trésors qu'ils lui avaient promis, et se dirigeant vers l' il alla établir une plantation sur la rivière Rouge de la Louisian y vécut heureux et tranquille avec sa femme, dont le dévouemen se démentit pas. Don Juan épousa Rosita et se fixa dans le voisin Leurs serviteurs vieillirent auprès d'eux, et Antonio, qui avait la main de Joséfa, devint l'intendant de la maison de son maître.

De temps en temps Carlos le cibolero allait chasser dans le de ses anciens amis les Wacos, qui le voyaient toujours avec pl et le regardaient comme leur chef.

Depuis cette époque, on n'entendit plus parler de Saint-Ildefo et aucune colonie ne fut établie dans cette belle vallée.

Les Tagnos, affranchis de la servitude à laquelle les pères d mission les avaient soumis, renoncèrent volontiers à la civilisa qu'ils ne connaissaient qu'imparfaitement. Quelques-uns émigrèr mais la plupart reprirent leurs habitudes et redevinrent chass des plaines.

En d'autres temps la destruction de Saint-Ildefonse aurait ca plus d'impression; mais elle eut lieu à l'époque où la puissance pagnole touchait à son déclin sur tous les points du continent d mérique. Ce ne fut qu'un épisode au milieu d'un grand non d'événements non moins dramatiques. Gran Quivira, Abo, Chili autres établissements importants disparurent presque en même te que Saint-Ildefonse, renversés également par les Indiens. Cha d'eux a son histoire, plus intéressante peut-être que celle que n avons racontée.

Le hasard seul a guidé nos pas dans la vallée de Saint-Ildefo le hasard a jeté sur notre route un homme qui se rappelait la lége du chef blanc.

NOTES.

Page 1. *On n'aperçoit pas une montagne.* Il n'y a point d'éminence qui mérite le nom de montagne à l'est de la grande chaîne des montagnes Rocheuses. L'immense territoire qui s'étend entre elle et le Mississipi, et même au delà, jusqu'à la chaîne presque parallèle des Alleghanies, est un pays accidenté, mais où l'on ne peut signaler que quelques collines, car c'est au nombre de ces dernières qu'il faut ranger les monticules désignés sur les cartes par la qualification de monts Ozark.

Après avoir établi ce fait en thèse générale, nous reconnaîtrons toutefois l'existence de quelques contre-forts, et même de sierras isolées, qui s'étendent à l'ouest en partant de la chaîne des montagnes Rocheuses. Telles sont les sierras de Waco et de Guadalupe près de la ville d'el Paso del Norte, entre 32° 30' et 32° 20' de latitude nord.

Des renseignements incomplets, recueillis sur ces chaînes isolées, ont induit sans doute Humboldt en erreur quand il a supposé une branche des grandes Andes septentrionales commençant dans les e rons d'el Paso, et finissant aux montagnes Ozark du Missouri. I inutile de dire que cette branche n'existe pas. Sa création fut un ces présomptions hardies que se permettait le grand géologue, et c les recherches ultérieures démontraient l'inanité.

A l'ouest des montagnes Rocheuses, le continent américain pr un aspect tout différent de celui qui le caractérise à l'est de c chaîne. Dans tous les sens s'élèvent des montagnes, dont les for fantastiques étonnent le voyageur, et qui sont séparées par plateaux.

Page 1. *Devant nous est la limite occidentale de la grande pra* Les chasseurs donnent ce nom à la vaste contrée sans arbres est située à l'est des bois qu'arrose le Mississipi.

Page 1. *Ce sont les établissements du Nouveau-Mexique.* Le territ du Nouveau-Mexique est situé, non sur l'isthme mexicain, mais le continent de l'Amérique du Nord. Il n'est fertile que sur deux points, séparés par un désert qui s'étend entre 32° 30′ et 35° de latitude nord.

Le district de Santa-Fé, dont le climat est rigoureux, a de riches pâturages ; il fournit du blé et produit tous les fruits du midi de l'Europe. Le district d'el Paso del Norte est célèbre par ses vignobles.

Santa-Fé, capitale du Nouveau-Mexique, est la première ville que rencontrent les voyageurs partis de Saint-Louis (Missouri), après avoir traversé le désert.

Les établissements du Nouveau-Mexique étaient autrefois beaucoup plus considérables qu'aujourd'hui, mais les tribus indiennes en ont, depuis cinquante ans, constamment rétréci les limites.

Page 2. *L'agave, l'aloès mexicain*, etc. L'agave, plante grasse de la famille des bromeliacées, est originaire du nouveau monde, mais il s'est acclimaté en Algérie, en Espagne et dans le midi de l'Europe, où ses tiges mucilagineuses, hérissées de piquants, forment des haies impénétrables.

On compte deux principales espèces d'agave : le maguey, d'où l'on extrait une liqueur spiritueuse appelée *pulqué*, et l'agave pitte, dont les feuilles écrasées entre deux rouleaux laissent libres des fils avec lesquels on fabrique de solides cordages.

L'agave pitte croît spontanément dans ces fourrés qu'on nomme *chapparals*, et qui couvrent une grande partie du sol mexicain.

Page 2. *Yucca.* Les yuccas sont rangés par quelques botanistes dans la famille des asphodélées, et par d'autres dans celle des liliacées. Parmi les nombreuses variétés de ces plantes, on distingue l'*yucca gloriosa*, dont la hampe filamenteuse est garnie dans presque toute sa hauteur de feuilles persistantes lancéolées, roides et piquantes à la pointe ; l'*yucca filamentosa*, qui étale sur le sol une touffe de feuilles bordées de filaments longs et soyeux, et du milieu desquelles monte une hampe de deux mètres ; l'*yucca aloifolia*, dont on couche les tiges pour former des haies impénétrables.

Page 2. *Agame.* L'agame est un saurien des pays chauds. Il vit à terre, et se cache sous les pierres ou dans des terriers peu profonds. Sa robe sèche et raboteuse semble en rapport avec les teintes du sol qu'il fréquente. Il a les yeux saillants ; le ventre renflé comme celui du crapaud ; la queue ronde et grêle ; les doigts dentelés ; la peau lâche, plissée sous le cou et les flancs. Son dos est couvert d'écailles imbriquées, dont quelques-unes se relèvent en épines.

Page 2. *Elle avait un presidio.* Le presidio ou garnison était le complément ordinaire d'une mission. Les missions de la Californie, du Nouveau-Mexique, de la Sonora et du Texas, qui sont presque toutes en ruines, étaient sous la protection du gouvernement espagnol. A chacune d'elles était attachée une garnison pour la protéger des attaques des Indiens, qui aimaient mieux persévérer dans leur idolâtrie que de devenir les serfs des missionnaires.

Le détachement était commandé par un officier dont l'autorité était entièrement indépendante de celle des révérends pères. La caserne ou presidio était un bâtiment séparé, placé quelquefois à une distance considérable de la maison de la mission. De l'une et de l'autre naissait le *pueblo* ou la ville. La population hétérogène se composait de soldats congédiés, de leurs femmes et de leurs enfants, de marchands, de chasseurs, de néophytes de la mission et d'Indiens civilisés ; enfin de mineurs dans certains districts. Telle a été l'origine de presque toutes les villes frontières du nord du Mexique ou de la Californie.

Page 2. *Les haciendados qui faisaient valoir d'immenses domaines.* Les *haciendas* sont les grandes propriétés ; il y en a quelques unes d'une telle étendue qu'on peut voyager pendant deux ou trois jours sans en sortir. Le mot *hacienda* s'applique aussi à la maison qu'habite l'*haciendado*, le propriétaire.

Page 2. *Fiestas principales.* Les fêtes principales, au Mexique, sont la Saint-Jean, le vendredi-saint et Saint-Guadalupe.

Page 2. *L'alcade* (prononcez *alkadé*). Les fonctions de l'alcade sont celles d'un juge de paix. Chaque village a son alcade, qui porte pour insigne une grande canne à pomme d'or ou d'argent avec des glands. Dans les villages dont la population est indienne, l'alcade est souvent un Indien de race pure ou un métis.

Page 3. *Elégant qui dédaigne le costume naturel pour suivre la mode de Paris.* Les Mexicains des classes supérieures ont abandonné leurs costumes pittoresques pour adopter les modes parisiennes. Dans toutes les grandes villes on trouve des tailleurs, des modistes, des couturières, des bijoutiers français. Les dames ont des robes de France, mais elles ne prennent pas de chapeaux ; un châle rabattu sur la tête leur en tient lieu. Les jeunes gens de la haute aristocratie portent le frac ; mais l'habit à longue queue est regardé comme une exagération ridicule.

Page 3. *Hidalgo.* Mot formé par syncope de *hijo de algo* (littéralement fils de quelqu'un). On dit des hidalgos de haute noblesse qu'ils ont dans les veines du sang b eu (*sangre azul*).

Page 3. *Un vrai gachupino.* Les créoles nés aux Mexiques ont pour leurs frères de la métropole la même antipathie que les citoyens des Etats-Unis pour les Anglais, basée sur des motifs analogues. Aussi *gachupino*, qui signifie un Espagnol de pure race européenne, est un terme de mépris.

Page 3. *Poblanas.* Le mot *poblana* veut dire une paysanne, une jeune fille du peuple ; mais au Mexique, c'est presque un synonyme de l'espagnol *maja*. Les poblanas sont les beautés de l'endroit, les coquettes du village.

Page 3. *Gambucino.* Mineur qui fait des fouilles et lave l'or pour son propre compte.

Page 3. *Ranchero.* Un rancho est la demeure d'un petit fermier (*ranchero*), adonné à l'élève des bestiaux plutôt qu'à l'agriculture.

Page 3. *Des ciboleros, des vaqueros. Cibolero* vient de *cibolo*, nom mexicain du bison. Les *vaqueros* (vachers) sont d'excellents cavaliers ; ils ne sauraient aller à pied, car ils ont affaire à des bestiaux presque sauvages, dont ils sont parfois obligés de fuir les emportements.

Page 3. *Corral.* Parc à bœufs ou à moutons, entouré d'une haie ou d'un mur.

Page 4. *Lasso.* On dit aussi *lazo, lariat, larietto :* c'est une corde de quinze ou vingt pieds de long, au bout de laquelle est un anneau ou une ouverture qui permet de faire un nœud coulant.

Page 4. *Le cheval était un mustang.* Les chevaux introduits en Amérique par les conquérants s'y sont multipliés à l'état sauvage. Les Américains les appellent *mustangs* et les Mexicains *musteños*. Ils appartiennent presque tous à la petite race andalouse.

Page 4. *Sérapé.* Le sérapé est une pièce d'étoffe carrée percée au centre d'une fente. Quand le temps est beau, on porte le sérapé sur les bras ou en écharpe ; s'il pleut, on passe la tête dans la fente, et les quatre coins descendent jusqu'aux genoux. La manga, qui ressemble davantage à un manteau, est brodée sur les bords et autour du collet.

Page 4. *Carrambo !* Juron intraduisible, diminutif de *carrajo*, qui est plus grossier. Pour en trouver l'équivalent, il faudrait emprunter à la langue française des expressions qui se disent souvent, mais qui ne s'écrivent pas.

Page 5. *Cinq onces d'or étaient une somme considérable.* L'once d'or espagnole vaut quatre-vingt-onze francs quatre-vingts centimes ; l'*onza mejicana* quatre-vingt-six francs quarante centimes.

Page 5. *Rico.* Homme riche, qualification qui équivaut à celle de millionnaire.

Page 7. *Monte.* Jeu national du Mexique, que l'on joue sur une table ou sur un tapis, sur lequel on a tracé tout exprès certaines figures. On le joue avec des cartes espagnoles, dont les couleurs sont les *épées*, les *bâtons*, les *coupes* et les *deniers*. Pendant les fêtes, le monte est en grande vogue, et les voyageurs qui ont parcouru le Mexique ont pu s'imaginer que toute la population était adonnée au jeu ; mais on joue peut-être moins au Mexique qu'en Angleterre.

Le *chuza* est le jeu de prédilection des dames.

Page 10. *Coyote.* Les naturalistes désignent le coyote ou cajote sous le nom de loup du Mexique, loup aboyeur. Il est de la taille du loup d'Europe, d'un gris roussâtre mêlé d'un peu de noir. Le tour du museau, le dessous du corps et les pieds sont blanchâtres ; les oreilles longues et droites, les yeux étincelants. Il a la tête rayée de bandes noires et le corps moucheté de taches fauves.

Les habitudes du coyote tiennent à la fois de celles du loup et du renard. Son cri est un aboiement trois fois répété, qui se termine par un hurlement des plus lamentables.

Page 12. *Une petite troupe traversait le Pecos.* Le Pecos est inexactement indiqué sur la plupart des cartes. Il doit son nom à la tribu des Indiens Pecos, qui vivait près des sources de ce fleuve, à l'est de Santa-Fé. Ces Indiens prétendaient descendre de Montezuma, et jusqu'à leur dispersion récente ils ont entretenu le feu sacré et conservé le culte du soleil. Les débris des Pecos se sont incorporés avec une tribu alliée, établie à l'est du Rio del Norte.

Page 12. *De haricots rouges.* Les haricots rouges (*frijoles*) sont excellents au Mexique. On les accommode au lard avec force piment rouge, *chile colorado*.

Page 12. *Quelques couteaux espagnols.* Ces couteaux ont une longue lame, large à la base, et qui va en s'amoindrissant. Ils servent également de stylets et de couteaux à découper. Ce sont en somme des armes dangereuses, d'un aspect sinistre, et dont les leperos irascibles font trop souvent usage. Les Indiens des prairies orientales achètent ces couteaux aux Espagnols ; mais l'auteur du *Chef blanc* croit qu'on les fabrique à Birmingham ou à Sheffield, quoiqu'il n'en ait vu de pareils ni en Angleterre ni aux Etats-Unis.

Page 12. Les *Kiawas*, les *Lipans*, etc. Les Kiawas sont une tribu petite, mais belliqueuse, qui occupe la prairie à l'est du Rio del Norte. Les Lipans, plus nombreux, hantent le cours inférieur du Rio Grande, et ont leur quartier général dans la vallée du Bolson Mapimi, d'où ils viennent piller chaque année les colonies mexicaines du Nouveau-Léon et de Coahuila.

Les Tonkewas forment une des dernières tribus qui survivent à la destruction de celles du Texas.

Les Wacos habitent le Texas septentrional, près des rivières Rouge et de la Trinité.

Les Panés, Pawnies ou Paunies ont leur principal établissement plus au nord, sur la rivière Platte, et font de fréquentes expéditions dans les prairies du Sud, où ils viennent voler des chevaux.

Les Osages, qu'on rencontre surtout sur les bords de la rivière

Osage, sont nomades et vont chasser ou marauder à de grandes distances.

Les Cherokees, tribu à demi civilisée, et les Kickapoos sont disséminés sur l'Arkansas.

Les Comanches, tribu encore puissante, sont établis sur le cours inférieur du Rio del Norte. Dans ce fleuve se jette la Gila, dont les bords sont habités par une autre tribu d'*Indios bravos*, les Apaches.

Page 20. *Pelados*. Littéralement pelés, tondus; terme de mépris.

Page 20. *Tortillas*. Le *Magasin pittoresque* du mois de décembre 1854 donne les détails suivants sur les tortillas, qui forment dans tout le Mexique la base de l'alimentation nationale :

« Bien que le blé soit cultivé avec succès dans plusieurs régions du Mexique, les classes riches font seules usage du pain, qui est, en effet, fort cher. Le peuple se contente du maïs, qu'on prépare de la manière suivante : une femme agenouillée par terre et ayant devant elle un *metate*, espèce de table de granit soutenue sur quatre pieds, y place des grains de maïs qu'elle écrase ensuite contre le *metate*, à l'aide d'une espèce de rouleau également en granit, qu'elle manie des deux mains avec beaucoup de dextérité. A mesure que le maïs, qu'on a eu préalablement la précaution de faire tremper dans l'eau, est réduit en bouillie, la *tortillera* fait glisser cette bouillie dans un vase placé en dessous et en avant du *metate*. Cette opération terminée, et quand la bouillie est arrivée au degré de consistance nécessaire, la ménagère en pétrit des espèces de crêpes qu'on met cuire aussitôt sur un plat de terre posé lui-même sur des charbons ardents. Quand la tortille est bien grillée, elle a un goût fort agréable; seulement, comme il n'entre point de levain dans la pâte, c'est une nourriture un peu lourde et dont les Européens font bien d'user discrètement. La manipulation de la tortille n'est pas d'ailleurs, comme la farine, l'objet d'une fabrication spéciale, et dans chaque ménage la femme la prépare au moment du repas. »

Page 21. *Buenos dias*. Bonjour. L'on dit *buenas tardes* pour bonsoir, et *buenas noches* pour bonne nuit.

Page 21. *Muchas gracias, señor*. Grand merci, monsieur.

Page 23. *Vamos !* Allons!

Page 25. *L'apparition des Yutas sur le plateau*. La tribu des Yutas, qu'on nomme aussi Utahs ou Eutaws, habite au nord des établissements du Nouveau-Mexique, près de la source du Rio del Norte.

Page 38. *Alameda*. Jardin public, qu'il ne faut pas confondre avec le *paseo*, le cours, promenade réservée aux voitures et aux cavaliers.

Page 42. *Serenos*. Gardes de nuit, watchmen mexicains. Chacun d'eux porte un grand manteau, une hallebarde et une lanterne. Ils sont chargés de crier l'heure et de veiller à la sûreté publique.

Page 46. *Zambo*. Métis de nègre et d'Indienne. La servitude à laquelle a été réduite la race indigène a dispensé les colons de la nécessité d'y introduire des Africains. Au Mexique on voit peu de nègres, et par conséquent peu de zambos. La plupart se trouvent dans les contrées chaudes qui bordent le golfe du Mexique.

Page 46. *Linda! lindissima!* Littéralement : jolie! très-jolie! L'adjectif *lindo* emporte l'idée d'excellence, de perfection. Le père Joaquin sous-entend sans doute *bebida* (boisson).

Page 49. *Chinga!* Juron des plus grossiers, qui n'est usité que parmi les leperos.

Page 49. *Es verdad*. C'est la vérité.

Page 50. *Malraya!* Littéralement, mauvaise voie; juron grossier.

Page 51. *Mi amo*. Mon maître.

Page 54. *Tillandsia*. Plante parasite de la famille des brunéliacées, qui vit à l'état herbacé sur le tronc des arbres. Le *tillandsia usneoides*, dont il est ici question, a des hampes flexueuses, qu'on dépouille de leur écorce et qu'on réduit à leur axe ligneux pour en tirer une sorte de criu végétal. Il sert à faire des cordes ou à remplir des matelas.

Page 55. *Hatero*. Berger. Un *hato* est une ferme où l'on élève principalement des moutons.

Page 58. *Adobe*. Construction en briques de terre séchées au soleil.

Page 58. *On dressait déjà la garrotte*. Dans ce supplice, le condamné est assis sur un tabouret appuyé contre un poteau. On lui passe autour du cou un collier de fer composé de plusieurs compartiments. Le *garrotero* (le bourreau) tourne une vis, et le collier, en s'aplatissant, serre le cou du patient, dont il opère la strangulation.

Page 61. *Sentinela, alerte!* Sentinelle, prenez garde à vous ! *Quien viva?* qui vive?

Page 62. *Dont on a bandé les yeux*. Pour dompter les mules rétives, on leur bande les yeux avec des morceaux de cuir qu'on nomme *tapojos* ou *tapados*.

En un instant tout est fini; les mustangs se sont précipités d'une effrayante hauteur et emportent leurs cavaliers dans l'éternité.

FIN DU CHEF BLANC.

Paris. Typographie Henri Plon, rue Garancière, 8.